21世纪保险精算系列教材
Actuarial Science

非寿险精算学

Non-life Actuarial Science（第4版）

孟生旺　刘乐平　肖争艳　高光远　编著

中国人民大学出版社
· 北京 ·

总　序

精算学是保险学、统计学、经济学和金融学等多学科相互交融形成的一门交叉性学科。精算师是一种复合型人才，需要多学科的联合培养。在国际上，精算师大多通过职业资格考试的方式进行认证。国际上著名的精算师协会有国际精算师协会、北美寿险精算师协会、北美非寿险精算师协会、英国精算师协会、澳大利亚精算师协会、日本精算师协会和中国精算师协会。

精算师的资格考试通常分为两个层次：第一个层次是准精算师的资格考试，主要涉及经济学、金融学、保险学、金融数学、概率统计、寿险精算和非寿险精算等专业基础知识和基本能力的考察；第二个层次是精算师的资格考试，涉及投资、财务、全面风险管理和高级精算统计模型的应用等内容。

中国人民大学统计学院于 1992 年开设精算专业方向，为我国培养了一大批优秀的风险管理与精算人才，他们活跃于保险公司、政府部门、咨询公司和大型企业，成为我国风险管理与精算行业的中坚力量。

经过多年的探索和实践，总结 20 多年的人才培养经验，中国人民大学统计学院风险管理与精算系建设了一套较为成熟的保险精算系列教材，包括《金融数学》《精算学基础》《风险模型》《寿险精算学》《非寿险精算学》。该套教材于 2007 年第一次出版，2017 年列入中国人民大学“十三五”规划教材项目进行重点建设。十余年来，经过多次修订和完善，该套教材内容体系日趋成熟。目前呈现在读者面前的这套教材就是中国人民大学“十三五”规划教材项目的最终成果。该套教材在编写过程中参考了国际上著名精算师协会资格考试的有关内容，既适用于普通高等院校保险精算专业本科人才的培养，也可以作为精算师职业资格考试的参考用书。

该套教材从第一次出版就得到了中国人民大学统计学院、中国人民大学应用统计科学研究中心和中国人民大学风险管理与精算中心的支持，尤其得到了袁卫、王晓军、孟生旺、肖宇谷、肖争艳、黄向阳、王燕和高光远等老师的大力支持。此外，兄弟院校的有关老师和学生，以及中国人民大学统计学院的本科生和研究生在教材使用过程中也提出了许多宝贵意见和建议，在此一并向他们表示衷心的感谢！

前　言

非寿险是相对寿险而言的一个概念，是指除了寿险以外的其他保险业务，主要包括财产保险、责任保险、短期健康保险和意外伤害保险等。财产保险保障的对象是物质财产及其有关的利益；责任保险保障的对象是被保险人的损害赔偿责任；而短期健康保险和意外伤害保险保障的对象是人的生命和身体。

非寿险精算学是为非寿险领域的经营与管理提供数量分析方法，以数学、统计学和保险学为基础的交叉性学科。非寿险精算学的核心内容包括非寿险产品定价和非寿险准备金评估。非寿险产品种类繁多，特征各异，变化较为频繁。非寿险产品的多样性和复杂性使其定价和准备金评估面临更大的不确定性，同时也为非寿险精算师创造了灵活应用各种精算技术的巨大空间。事实上，在非寿险精算中，很难发现所谓的"标准方法"。对于同一个精算问题，通常存在多种不同的解决途径和方法，且应用这些不同方法得到的结果在很多情况下还未必是相同的。也正因如此，在非寿险精算中，精算师个人对保险业务和经营环境的理解和判断至关重要。

虽然非寿险精算的核心内容是定价和准备金评估，但作为一名合格的非寿险精算师，需要更为广阔的知识面，工作要渗透到保险公司经营管理的各个层面，如数据收集与整理、费率厘定、核保与理赔分析、资产负债分析、责任准备金评估、再保险安排、精算报告、新产品开发与设计、保险公司经营业绩评价等。

本书在编写过程中参考了大量文献，主要包括北美非寿险精算师协会有关精算师资格考试的资料，英国和澳大利亚精算师资格考试的资料，以及国内出版的部分非寿险精算教材，目的是使本书尽可能在不同程度上满足多层次的需求，如保险精算专业的本科教学、中国精算师资格考试、北美寿险精算师协会和北美非寿险精算师协会的资格考试等。

非寿险精算是统计学和数学在非寿险中的应用，阅读本书的读者应该具有保险学、统计学和高等数学的基础知识。此外，作为一门实践性很强的学科，建议读者应用有关软件重现书中的计算结果，这有助于加深对非寿险精算原理的理解。本书的大部分计算都可以应用 Excel 实现，尤其是在准备金评估方法的学习中，最好的学习工具就是 Excel 电子表格。本书也简要介绍了广义线性模型在非寿险分类费率厘定中的应用，并使用了 R 软件。广义线性模型是非寿险费率厘定和准备金评估的重要工具，在保险公司核保管理和保险欺诈识别等领域也有重要应用价值，但对于初学者，这部分内容可以选择性使用。

本书主要由孟生旺、刘乐平、肖争艳、高光远编写完成，其中孟生旺主要负责第 1～6 章和第 9 章，刘乐平主要负责第 7～8 章，肖争艳和高光远负责各章习题和参考答案。孟生旺负责全书定稿。本书在写作过程中得到了兰州财经大学统计学院和中国人民大学统计学院的支持，在此一并致谢。

多年来，作者讲授非寿险精算学积累下的教学课件、练习题、测验题、考试题、参考答案等资源可以在孟生旺的新浪博客下载，网址如下：http://blog.sina.com.cn/mengshw。

孟生旺

目 录

第 1 章 Chapter 1 非寿险简介

非寿险是与寿险相对而言的，指寿险以外的其他保险业务，主要包括财产保险、责任保险、短期健康保险和意外伤害保险等。财产保险保障的对象是物质财产及其有关的利益；责任保险保障的对象是被保险人的损害赔偿责任；而短期健康保险和意外伤害保险保障的对象是人的生命和身体。

1.1 财产保险

财产保险是以财产及其相关利益为保险标的，当保险事故发生导致被保险财产遭受损失时，由保险人以金钱或实物对被保险人进行补偿的一种保险，主要包括火灾保险、运输保险和工程保险等。

1.1.1 火灾保险

火灾保险以存放在固定场所并处于相对静止状态的财产为保险标的，由保险人负责赔偿被保险财产遭受保险事故所造成的经济损失。火灾保险通常包括企业（或团体）财产保险、家庭财产保险、利润损失保险等。从保险业务来源角度看，火灾保险是适用范围最广的一种保险业务，各种企业、团体及机关单位均可以投保企业（或团体）财产保险、利润损失保险；所有的城乡居民家庭和个人均可投保家庭财产保险。保险实务中，除了上述传统火灾保险外，还有投资类家庭财产保险。后者是指在保险期满后，无论被保险人是否得到过保险赔偿，保险人除了要返还其保费本金外，还要提供约定回报。

火灾保险的保险标的是存放于固定场所并处于相对静止状态下的各种财产物资，动态条件下的财产物资不能作为火灾保险的保险标的。在火灾保险中，被保险财产的地址不能随意变动，如果被保险人确实需要变动被保险财产的存放地点，必须征得保险人的同意。

火灾保险承保的保险责任通常包括火灾及相关危险、各种自然灾害、有关意外事故以及施救费用等。

火灾保险的费率受到很多因素的影响，如建筑结构及建筑等级、占用性质、承保风险的种类、地理位置、被保险人的防灾设备和措施等。

火灾保险的保险金额通常根据投保标的分项确定。譬如，企业财产保险的保险金额要根据固定资产和流动资产分别确定，固定资产的保险金额还需要进一步根据其类别分别确定。尽管一张保单只有一个保险金额，但在赔偿时需要分项计算赔偿金额，其受到实际损失和保险金额的约束。

1.1.2 运输保险

运输保险承保各种交通运输工具及其所承运的货物在保险期间因各种灾害事故造成的意外损失。运输保险包括运输工具保险和运输货物保险，其中运输工具保险又可分为汽车保险、船舶保险和航空保险等。

汽车保险具体包括车身损失保险和第三者责任保险。车身损失保险承保汽车车身的损失，而汽车第三者责任保险承保被保险人在汽车使用过程中对第三者造成的财产损失和人身伤亡且依法应负的赔偿责任。汽车第三者责任保险在许多国家都属于强制保险，我国也不例外。汽车保险在财产保险公司具有举足轻重的地位，因为汽车保险的保费收入往往占财产保险公司保费收入的一半以上。影响汽车保险费率的因素很多，大体可以分为两大类，即所谓的从人因素和从车因素。从人因素是指影响汽车保险费率的驾驶员特征，如驾驶员的年龄、性别、婚姻状况、职业、驾龄等；从车因素是指影响汽车保险费率的汽车本身的特征，如车型、排气量、座位数、使用性质、行驶区域、年行驶里程数等。在汽车保险实务中，保险公司使用的费率因子往往各具特色，并无统一模式。汽车车损险的保险金额可以根据汽车的实际价值、重置价值或保险双方约定的价值确定，而汽车第三者责任保险通常需要确定赔偿限额。此外，在汽车保险中，大多数保险公司会使用无赔款优待条款或奖惩系统，即根据被保险人的索赔经验不断调整其续期保费。

船舶保险以各类船舶及其附属设备为保险标的。船舶保险的保险责任包括碰撞责任和非碰撞责任。碰撞责任是指保险标的与其他物体碰撞并造成对方损失且依法应由被保险人赔偿的责任。非碰撞责任包括船舶本身损失的赔偿责任、共同海损分摊费用和海难中的救助费用等。船舶保险的保险金额通常根据实际价值、重置价值或保险双方商定的价值确定。船舶保险费率通常采用分类费率，即保险人首先根据船舶航行水域风险的大小将其划分为平流、半急流、急流三大类，再根据具体船舶的风险因素，比如船舶的种类和结构、船舶的新旧程度、船舶的吨位、船舶的使用性质以及以往损失记录等，制定出分类费率。

航空保险以飞机及其有关利益、法律责任为保险标的，具体包括飞机机身险、第三者责任险和旅客责任险等，其中机身险是最主要的航空保险业务。航空保险的特点是价值高、风险大，保险公司往往采取共保或分保的方式控制风险。航空保险的另一个特点是风险主要集中在飞机起飞和着陆阶段，而且绝大部分事故是由飞行员的错误判断导致的。因此，飞行员的素质和业务水平直接影响到航空保险费率的厘定。此外，飞机的设计、制造和维护情况，自然环境和人为环境，航空任务的难度等，也是保险人厘定航空保险费率的依据。

运输货物保险以运输中的各种货物为保险标的。货物在运输过程中因遭受自然灾害和意外事故而产生损失总是难以避免的，而根据各国有关运输的法律法规的规定，承运人仅对因为自己的过错造成的损失负责，而对不可抗力造成的货物损失不负赔偿责任。因此，对于货物的所有者而言，投保货物运输保险是十分必要的。

运输货物保险的保险责任主要包括：(1) 因火灾、爆炸和相关自然灾害导致的货物损失；(2) 因运输工具发生意外事故导致的货物损失；(3) 货物在装卸过程中的意外损失；(4) 共同海损和必要的施救费用等。但某些原因导致的损失往往被排除在保险人的责任范围之外，如战争或军事行动造成的货物损失、货物本身存在缺陷导致的损失、被保险人的故意行为造成的损失。

为了避免价格变动的影响，运输货物保险通常采用定值保险方式，保险金额是保险人承担赔偿责任的最高价值。影响运输货物保险费率的主要因素有运输工具、运输路径、运输方式、所经区域和货物本身的性质与风险等。

1.1.3 工程保险

工程保险是以各种工程项目为保险标的的一种综合性财产保险，承保工程项目在工程期间甚至工程结束后一定时期的一切意外损失和损害赔偿责任。工程保险主要包括建筑工程保险、安装工程保险和科技工程保险三大类。

建筑工程保险以各类建筑工程为保险标的，以工程建筑过程中由于保险事故发生而导致的被保险人的物质财产损失和第三者责任损失为保险责任。建筑工程保险的承保项目主要包括：建筑施工合同中规定的建筑工程；建筑用的机器设备；工地上原有的财物；建筑工程项目中需要安装机器设备或其他设施的安装工程项目；依法应负的第三者损害赔偿责任。对于由错误设计、原材料缺陷、保险标的自然磨损和消耗、各种违约等引起的损失、费用或责任，保险人不予负责。

安装工程保险以各种大型机器、设备的安装工程项目为保险标的，以整个安装期间因自然灾害和意外事故造成的被保险人的物质损失以及被保险人依法应对第三者承担的损害赔偿责任为保险责任。其承保项目主要包括安装的机器设备及其安装费。此外，为完成安装而使用的机器设备、为工程服务的土木建筑工程以及工地上的其他财物、保险事故后的场地清理费用等均可以作为附加项目予以承保。在安装工程保险中，危险并非均匀分布的，往往集中在安装工程的最后阶段，即试车、考核和保证阶段。

科技工程保险的保险标的是各种重大科技工程或科技产业，承保的风险具有一切险的性质，保险人承担着几乎一切可能引起科技工程事故的意外风险。科技工程保险主要包括海洋石油开发保险、航天保险和核能保险。海洋石油开发保险以海洋石油工业开发过程中的风险如海洋风险、井喷、火灾及其他事故为保险责任。航天保险以航天产品的生产和应用为保险标的，以航天活动中的各种意外事故如爆炸、运行失常、意外故障以及其他风险为保险责任。核能保险以核能工程项目为保险标的，以核能工程中的各种核事故和核责任风险为保险责任。科技工程是当代高新科学技术的产物，其抵御自然灾害的能力显然要比其他财产强得多。因此，在客观上科技工程保险承保的更多是人为风险，即由于技术、过失、产品等原因导致的财产和利益损失以及第三者责任损失。也正因如此，科技工程保险的费率要更多地考虑投保方的技术水平、认识能力和工作责任心。

与一般财产保险相比，工程保险具有下述特点：

第一，承保风险具有广泛性、综合性和技术性。一般财产保险大多采取将保险责任和责任免除逐项列明的方式予以承保，而工程保险则不同，其具体险种皆冠以“一切险”的名称，仅将不保风险一一列出，保险人承保除所列举的不保风险以外的一切风险。一般财产保险仅承担财产的意外损失赔偿责任，而工程保险除了承保工程项目本身，还承保与此有关的财产损失、责任损失以及人身伤亡等，甚至承保普通财产保险不予承保的风险，如地震等。此外，工程项目中技术含量的增高引发出许多技术性风险，因此，工程保险是技术性较高的保险业务。

第二，扩展了保险合同的当事人。在一般财产保险中，保险合同保障的投保人（或被保险人）大多是单个的自然人或法人，而在工程保险中，对同一个项目具有法律上承认的经济利害关系的各方当事人（如工程所有人、承包人、分包人、设计商、技术顾问等）都可以成为一张工程保险单上的投保人和被保险人，都要受保险合同和交叉责任条款的约束。

第三，保险期限具有不确定性。一般财产保险的保险期限通常是一年，而且起止点非常明确具体。由于项目的工程期限难以确定，因此工程保险的保险期限也难以确定，保险期限的起止点也只能根据工程的具体情况（比如建筑期、安装期、保证期）和保险双方的约定来确定。也正因如此，工程保险不像一般财产保险那样实行年费率或月费率，而是采用工期费率。

工程保险的保险责任主要包括两部分：（1）物质损失，即因保险事故引起的保险标的本身的损失以及相关费用的损失；（2）第三者责任，即被保险人在施工过程中由于意外事故导致第三者财产损失和人身伤害时依法应由其承担的损害赔偿责任。

工程保险的保险金额根据不同的保险责任分别确定。物质损失部分通常以保险标的的保险价值为依据确定，其中费用损失采用限额的方式；责任损失部分和其他责任保险类同，都是确定一个最高赔偿限额。影响工程保险费率的因素主要有工程的性质和总造价、工程施工的危险度、保险责任范围的大小、工期长短、工地及周围的自然地理条件、项目相关责任人的管理水平和技术水平、工程各关系方的资信情况、第三者责任以及特种风险赔偿限额的高低等，此外，还要考虑以往类似工程的赔付记录。

1.2　责任保险

责任保险以被保险人依法应负的民事损害赔偿责任或经过特别约定的合同责任为保险标的，其保险责任包括两项：（1）被保险人造成他人财产损失和人身伤亡依法应承担的经济赔偿责任；（2）因赔偿纠纷引起的应由被保险人支付的诉讼、律师费用以及其他事先经过保险人同意支付费用的责任。

责任保险在赔偿限额的确定上不同于一般的财产保险。一般财产保险保障的是被保险人自己的现实利益，它们都是在保险人承保前就客观存在并可以用货币计量的。责任保险承保的是没有实体的各种民事法律风险，以被保险人在保险期间可能造成的他人的利益损失为承保基础，这种利益损失在承保前无法准确确定或预知，保险人也无法像其他财产保险那样采用保险金额的方式来确定赔偿限额。正因如此，保险人通常对每一种责任保险业务规定若干等级的赔偿限额供被保险人选择，被保险人选定的限额就是保险人承担赔偿责任的最高限额，超过的部分由被保险人自行承担。

从责任保险的发展实践来看，赔偿限额作为保险人承担赔偿责任的最高限额，通常有以下几种类型：（1）每次事故赔偿限额（可分为财产损失赔偿限额和人身伤亡赔偿限额两项）；（2）保险期间累计赔偿限额（可分为财产损失赔偿限额和人身伤亡赔偿限额两项）；（3）前两项结合使用。从国际责任保险的发展趋势来看，越来越多的保险人对人身伤亡不再规定赔偿限额，或者只规定一个综合性的赔偿限额。此外，保险人为了促使被保险人增强防范风险的意识，减少小额赔款支出以及降低经营成本，通常会规定一个绝对免赔额。

责任保险通常根据各种法律风险的大小以及损失率的高低来厘定费率，同时考虑被保险人所从事业务的性质及其产生损害赔偿责任的可能性、损害赔偿的有关法律规定、赔偿限额、免赔额、承保区域、业务量以及被保险人有关该险种的历史索赔经验等因素。

责任保险主要包括公众责任保险、产品责任保险、职业责任保险和雇主责任保险等内容。

1.2.1　公众责任保险

公众责任保险又称普通责任保险，它是以公众责任即被保险人在公共活动场所的过错行为致使他人财产损失或人身伤害并依法应由被保险人承担的经济赔偿责任为保险标的的保险。在法律上负有经济赔偿责任是公众责任构成的前提，因此，对于道德犯罪风险、与有关法律法规的精神相违背的风险，保险人均不予以承保。此外，不属于公众责任的风险如汽车责任、雇主责任等，也不在公众责任保险的承保范围之内。

公众责任保险又可分为综合公共责任保险、场所责任保险、承包人责任保险、承运人责任保险等。综合公共责任保险承保被保险人在任何地点因非故意行为或活动造成的他人人身伤害或财产损失依法应负的经济损害赔偿责任；场所责任保险承保固定场所因存在结构上的缺陷、管理不善，或被保险人在被保险场所进行生产经营活动时因疏忽而发生意外事故，造成他人财产损失或人身伤害依法应由被保险人承担的经济赔偿责任；承包人责任保险承保各种工程任务的承包人的损害赔偿责任；承运人责任保险承保承运人在运输过程中可能发生的损害赔偿责任。

按照国际保险界的习惯做法，公众责任保险没有固定的费率表，它根据每一个被保险人的实际风险情况逐笔议定费率，以确保保险人承担的风险责任和所收取的保费相适应。保险人对普通责任保险一般按照每次事故的基本赔偿限额和免赔额分别厘定财产损失和人身伤害两项保险的费率。公众责任保费的计算方式主要有以下两种：(1) 以累计或每次事故的赔偿限额为依据计算，应收保费＝赔偿限额×适用费率；(2) 以场所面积（或营业额）为依据计算，应收保费＝保险场所占用面积（或营业额）× 单位面积（或营业额）的保费。保险人在厘定普通责任保险的费率时，通常要考虑以下因素：被保险人的营业性质、管理水平、所面临风险的类型、历史索赔记录、赔偿限额、免赔额以及保险人同类业务的赔付情况等。

在公众责任保险中，保险人为了控制自己的责任，往往要规定每次事故的赔偿限额与保单累计的赔偿限额。

1.2.2 产品责任保险

产品责任保险是指以产品制造者、销售者、维修者的产品责任为承保风险的一种责任保险。产品责任是指因产品缺陷而造成他人人身伤亡或财产损失时，依法应由产品制造者、销售者或修理者承担的民事损害赔偿责任。保险人通常在下述两个条件下承担保险责任：(1) 造成产品责任事故的产品必须是用于销售的商品；(2) 产品责任事故必须发生在制造、销售该产品的场所范围之外。对于某些单位如宾馆、餐厅等自制自用的食品、饮料等，一般均作为公众责任保险的附加保险承保。

产品责任保险一般要求投保人将其生产的全部产品或某类产品或某批产品全部向保险人投保，不允许投保人自由选择投保的产品，以便在防止逆选择的同时扩大产品责任保险业务的来源。产品责任保险的保险期限通常为一年。

在产品责任保险的经营实践中，保险人一般先根据各类产品的性能，按照风险的大小划分为若干等级，比如一般风险产品、中等风险产品、特别风险产品等，并以此作为确定具体产品费率的基础。在厘定具体投保产品的费率时，保险人主要考虑以下因素：产品的特点及其潜在风险的大小、产品的数量与价格、责任限额的高低、承包区域范围、保险人此类业务的经验损失记录等。

在产品责任保险中，保险人仅对产品在保险期限内发生的责任事故负责，而不管产品在保险期限内生产或销售与否。赔偿标准要依据保险双方在签订合同时约定的赔偿限额确定，既可以以每次事故的赔偿限额为标准，也可以以累计赔偿限额为标准。对于生产、销售、分配的同批产品由于同样原因造成多人人身伤亡或财产损失的，均视为一次事故造成的损失，适用每次事故的赔偿限额。

1.2.3 职业责任保险

职业责任保险承保各种专业技术人员在从事本职技术工作时因疏忽或过失造成他人财产损失或人身伤害依法应承担的经济损害赔偿责任。在当代社会中，医生、会计师、律师、设计师、经纪人、代理人、工程师等专业技术工作者都存在职业责任风险，都可以通过职业责任保险的方式将职业责任风险转嫁给保险人。

职业责任保险的承保方式有两种：一种是以索赔为基础的承保方式，即保险人仅负责受害人在保险期限内向保险人提出的有效索赔，而不去理会导致该赔案的责任事故是否发生在保险期限内。虽然从实质上看这种承保方式使保险时间前置了，但却有利于保险人了解全部索赔情况并对自己承担的风险责任或可能支付的赔款数额做出更切合实际的估计。为了控制风险责任无限前置，保险人在职业责任保险经营实践中，通常规定一个“追溯日”（通常为3年）作为限制性条款，保险人仅对追溯日之后保险期限届满之前且在保险有效期内提出索赔的法律赔偿责任负责。另一种是以事故发生为基础的承保方式，即保险人仅对在保险期限内发生的职业责任事故引起的索赔负责，而不去理会索赔申请是否在保险期限内。从实质上看，这种承保方式延长了保险责任期限，为防止不利因素的影响，保险人通常规定赔偿的责任限额并明确规定责任期限后延截止日期（通常为3年）。从职业责任保险的经营惯例来看，大多数保险人都采用以索赔为基础的承保方式。还应注意的是，职业责任保险承保的对象不仅包括被保险人及其雇员，而且包括被保险人的前任及其雇员的前任，以表明职业技术服务的连续性和保险服务的连续性。

由于各种职业均有其自身特定的风险，因而需要有不同的保险费率。但从总体上看，保险人在厘定职业责任保险费率时应着重考虑被保险人的职业种类、被保险人的工作场所、同类业务的数量和以往历史损失资料、被保险人及其雇员的专业技术水平和工作责任心、赔偿限额和免赔额的高低、被保险人的经验损失记录等因素。

在职业责任保险的赔偿方面，保险人承担的主要是一个受累计赔偿限额约束的责任赔偿金额和在赔偿金额之外另行计算的法律诉讼费用。

1.2.4 雇主责任保险

雇主责任保险承保雇员在受雇期间从事业务时因遭受意外伤害导致伤、残、死亡或患有与其所从事职业有关的职业性疾病而依照法律或雇用合同应由被保险人承担的经济赔偿责任。雇主责任保险的保险责任包括雇主对雇员依法应负的经济损害赔偿责任和有关法律费用。对于下列情况，保险人通常将其列为责任免除：(1) 战争、暴动、罢工、核风险等引起雇员的人身伤害；(2) 被保险人的故意行为或重大过失；(3) 被保险人对其承包人的雇员所负的经济赔偿责任；(4) 被保险人合同项下的责任；(5) 被保险人的雇员由于疾病、传染病、分娩、流产以及由此而施行的内外科手术所致的伤害；(6) 被保险人的雇员因自己的故意行为导致的伤害等。

由于雇员所从事工作的风险各不相同，因此，雇主责任保险通常根据一定的风险归类确定不同行业或不同工种的费率。同一行业基本上采用同一费率，而对于工作性质比较复杂、工种较多的行业，进一步规定每一工种的适用费率。在上述基础上，保险人厘定雇主责任保险费率时还应考虑赔偿限额、以往同类业务的损失记录、雇主的管理水平以及雇员工作场所的危险性等。

雇主责任保险的赔偿限额通常以每一雇员的工资收入为准确定，每一雇员只适用于自己的赔偿额度。

1.3 短期健康和意外伤害保险

1.3.1 短期健康保险

健康保险是以被保险人在保险期间因合同约定的疾病、医疗行为或意外伤害等导致的医疗费用支出、工作能力丧失、收入减少或死亡为保险责任的保险。健康保险有短期险和长期险之分，保险期间在一年及以内且不含有保证续保条款的属于短期健康保险，保险期间超过一年或者保险期间虽不超过一年但含有保证续保条款的是长期健康保险。保证续保条款是指在前一保险期间届满后，投保人提出续保申请，保险公司必须按照约定费率和原条款继续承保的合同约定。

健康保险所指的疾病必须满足下述条件：一是由“非明显的外来原因”导致的疾病，即对于由明显的外来原因导致的被保险人的人身伤害进而导致的医疗费用支出、收入损失或死亡，在单纯的健康保险中保险人不予负责，保险人仅负责由身体内在的生理原因所致的疾病。但病毒传染、气候变化、食物中毒等外来因素，需要经过人体内部的反应才发展成为疾病，因此也将其划为内在生理原因。二是由“非先天性原因”导致的疾病，即被保险人由于先天性原因存在生理缺陷且由此导致的疾病，保险人不予负责，但是对于长期潜伏于人体内的在保险期限内爆发的遗传性疾病，保险人予以负责。三是由“非长存性原因”导致的疾病，即被保险人自然衰老的过程中出现的视力减退、记忆力下降、行动迟缓等病态是必然的生理现象，不属于健康保险所指的疾病。

与财产保险类似，健康保险也具有补偿性，即保险人在保险金额的限度内为被保险人因疾病发生的实际医疗费用支出和收入损失提供补偿。正是健康保险的补偿性使得它与财产保险有许多共同之处，比如费率的计算均以保险金额为基础、年末未到期责任准备金均按照当年保费收入的一定比例提取、保险期限均在一年及一年以内等，所以短期健康保险被纳入非寿险精算范畴。在健康保险中，道德风险和逆选择比较严重，因此保险人在承保时往往要求被保险人进行体检，理赔时则须严格审核被保险人提供的单证。

由于健康保险具有风险大、不易控制和难以预测的特点，健康保险经营者往往在合同中使用许多制约性条款，例如：(1) 免赔额条款，即一定金额以下的费用支出由被保险人自行负责，超出部分再由保险人依照合同约定负责赔偿；(2) 观察期条款，即合同生效一段时间（多为180天）后被保险人发生患病所致的医疗费用支出保险人才会依照合同履行保险责任；(3) 共保条款，即对超出免赔额以上的医疗费用采取保险人和被保险人按照约定比例共同分担的办法，如被保险人自负20%，保险人负责80%；(4) 给付限额条款，即保险人对给付的医疗保险金规定最高限额。

影响健康保险费率的因素主要有疾病发生率、残疾发生率、疾病持续时间、费用率、保单失效率和死亡率等。

健康保险包括疾病保险、医疗保险、失能收入损失保险和护理保险。疾病保险、失能收入损失保险和护理保险属于长期健康保险的范畴，与寿险的关系更为密切，故此略去。医疗保险的保险期限通常为一年，到期可以续保。

医疗保险是指以保险合同约定的医疗行为的发生为给付保险金条件，为被保险人接受诊疗期间的医疗费用支出提供保障的保险。这些医疗费用支出通常包括药费、手术费、诊疗费、护理费、住院费。医疗保险的投保人可以是单个自然人，也可以是法人。医疗保险一般采取以下几种方式确定保险金额：(1) 规定保险期限内累计赔付的最高限额，在此基础上还可以规定单次和单个责任项目的最高限额；(2) 规定每次门诊的最高保险金额；(3) 规定每日住院平均支付金额；(4) 规定补偿住院医疗费用的天数；(5) 规定不同疾病的最高给付金额等。

1.3.2 意外伤害保险

意外伤害保险是指当被保险人在保险期间遭遇意外事故导致残废或死亡时，保险人依照合同规定给付保险金的保险。此处的意外事故必须满足“非本意的”“外来的”“突然的”这三个限定性条件。此外，保险人还要排除被保险人从事犯罪活动、打架斗殴、蓄意自残以及战争、内乱、暴动、核辐射等所致的意外伤害。被保险人从事剧烈的体育活动所致的意外伤害也需经过特别约定保险人才予以承保。意外伤害保险的基本责任是死亡或残废，因意外事故导致的医疗费用、误工费用、丧葬费用等支出不属于意外伤害保险的责任范围，但可以通过附加意外伤害医疗保险的形式获得保障。

意外伤害保险通常可分为普通意外伤害保险和特种意外伤害保险。

普通意外伤害保险是以意外事故造成被保险人伤残或死亡为保险责任，但是不具体规定事故发生的原因或地点的意外伤害保险，主要包括个人意外伤害保险和团体意外伤害保险。个人意外伤害保险是针对单个自然人办理的意外伤害保险，可以单独投保，也可以作为附加险投保。团体意外伤害保险是以各种社会团体为投保人，以团体中的多数人为被保险人的一种意外伤害保险，如学生团体平安保险。对于团体意外伤害保险，需要明确以下几点：(1) 作为投保人的社会团体必须在投保前就已存在，而不是为了投保临时结成团体；(2) 被保险人人数占团体人数的比例必须达到规定的标准；(3) 当被保险人离开该投保团体时，保险合同自动终止或按照合同约定条件转换。

特种意外伤害保险是指保险人仅负责在特定地点遭受的意外伤害或因特别原因造成的意外伤害的保险，如游泳者意外伤害保险、旅客意外伤害保险、登山运动员意外伤害保险等。

意外伤害保险责任有三个构成要件：一是被保险人在保险期限内遭受意外伤害；二是被保险人在责任期限内残废或死亡；三是意外伤害是被保险人死亡或残废的直接原因或近因。

责任期限是意外伤害保险特有的规定，是指自被保险人遭受意外伤害之日起的一定期限，通常为90天或180天，或保险双方约定。只要意外伤害发生在保险期限之内，即被保险人因意外事故导致的死亡或残废发生在责任期限之内，那么，不论责任期限终止日期是否在保险期限之内，保险人都要承担给付保险金的责任。此外，责任期限还是保险人认定被保险人的残废程度的依据，即在责任期限终止时，如果被保险人的治疗还没有结束，保险人将以责任期限终止时被保险人的残废程度作为给付保险金的依据。保险人给付保险金后，保险合同终止，无论以后被保险人的身体状况好转还是恶化，保险人都不再追究或负责。如果被保险人因意外事故失踪达6个月之久，根据惯例，通常认定被保险人死亡，保险人支付死亡保险金。如果以后被保险人又生还，保险人有权追回已经支付的保险金。

被保险人死亡或残废的直接原因或近因是指当意外事故是导致被保险人残废或死亡的最根本、最直接的原因时，保险人要严格按照合同的约定履行保险责任。若意外事故是残废或死亡的诱因，保险人在承担给付保险金责任时，不是按照保险金额和被保险人的最终后果履行给付责任，而是参照身体健康的人遭受同类意外伤害造成的后果进行给付。

意外伤害保险金额的确定一般有两种方式：一种是保险双方约定并载入合同，死亡保险金额和残废保险金额可分别确定；另一种是保险条款或法规中规定保险金额，被保险人无选择余地。

从意外伤害保险的保险标的即人的生命和身体来看，意外伤害保险属于人身保险的范畴，但其在许多方面与财产保险有类似之处，比如保险责任中有关被保险人故意行为的免责规定、保险合同的补偿性、保险期限均为一年等。也正因如此，意外伤害保险费率的厘定原理与财产保险相同，而与寿险不同，影响意外伤害保险费率的主要因素不是人的性别和年龄，而是被保险人的职业。

意外伤害保险的给付方式是死亡责任定额给付和残废责任不定额给付相结合。死亡责任定额给付按照合同约定执行。残废责任不定额给付按照残废保险金额和残废程度的百分率的乘积计算。在保险有效期内发生一次伤害多处致残或多次伤害时，保险人可连续支付残废保险金，但累计支付金额以不超过保险金额为限。

值得注意的是，保险实务中已经很少有单纯的健康保险或单纯的意外伤害保险，多是将两种风险合并在一个保险合同中。

第 2 章 Chapter 2 损失分布模型

许多精算问题，如保险事故的发生时间、每次事故的损失金额、每年发生的事故次数和每年的累积损失等，都可以通过随机变量来描述。在非寿险精算中，三个最基本的随机变量是损失次数、损失金额和累积损失。在非寿险费率厘定和准备金评估模型的研究中，这三个随机变量都具有十分重要的地位。本章将对描述这三个随机变量的损失模型进行简要的归纳和总结，以便为后面各章奠定基础。

2.1 基本概念

2.1.1 随机变量

随机变量是指取值依赖于随机现象的观察结果的变量，通常用大写字母（如 X，N 等）表示。精算学中的许多研究对象都是随机变量，如被保险人的死亡年龄，从投保到死亡的时间，从残疾到康复的时间，从保险事故发生到报案的时间，从报案到理赔的时间，一年发生保险事故的次数和赔款金额等。在非寿险精算中，最常见的两个随机变量就是损失金额（用 X 表示）和损失次数（用 N 表示）。

由于随机变量的取值是随机的，因此通常用其分布函数描述其取值特性。对于随机变量 X，其分布函数 $F(x)$是指随机变量 X 的取值不超过实数 x 的概率，即

$$F(x)=Pr(X\leqslant x)$$

分布函数可以描述随机变量的统计规律，如损失 X 不超过 1 000 元的概率可表示为$F(1\,000)$，损失在 1 000～2 000 元之间的概率可表示为 $F(2\,000)-F(1\,000)$。

随机变量可分为离散型随机变量和连续型随机变量。所谓离散型随机变量，是指只能取有限个或可列个值的随机变量，如保单的索赔次数 N 就是一个离散型随机变量。所谓连续型随机变量，是指其取值布满一个区间的随机变量，如损

失额 X 是连续型随机变量，其取值范围是区间 $(0, +\infty)$。

2.1.2 随机变量的数字特征

虽然随机变量的分布函数完全可以描述随机变量的分布规律，但为了描述随机变量在某一方面的特征，如平均水平、分散程度等，就需要计算随机变量的一些数字特征。

1. 均值

均值描述了随机变量的平均取值，代表着其取值的平均水平。随机变量 X 的均值通常用 $E(X)$ 表示。如果 X 为离散型随机变量，其取值为 x_i 的概率为 p_i $(i=1, 2, \cdots)$，则其均值可以表示为：

$$E(X)=\sum_{i=1}^{\infty} x_i p_i$$

如果 X 为非负的连续型随机变量，其取值范围为 $(0, +\infty)$，$f(x)$ 为其密度函数，则其均值可以表示为：

$$E(X)=\int_0^{\infty} x f(x)\mathrm{d}x$$

如果 X 是非负随机变量，则其密度函数 $f(x)$ 与分布函数 $F(x)$ 具有下述关系：

$$F(x)=\int_0^{x} f(x)\mathrm{d}x$$

两个随机变量 X 和 Y 的数学期望具有下述关系：

(1) $E(kX)=kE(X)$，其中 k 为常数；

(2) $E(X+Y)=E(X)+E(Y)$；

(3) 若 X 与 Y 相互独立，则 $E(XY)=E(X)\cdot E(Y)$。

2. 方差、标准差和变异系数

方差描述了随机变量取值的分散程度，通常用 $\mathrm{Var}(X)$ 表示，即

$$\mathrm{Var}(X)=E[X-E(X)]^2=E(X^2)-[E(X)]^2$$

两个随机变量 X 和 Y 的方差具有下述关系：

(1) $\mathrm{Var}(kX)=k^2\mathrm{Var}(X)$，其中 k 为常数；

(2) 若 X 与 Y 相互独立，则 $\mathrm{Var}(X+Y)=\mathrm{Var}(X)+\mathrm{Var}(Y)$。

随机变量 X 的标准差 σ_X 是其方差的平方根，即

$$\sigma_X=\sqrt{\mathrm{Var}(X)}$$

随机变量 X 的变异系数 CV 是标准差与均值的比率，即

$$CV=\frac{\sqrt{\mathrm{Var}(X)}}{E(X)}$$

n 个独立同分布的随机变量之和的变异系数是单个随机变量的变异系数的 $1/\sqrt{n}$，即

$$\frac{\sqrt{\mathrm{Var}(X_1+\cdots+X_n)}}{E(X_1+\cdots+X_n)}=\frac{\sqrt{n}\sigma_X}{nE(X)}=\frac{CV}{\sqrt{n}}$$

变异系数通常用来描述一个风险的相对大小，因此，风险集合中包含的个体风险越多，其相对风险越小。

3. 原点矩和中心矩

随机变量 X 的 k 阶原点矩是指随机变量的 k 次幂的均值，即

$$\mu_k=E(X^k)$$

显然，均值为随机变量的一阶原点矩。

随机变量 X 的 k 阶中心矩定义为：

$$\nu_k=E[X-E(X)]^k$$

显然，方差为随机变量的二阶中心矩。

4. 偏度系数

随机变量 X 的偏度系数定义为：

$$\gamma=\nu_3/\sigma^3$$

式中，$\nu_3=E[X-E(X)]^3$，是随机变量 X 的三阶中心矩；σ 为 X 的标准差。

对于对称分布（如正态分布），偏度系数为零；对于右偏分布，偏度系数大于零；对于左偏分布，偏度系数小于零。非寿险中的大多数损失分布属于右偏型的，具有较长较厚的右尾。

n 个独立同分布的随机变量之和的偏度系数是单个随机变量的偏度系数的 $1/\sqrt{n}$。这是因为，n 个独立同分布的随机变量之和 $\sum_{i=1}^{n}X_i$ 的三阶中心矩为：

$$\begin{aligned}E\left[\sum_{i=1}^{n}X_i-E\left(\sum_{i=1}^{n}X_i\right)\right]^3&=E\left\{\sum_{i=1}^{n}[X_i-E(X_i)]\right\}^3\\&=\sum_{i=1}^{n}[X_i-E(X_i)]^3\\&=n\nu_3\end{aligned}$$

式中，在 $E\left\{\sum_{i=1}^{n}[X_i-E(X_i)]\right\}^3$ 的展开式中，除三次方项 $E[X_i-E(X_i)]^3$ 以外，其余各项的均值为零。因此 n 个独立同分布的随机变量之和的偏度系数为：

$$\gamma_n=\frac{n\nu_3}{\left(\sqrt{\mathrm{Var}\left(\sum_{i=1}^{n}X_i\right)}\right)^3}$$

$$=\frac{n\nu_3}{(\sigma\sqrt{n})^3}$$

$$=\frac{\gamma}{\sqrt{n}}$$

由此可见，n 个独立同分布的随机变量之和的偏度系数随着 n 的变化呈反方向变化，这一结果与变异系数是类似的。这就说明，风险集合包含的个体风险越多，其损失分布的变异性和非对称性就越小，对保险公司的经营稳定性就越有利。

2.1.3　母函数和矩母函数

分布函数虽然完全可以描述随机变量的统计规律，但在研究随机变量的某些性质时，使用母函数或矩母函数会更方便。

对于损失次数随机变量 N，其母函数定义为：

$$P_N(z)=E(z^N)=\sum_{k=0}^{\infty}p_k z^k=p_0+p_1z+p_2z^2+\cdots+p_kz^k+\cdots$$

母函数具有下述性质：

(1) 随机变量 N 的分布函数由其母函数唯一确定。

(2) 随机变量 N 的概率可以通过母函数的各阶导数来确定，即

$$p_k=\frac{P_N^{(k)}(0)}{k!},\quad k=1,2,\cdots$$

式中，$P_N^{(k)}(0)$表示母函数的 k 阶导数在 0 点的值。

(3) n 个相互独立的随机变量之和的母函数等于它们各自的母函数的乘积，即

$$P_{N_1+\cdots+N_n}(z)=P_{N_1}(z)\times\cdots\times P_{N_n}(z)$$

对于损失金额随机变量 X，其矩母函数 $M_X(t)$定义为实数 t 的函数，即

$$M_X(t)=E(\mathrm{e}^{tX})$$

矩母函数具有下述性质：

(1) 随机变量 X 的分布函数由其矩母函数唯一确定。

(2) 如果 X 的 k 阶原点矩存在，则其 k 阶原点矩可以表示为：

$$\mu_k=E(X^k)=M_X^{(k)}(0)$$

式中，$M_X^{(k)}(0)$表示矩母函数的 k 阶导数在 0 点的值。

(3) n 个相互独立的随机变量之和的矩母函数等于它们各自的矩母函数的乘积，即

$$M_{X_1+\cdots+X_n}(t)=M_{X_1}(t)\times\cdots\times M_{X_n}(t)$$

母函数和矩母函数可以相互转化：

$$M_X(t)=P_X(\mathrm{e}^t)$$
$$P_X(z)=M_X(\ln z)$$

2.1.4 条件均值和条件方差

对于二维随机变量（X，Y），当 Y 给定时计算 X 的均值就是 X 的条件均值：

$$E(X|Y)$$

当 Y 给定时计算 X 的方差就是 X 的条件方差：

$$\mathrm{Var}(X|Y)=E(X^2|Y)-[E(X|Y)]^2$$

在上述条件均值和条件方差的计算公式中，如果允许 Y 随机取值，则 $E(X|Y)$ 和 $\mathrm{Var}(X|Y)$ 都是随机变量。这两个随机变量具有下述性质：

(1) $E(X)=E[E(X|Y)]$；

(2) $\mathrm{Var}(X)=E[\mathrm{Var}(X|Y)]+\mathrm{Var}[E(X|Y)]$。

2.2 损失次数模型

当数据十分充足时，大多数问题都可以通过经验分布得到解决。但通常的情况是，我们难以得到如此丰富的数据，尤其是高额损失数据更是有限，因此必须根据有限的数据拟合损失次数模型或损失金额模型。事实上，即使在统计数据十分充足的情况下，理论分布也有其用武之地。因为理论分布有不少便于应用的著名性质，如中心极限定理、独立同分布泊松随机变量的可加性等，这些性质有助于简化对许多实际问题的分析。其次，理论分布完全可以由少数几个参数确定，如泊松分布只有一个参数，正态分布、对数正态分布、伽马分布、帕累托分布和负二项分布等也仅有两个参数，这种特性可以减少许多琐碎的工作。

严格地讲，损失次数和索赔次数是两个不同的概念，损失次数通常是指因为发生保险事故而给被保险人造成经济损害的次数，而索赔次数是指被保险人根据保险合同向保险人提出索赔的次数。但是，描述损失次数和索赔次数的理论分布模型是类似的，因此下面对这两个概念不做特别严格的区分。换言之，本节的损失次数模型也可用于索赔次数数据。

2.2.1 （a，b，0）分布类

对于泊松分布、二项分布、负二项分布和几何分布，它们的概率满足下述递

推关系：

$$p_k=\left(a+\frac{b}{k}\right)\cdot p_{k-1},\quad k=1,2,3,\cdots$$

式中，a 和 b 为常数。

满足上述递推关系的分布称作（a，b，0）分布类。对于该类分布，只要已知 a，b 和 p_0，就可以通过上式确定整个概率分布模型。表 2－1 给出了这些分布所对应的 a，b 和 p_0 的取值。

表 2－1　（a，b，0）分布类

分布	a	b	p_0
泊松分布	0	λ	$e^{-\lambda}$
二项分布	$-\frac{q}{1-q}$	$(m+1)\frac{q}{1-q}$	$(1-q)^m$
负二项分布	$\frac{\beta}{1+\beta}$	$(r-1)\frac{\beta}{1+\beta}$	$(1+\beta)^{-r}$
几何分布	$\frac{\beta}{1+\beta}$	0	$(1+\beta)^{-1}$

（a，b，0）分布类仅包括泊松分布、二项分布、负二项分布和几何分布，其他离散型分布均不满足上述递推关系。

1．泊松分布

假设损失次数 N 服从参数为 λ 的泊松分布，则发生 k 次损失的概率为：

$$p_k=\frac{e^{-\lambda}\lambda^k}{k!},\quad k=0,1,2,\cdots$$

泊松分布的均值和方差相等，都等于泊松分布的参数，即

$$E(N)=\mathrm{Var}(N)=\lambda$$

泊松分布的变异系数为：

$$CV=\lambda^{-1/2}$$

泊松分布的偏度系数为：

$$\gamma=\lambda^{-1/2}$$

当 $\lambda\to\infty$ 时，泊松分布的偏度系数趋于零。这就意味着当泊松参数很大时，泊松分布接近于对称分布。

此外，泊松分布的偏度系数与变异系数相等，两者之间的比值等于 1，这是泊松分布区别于其他（a，b，0）分布的一个重要特征。

泊松分布的母函数为：

$$P(z)=e^{\lambda(z-1)}$$

泊松分布具有下述性质：

(1) 可加性。如果 N_1 和 N_2 相互独立，分别是参数为 λ_1 和 λ_2 的泊松随机变量，则 $N=N_1+N_2$ 是参数为 $\lambda_1+\lambda_2$ 的泊松随机变量。

(2) 可分解性。假设两种保险责任的总索赔次数 N 服从参数为 λ 的泊松分布，而两种保险责任发生的概率分别为 a_1 和 a_2，且 $a_1+a_2=1$，则两种保险责任的索赔次数 N_1 和 N_2 是相互独立的泊松随机变量，参数分别为 λa_1 和 λa_2。

(3) 如果保险事故发生的时间间隔服从指数分布，则在一个时间区间内保险事故的发生次数服从泊松分布。

(4) 当泊松参数 λ 较大时，泊松分布可以用正态分布近似，如图 2-1 所示。

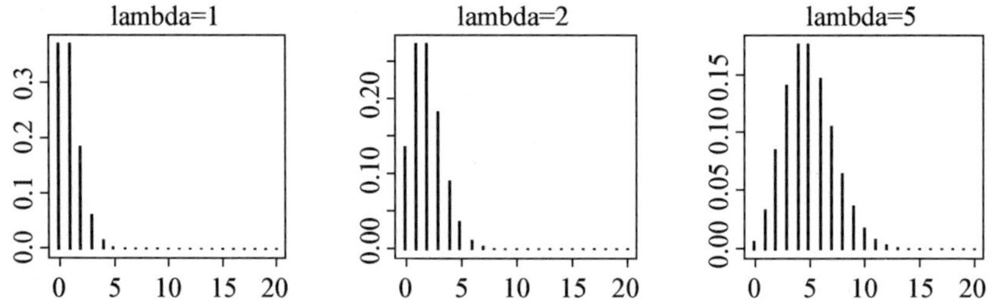

图 2-1 泊松分布的概率函数

2. 二项分布

假设损失次数 N 服从参数为 m 和 q 的二项分布，则发生 k 次损失的概率为：

$$p_k=\binom{m}{k}q^k(1-q)^{m-k},\quad k=0,1,2,\cdots,m$$

式中，m 为整数；$0<q<1$。

二项分布的均值和方差分别为：

$$E(N)=mq$$
$$\mathrm{Var}(N)=mq(1-q)$$

二项分布的变异系数为：

$$CV=\sqrt{\frac{1-q}{mq}}$$

二项分布的偏度系数为：

$$\gamma=\frac{1-2q}{\sqrt{mq(1-q)}}$$

二项分布的偏度系数与变异系数之比小于 1，即

$$\frac{\gamma}{CV}=1-\frac{q}{1-q}<1$$

可见，二项分布的偏度系数小于变异系数。这表明，在给定均值和方差的情况下，二项分布更加适合描述尾部较短的损失次数。

二项分布的母函数为：

$$P(z)=[1+q(z-1)]^m$$

二项分布具有下述性质：

(1) 当二项分布的参数 m 足够大，q 充分小，从而使得 mq 保持适当的大小时，二项分布近似于参数为 $\lambda=mq$ 的泊松分布。

(2) 二项分布的方差小于其均值，这是它与泊松分布和负二项分布在实际应用中的主要区别。泊松分布的方差等于其均值，而负二项分布的方差大于其均值。

(3) 假设每个风险发生损失的概率均为 q，则 m 个独立风险的总损失次数服从二项分布。

(4) 如果用二项分布描述损失次数，则意味着损失次数存在一个最大值，这就是二项分布的参数 m。这种情况也是实际存在的，如一次交通事故造成的伤亡人数、一辆汽车在一年内发生的保险事故次数等。这些随机变量都不会超过某个最大值。

二项分布的概率函数如图 2-2 所示。

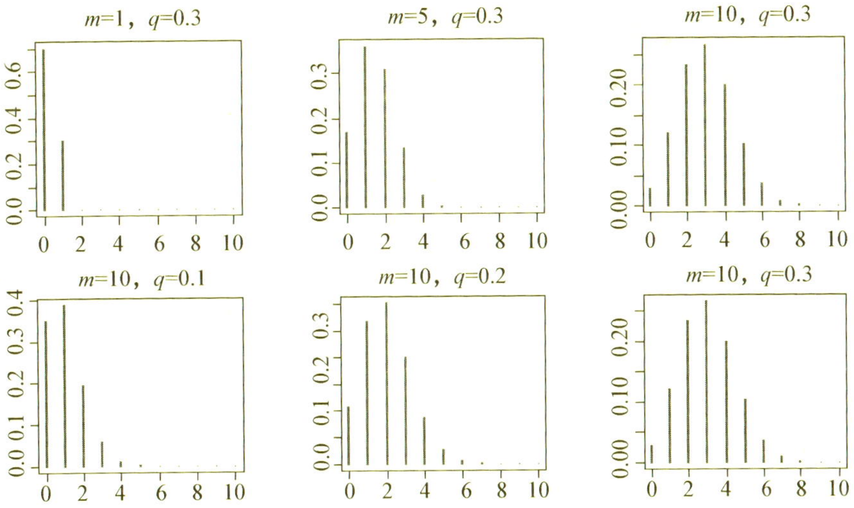

图 2-2 二项分布的概率函数

3. 负二项分布

假设损失次数 N 服从参数为 r 和 β 的负二项分布，则发生 k 次损失的概率为：

$$p_k=\frac{\Gamma(k+r)}{\Gamma(r)\Gamma(k+1)}\left(\frac{1}{1+\beta}\right)^r\left(\frac{\beta}{1+\beta}\right)^k,\quad k=0,1,2,\cdots$$

负二项分布的均值和方差分别为：

$$E(N)=r\beta$$
$$\mathrm{Var}(N)=r\beta(1+\beta)$$

容易证明，负二项分布的变异系数为：

$$CV=\sqrt{\frac{1+\beta}{r\beta}}$$

负二项分布的偏度系数为：

$$\gamma=\frac{2\beta+1}{\sqrt{r\beta(1+\beta)}}$$

因此，负二项分布的偏度系数与变异系数之比大于 1 ，即

$$\frac{\gamma}{CV}=1+\frac{\beta}{1+\beta}>1$$

可见，负二项分布的偏度系数大于变异系数。注意，泊松分布的偏度系数等于变异系数。这表明，在给定均值和方差的情况下，负二项分布的偏度系数大于泊松分布，因此更加适合描述尾部较长的损失次数。

负二项分布的母函数为：

$$P(z)=[1-\beta(z-1)]^{-r}$$

负二项分布具有下述性质：

(1) 方差大于均值。这是与泊松分布的根本区别。这就意味着，如果损失次数的观察值是过离散的，即方差大于均值，那么负二项分布比泊松分布可以更好地拟合损失次数数据。

(2) 负二项分布是一种混合泊松分布，即如果假设泊松分布的参数服从伽马分布，由此得到的混合泊松分布即为负二项分布。

负二项分布的概率函数如图 2－3 所示。

4. 几何分布

几何分布是负二项分布的参数 $r=1$ 时的特例。假设损失次数 N 服从参数为 β 的几何分布，则发生 k 次损失的概率为：

$$p_k=\frac{\beta^k}{(1+\beta)^{k+1}},\quad k=0,1,2,\cdots$$

几何分布的均值和方差分别为：

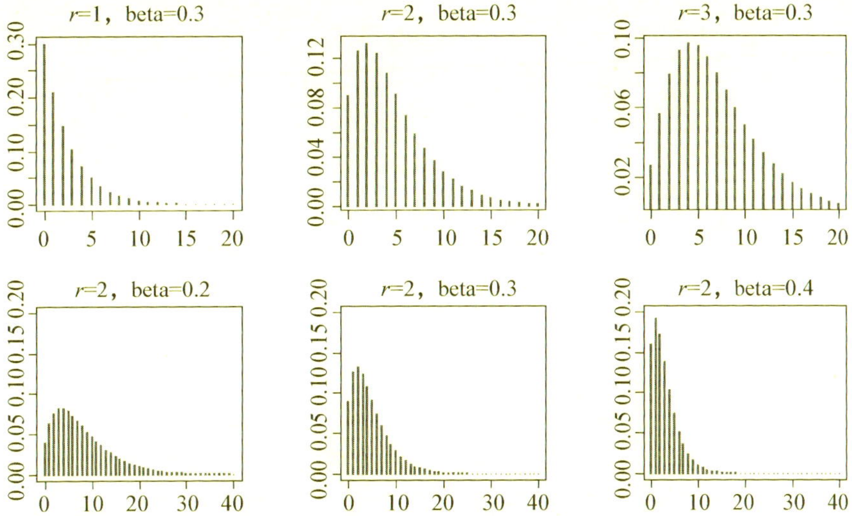

图 2-3　负二项分布的概率函数

$$E(N)=\beta$$

$$\mathrm{Var}(N)=\beta(1+\beta)$$

几何分布的变异系数为：

$$CV=\sqrt{\frac{1+\beta}{\beta}}$$

几何分布的偏度系数为：

$$\gamma=\frac{2\beta+1}{\sqrt{\beta(1+\beta)}}$$

与负二项分布相同，几何分布的偏度系数与变异系数之比大于 1，即

$$\frac{\gamma}{CV}=1+\frac{\beta}{1+\beta}>1$$

几何分布的母函数为：

$$P(z)=[1-\beta(z-1)]^{-1}$$

几何分布具有下述性质：

（1）几何分布是负二项分布的参数 $r=1$ 时的特例。

（2）几何分布具有无记忆性。如果损失次数服从几何分布，则在已经发生了 k 次损失的情况下，以后的损失次数分布与 k 的大小无关。换言之，未来损失次数的分布不受已经发生损失次数的影响。

（3）几何分布的众数恒为零。

几何分布的概率函数如图 2-4 所示。

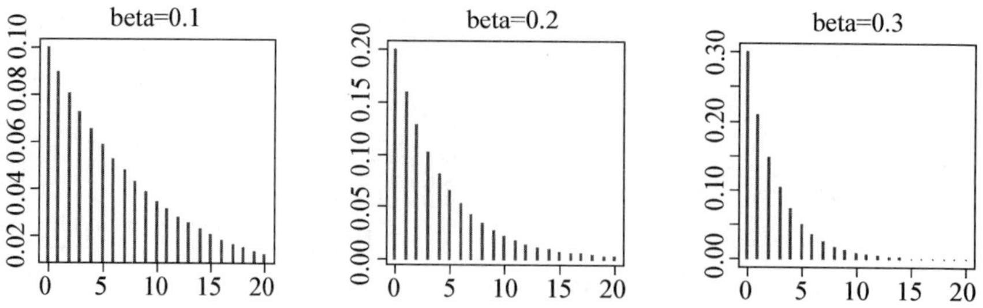

图 2-4　几何分布的概率函数

2.2.2　（a，b，1）分布类

（a，b，0）分布类包含的分布有限，虽然从均值与方差之间的大小关系来看，该类分布可以反映三种不同的均值与方差之间的大小关系，如泊松分布的均值等于方差，负二项分布的均值小于方差，而二项分布的均值大于方差，但该类分布并不能完全描述所有的索赔次数，尤其是当索赔次数的尾部较长或索赔次数在零点的概率比较特殊时，（a，b，0）分布类将不能满足建模的需要。

索赔次数在零点的概率反映了保单不发生索赔的概率。而在保险实践中，一个保险期间不发生索赔的保单数往往很多，亦即索赔次数等于零的概率往往是一个不小的值，因此对零点的概率给予特别关注是十分必要的。

另一种可能出现的情况是索赔次数等于零的概率远远低于我们的预期，甚至不可能出现索赔次数等于零的情况。譬如，当研究对象是每次保险事故所导致的索赔次数时，则这种索赔次数等于零的概率是非常小的。

对（a，b，0）分布类在零点的概率做适当调整，即可反映在保险实践中可能出现的上述两种现实情况。调整的方式有两种：一种是将零点截断，使零点的概率等于零，同时按比例调整在其他非零整数点上的概率，使所有概率之和等于 1。这种方式下产生的概率分布称作零截断（zero-truncated）分布。另一种是调整零点的概率，使它正好等于一个特定值，同时调整其他非零整数点上的概率，使所有概率之和等于 1。这种方式下产生的概率分布称作零调整（zero-modified）分布。

零截断分布和零调整分布都可归入（a，b，1）分布类。（a，b，1）分布类是指概率计算满足下述递推关系的一类离散型分布：

$$p_k=\left(a+\frac{b}{k}\right)\cdot p_{k-1}, \quad k=2,3,\cdots$$

上述递推关系与（a，b，0）分布类的递推关系完全相同，只是（a，b，1）分布类的递推关系是从 p_1 开始，而（a，b，0）分布类的递推关系是从 p_0 开始。（a，b，1）分布类的有关参数如表 2-2 所示。

由于零截断分布和零调整分布都是经过调整（a，b，0）分布类产生的，因此（a，b，0）分布类可以看作零调整分布类的特例。

表 2-2 (a, b, 1) 分布类的参数

分布名称	p_0	a	b
泊松分布 零截断泊松分布 零调整泊松分布	$e^{-\lambda}$ 0 任意概率值	0	λ
二项分布 零截断二项分布 零调整二项分布	$(1-q)^m$ 0 任意概率值	$-\frac{q}{(1-q)}$	$(m+1)\frac{q}{(1-q)}$
负二项分布 零截断负二项分布 零调整负二项分布	$(1+\beta)^{-r}$ 0 任意概率值	$\frac{\beta}{(1+\beta)}$	$(r-1)\frac{\beta}{(1+\beta)}$
几何分布 零截断几何分布 零调整几何分布	$(1+\beta)^{-1}$ 0 任意概率值	$\frac{\beta}{(1+\beta)}$	0
对数分布 零调整对数分布	0 任意概率值	$\frac{\beta}{(1+\beta)}$	$-\frac{\beta}{(1+\beta)}$

如前所述，(a，b，1) 分布类包含两个子类，即零截断分布子类和零调整分布子类。对于零截断分布，发生 k 次损失的概率用 p_k^T 表示，其中 $p_0^T=0$；对于零调整分布，发生 k 次损失的概率用 p_k^M 表示，其中 p_0^M 可以在[0，1]区间任意取值。

如果用 p_k ($k=0$，1，2，…) 表示 (a，b，0) 分布类的概率，则零截断分布的概率可以表示为：

$$p_0^T=0$$

$$p_k^T=\frac{p_k}{1-p_0}, \quad k=1,2,\cdots$$

零调整分布的概率可以如下计算：

$$p_0^M=[0,1]\text{区间上的任意值}$$

$$p_k^M=\frac{1-p_0^M}{1-p_0}\cdot p_k, \quad k=1,2,\cdots$$

容易看出，零截断分布是零调整分布的特例。在零调整分布中，令 $p_0^M=0$，即可得到零截断分布的概率。

如果用 $P(z)$ 表示 (a，b，0) 分布类的母函数，则容易求得零调整分布的母函数为：

$$\begin{aligned}P^M(z)&=p_0^M+\sum_{k=1}^{\infty}p_k^M z^k\\&=p_0^M+\frac{1-p_0^M}{1-p_0}[P(z)-p_0]\end{aligned}$$

相应地，令 $p_0^M=0$，即可得到零截断分布的母函数为：

$$P^T(z)=\frac{P(z)-p_0}{1-p_0}$$

不难看出，零调整和零截断的母函数之间存在下述关系：

$$P^M(z)=p_0^M+(1-p_0^M)P^T(z)$$

上式表明，零调整分布是零截断分布与退化分布的加权平均，其中退化分布在零点的概率为1。

2.2.3 复合分布

复合分布（compound distribution）是通过两个分布复合而成的，这两个分布分别称作首分布（primary distribution）和次分布（secondary distribution）。若令 N 表示首分布的随机变量，M 表示次分布的随机变量，N 和 M 相互独立，M_1，M_2，…独立同分布，则 N 和 M 复合后的随机变量可以表示为：

$$S=M_1+M_2+\cdots+M_N$$

在保险中很容易找到复合分布的实例。譬如，如果用 N 表示保单组合发生的保险事故次数，用 M 表示每次保险事故导致的索赔次数，则 S 就表示该保单组合的总索赔次数。

复合分布通常以首分布的名称来命名，譬如，如果首分布是泊松分布，则相应的复合分布称作复合泊松分布。复合泊松分布在实际中的应用较为广泛。

在方差给定的情况下，偏度系数的差异来自三阶中心矩的差异，因此三阶中心矩的大小可以反映损失次数模型的尾部长短。

如果令 $A=3\sigma^2-2\mu$，$B=(\sigma^2-\mu)^2/\mu$，其中 μ 和 σ^2 分别是复合泊松分布的均值和方差，则常见复合泊松分布的三阶中心矩如下：

泊松-二项：

$$\nu_3=A+\frac{m-2}{m-1}B$$

式中，$m>2$，是二项分布的参数。

泊松-泊松：

$$\nu_3=A+B$$

泊松-几何：

$$\nu_3=A+1.5B$$

泊松-对数：

$$\nu_3=A+2B$$

泊松-零截断负二项：

$$\nu_3 = A + \frac{r+2}{r+1}B, \quad -1 < r < \infty$$

可见，在均值和方差给定的情况下，上述复合泊松分布的偏度系数各不相同，因此可以用于拟合不同尾部特征的损失次数数据。

注意，泊松分布的偏度系数等于 A。在泊松-二项分布中，当二项分布的参数 $m \leqslant 2$ 时，该分布就退化为泊松分布；而当 $m > 2$ 时，$0 < (m-2)/(m-1) < 1$，因此在上述复合泊松分布中，泊松-二项分布的偏度系数最小。

在上述复合泊松分布中，泊松-对数分布就是负二项分布。在泊松-零截断负二项分布中，当 $r=1$ 时，就是泊松-几何分布；当 $r \to 0$ 时，就是负二项分布；当 $r=-0.5$ 时，就是泊松-逆高斯分布。

2.2.4　混合分布

所谓混合分布（mixed distribution），是指把分布的一个参数看作一个随机变量而形成的新分布。譬如，如果把泊松分布的参数看作一个服从伽马分布的随机变量，则生成的混合分布就是负二项分布。

混合分布很容易在保险实践中找到合理的解释。譬如，在汽车保险中，保险公司通常通过一些先验信息（如年龄、性别、驾龄、车型、行驶区域等）对保单进行分类，其目的是把索赔频率近似相同的保单分为一类。但是，通过先验信息把保单分成完全同质的类别（即每类具有相同的索赔频率）是不可能的。每个类别的保单仍然具有不同的索赔频率，只是其差异性比分类前有所减小而已。因此，从每个类别中随机抽取的一个保单，其索赔频率是不确定的，可以用一个随机变量来描述。

假设每份保单的索赔次数服从参数为 λ 的某种分布，概率函数为 $p_k(\lambda)$，而在一个保单组合中，每份保单的 λ 是不同的，假设这种差异用随机变量 Λ 表示，其分布函数为 $U(\lambda)$，密度函数为 $u(\lambda)$，那么从这个保单组合中随机抽取的一份保单的索赔次数将服从一种混合分布，其概率函数可以表示为：

$$p_k = \int_0^{\infty} p_k(\lambda)u(\lambda)\mathrm{d}\lambda$$

混合分布的母函数可以表示为：

$$P(z) = \int_0^{\infty} P(z \mid \lambda)u(\lambda)\mathrm{d}\lambda$$

式中，$P(z \mid \lambda)$ 是当 $\Lambda = \lambda$ 时，索赔次数分布的母函数。在上述定义中，$u(\lambda)$ 通常称作结构函数（structure function），因为它揭示了保单组合的风险构成情况。需要注意的是，结构函数是不可观察的，实际观察到的数据来自混合分布的取值，而非结构函数的取值。

在各种混合分布中，混合泊松分布的应用最为广泛。在混合泊松分布中，假设泊松参数服从某种分布，即具有某种形式的结构函数。混合泊松分布的概率取决于结构函数的形式，不同的结构函数将产生完全不同的混合泊松分布。常见的混合泊松分布有负二项分布、泊松-逆高斯分布和泊松-对数正态分布，它们的结构函数分别为伽马分布、逆高斯分布和对数正态分布。

【例2-1】

假设泊松分布的参数服从参数为（α，θ）的伽马分布，结构函数为：

$$u(\lambda)=\frac{\theta^{\alpha}\lambda^{\alpha-1}\mathrm{e}^{-\theta\lambda}}{\Gamma(\alpha)}$$

则混合泊松分布的概率为：

$$\begin{aligned}p_k&=\int_0^{\infty}p_k u(\lambda)\mathrm{d}\lambda\\&=\frac{\Gamma(k+\alpha)}{\Gamma(k+1)\Gamma(\alpha)}\left(\frac{\theta}{1+\theta}\right)^{\alpha}\left(\frac{1}{1+\theta}\right)^{k}\end{aligned}$$

此即参数为（α，$1/\theta$）的负二项分布。

【例2-2】

假设保单组合由两种风险构成，其中高风险保单的泊松参数为λ_1，占比为a_1，低风险保单的泊松参数为λ_2，占比为a_2，且$a_1+a_2=1$，则从保单组合中随机抽取的个体保单的索赔次数服从下述混合泊松分布：

$$p_k=a_1\frac{{\lambda_1}^k\mathrm{e}^{-\lambda_1}}{k!}+a_2\frac{{\lambda_2}^k\mathrm{e}^{-\lambda_2}}{k!},\quad k=0,1,2,\cdots$$

在构造混合泊松分布时，还可以引入一个尺度参数λ，从而使得混合泊松分布的均值正好等于λ。这对于建立混合泊松回归模型可以带来较大的便利性。假设对于一份给定的保单，其索赔次数服从泊松分布，则该保单的期望索赔频率就等于泊松参数；再假设整个保单组合的平均索赔频率为λ。在保单组合中，不同个体保单的期望索赔频率（泊松参数）各不相同，但都可以表示为保单组合平均索赔频率的若干倍，譬如，第i份保单的期望索赔频率（泊松参数）可以表示为$\lambda\theta_i$。不同保单的θ_i值互不相同，可以用一个随机变量Θ来表示。为了使得整个保单组合的平均索赔频率为λ，要求$E(\Theta)=1$。当给定$\Theta=\theta$时，保单的索赔次数服从参数为$\lambda\theta$的泊松分布，其均值和方差相等，均为$\lambda\theta$，即$E(N\mid\Theta=\theta)=\mathrm{Var}(N\mid\Theta=\theta)=\lambda\theta$。如果$\theta>1$，表明该保单的期望索赔频率超过了保单组合的平均水平；反之，如果$\theta<1$，表明该保单的期望索赔频率低于保单组合的平均水平。如果Θ退化为一个确定值，即$\Theta=1$，则上述混合泊松分布就退化为参数为1的泊松分布。混合泊松分布的方差总是大于均值，因此适合拟合过离散的损失次数数据。

可以证明，在上述假设下，混合泊松分布的偏度系数可以表示为：

$$\gamma=\frac{1}{\sigma^3}\left[3\sigma^2-2\mu+\frac{\gamma(\Theta)}{\sqrt{\mathrm{Var}(\Theta)}}\frac{(\sigma^2-\mu)^2}{\mu}\right]$$

式中，μ 是混合泊松分布的均值，即 $E(N)=\mu$；σ^2 是混合泊松分布的方差，即 $\mathrm{Var}(N)=\sigma^2$；$\gamma(\Theta)$是随机变量 Θ 的偏度系数。

容易验证，如果 Θ 服从均值为 1 的伽马分布，则有

$$\frac{\gamma(\Theta)}{\sqrt{\mathrm{Var}(\Theta)}}=2$$

如果 Θ 服从均值为 1 的逆高斯分布，则有

$$\frac{\gamma(\Theta)}{\sqrt{\mathrm{Var}(\Theta)}}=3$$

如果 Θ 服从均值为 1 的对数正态分布，则有

$$\frac{\gamma(\Theta)}{\sqrt{\mathrm{Var}(\Theta)}}=3+\mathrm{Var}(\Theta)$$

由此可见，在均值和方差给定的条件下，混合泊松分布的偏度系数取决于结构函数的偏度系数与标准差之比。在前述的三个结构函数中，对数正态分布的偏度系数与标准差之比最大，所以泊松-对数正态分布的偏度系数最大；伽马分布的偏度系数与标准差之比最小，所以泊松-伽马分布（即负二项分布）的偏度系数最小；泊松-逆高斯分布的偏度系数居于两者中间。

2.3　损失金额模型

常用的损失金额分布包括指数分布、对数正态分布、伽马分布、帕累托分布和威布尔分布。下面用 X 表示损失金额随机变量，用 $F(x)$表示分布函数，用 $f(x)$表示密度函数，用 $E(X)$表示均值，用 $\mathrm{Var}(X)$表示方差，用 $M(t)$表示矩母函数。

2.3.1　指数分布

假设损失金额 X 服从参数为 θ 的指数分布，则其分布函数和密度函数分别为：

$$F(x)=1-\exp(-\theta x)$$

$$f(x)=\theta\exp(-\theta x)$$

式中，$\theta>0$；$x>0$。

指数分布的矩母函数为：

$$M(t)=\frac{\theta}{\theta-t}$$

指数分布的 k 阶原点矩为：

$$E(X^k)=k!/\theta^k$$

相应地，指数分布的均值和方差分别为：

$$E(X)=1/\theta$$
$$\mathrm{Var}(X)=1/\theta^2$$

指数分布的变异系数为 $CV=1$，偏度系数为 $\gamma=2$，偏度系数是变异系数的 2 倍。

指数分布具有下述性质：

（1）如果在单位时间内的损失次数服从参数为 θ 的泊松分布，则相邻两次损失之间的时间间隔服从参数为 θ 的指数分布。因此，如果单位时间内平均发生 θ 次损失（泊松分布的均值），则相邻两次损失之间的平均时间间隔为 $1/\theta$（指数分布的均值）。

（2）指数分布具有无记忆性。如果损失金额服从指数分布，则免赔额 d 的使用不会影响保险公司对每次损失的期望赔款，它始终是一个与 d 无关的常数，即 $E(X-d \mid X>d)=E(X)$。

（3）指数分布的众数恒为零。

指数分布的密度函数如图 2-5 所示。

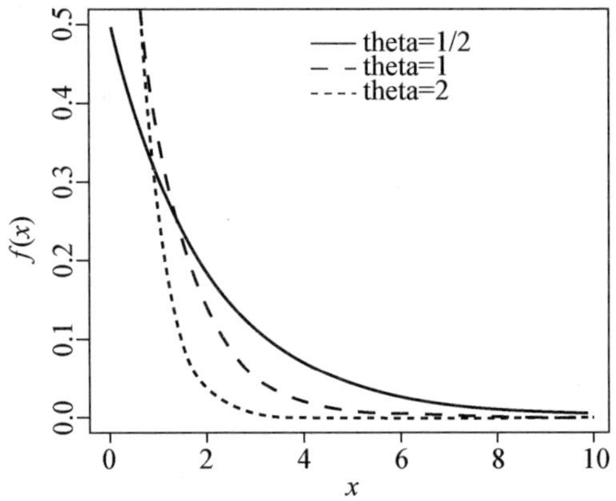

图 2-5　指数分布的密度函数

2.3.2　伽马分布

假设损失金额 X 服从参数为（α，θ）的伽马分布，则其密度函数为：

$$f(x)=\frac{\theta^\alpha x^{\alpha-1}}{\Gamma(\alpha)}\mathrm{e}^{-\theta x}$$

式中，$\alpha>0$，称作形状参数（shape parameter）；$\theta>0$，称作比率参数（rate parameter），比率参数的倒数 $1/\theta$ 称作尺度参数（scale parameter）。

伽马分布的矩母函数为：

$$M(t)=\left(\frac{\theta}{\theta-t}\right)^\alpha$$

伽马分布的 k 阶原点矩为：

$$E(X^k)=\frac{\Gamma(\alpha+k)}{\theta^k\Gamma(\alpha)}$$

伽马分布的均值和方差分别为：

$$E(X)=\alpha/\theta$$
$$\mathrm{Var}(X)=\alpha/\theta^2$$

伽马分布的变异系数为：

$$CV=\alpha^{-1/2}$$

伽马分布的偏度系数为：

$$\gamma=2\alpha^{-1/2}$$

可见，伽马分布的偏度系数是变异系数的 2 倍。

伽马分布还具有下述性质：

(1) 当固定比率参数 θ 时，改变形状参数 α 的取值会改变伽马密度函数的形状。伽马分布是右偏的。

(2) 当形状参数 α 趋于无穷大时，伽马分布近似于正态分布。

(3) 当形状参数 $\alpha=1$ 时，伽马分布就是参数为 θ 的指数分布。

(4) 当比率参数 θ 相同时，伽马分布具有可加性，即如果 X_1 服从参数为 (α_1,θ) 的伽马分布，X_2 服从参数为 (α_2,θ) 的伽马分布，且 X_1 和 X_2 相互独立，则 X_1+X_2 服从参数为 $(\alpha_1+\alpha_2,\theta)$ 的伽马分布。

(5) 伽马分布乘以正常数 r 以后，仍然服从伽马分布，参数变为 $(\alpha,\theta/r)$。

(6) 当 $\alpha>1$ 时，伽马分布有非零的众数 $(\alpha-1)/\theta$；当 $\alpha\leqslant 1$ 时，伽马分布的众数为零。

伽马分布的密度函数如图 2－6 所示。

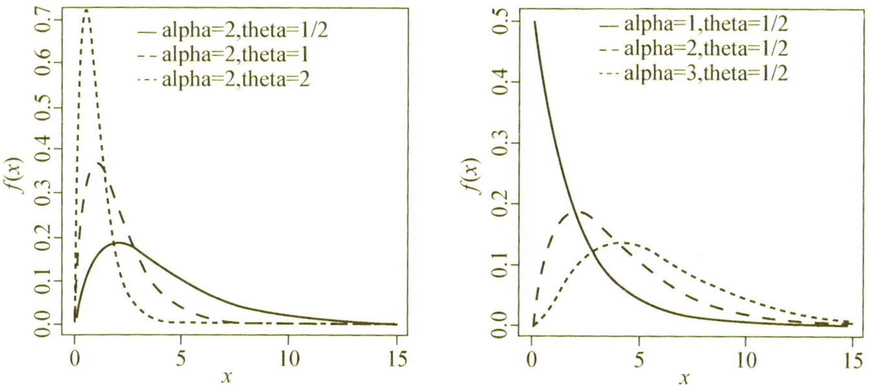

图 2－6　伽马分布的密度函数

2.3.3 逆高斯分布

假设损失金额 X 服从参数为（α，θ）的逆高斯分布，则其密度函数和分布函数可以分别表示为：

$$f(x)=\frac{\alpha}{\sqrt{2\pi\theta x^3}}\exp\left[\frac{-(\alpha-\theta x)^2}{2\theta x}\right]$$

$$F(x)=\Phi\left(\frac{-\alpha}{\sqrt{\theta x}}+\sqrt{\theta x}\right)+\exp(2\alpha)\Phi\left(\frac{-\alpha}{\sqrt{\theta x}}-\sqrt{\theta x}\right)$$

式中，$\Phi(\cdot)$是标准正态分布的分布函数。

逆高斯分布的矩母函数为：

$$M(t)=\exp\left\{\alpha\left[1-\sqrt{1-\frac{2t}{\theta}}\right]\right\},\quad t\leqslant\frac{\theta}{2}$$

逆高斯分布的均值和方差分别为：

$$E(X)=\alpha/\theta$$
$$\mathrm{Var}(X)=\alpha/\theta^2$$

逆高斯分布的变异系数为：

$$CV=\alpha^{-1/2}$$

容易证明，逆高斯分布的偏度系数为：

$$\gamma=3\alpha^{-1/2}$$

可见，逆高斯分布的偏度系数是变异系数的 3 倍。因此在给定均值和方差的情况下，逆高斯分布的尾部比伽马分布更长。

逆高斯分布的密度函数如图 2-7 所示。

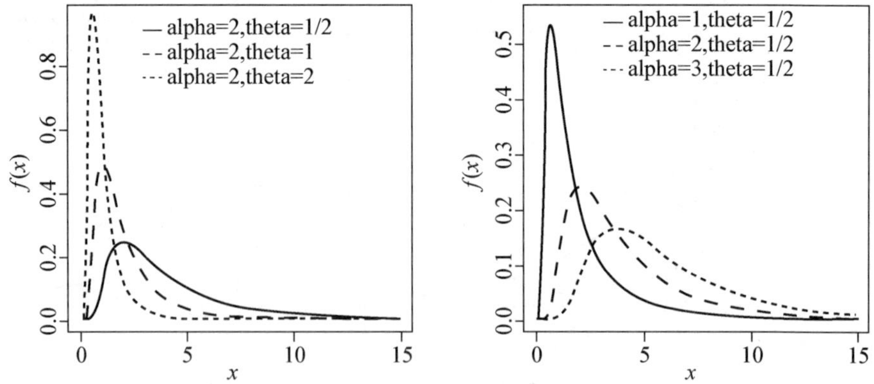

图 2-7　逆高斯分布的密度函数

2.3.4 对数正态分布

假设损失金额 X 服从参数为（μ，σ）的对数正态分布，则其分布函数和密度函数分别为：

$$F(x)=\Phi(z)$$

$$f(x)=\frac{1}{x\sigma\sqrt{2\pi}}\exp(-z^2/2)=\phi(z)/(\sigma x)$$

式中，$\Phi(\cdot)$为标准正态分布的分布函数；$\phi(\cdot)$为标准正态分布的密度函数；$z=\frac{\ln(x)-\mu}{\sigma}$，$-\infty<\mu<+\infty$，$\sigma>0$，$x>0$。

对数正态分布的 k 阶原点矩为：

$$E(X^k)=\exp(k\mu+0.5k^2\sigma^2)$$

对数正态分布的均值和方差分别为：

$$E(X)=\exp(\mu+0.5\sigma^2)$$
$$\mathrm{Var}(X)=\exp(2\mu+2\sigma^2)-\exp(2\mu+\sigma^2)$$

对数正态分布的变异系数为：

$$CV=(\exp(\sigma^2)-1)^{1/2}$$

对数正态分布的偏度系数为：

$$\gamma=CV^3+3CV$$

在给定均值和方差的情况下，对数正态分布的偏度系数大于逆高斯分布的偏度系数，更大于伽马分布的偏度系数，因此适合描述长尾损失金额数据。

对数正态分布还具有下述性质：

（1）正态分布经指数变换后即为对数正态分布；对数正态分布经对数变换后即为正态分布。

（2）设 r，t 为正实数，X 服从参数为（μ，σ）的对数正态分布，则 $Y=rX^t$ 仍然服从对数正态分布，参数为（$t\mu+\ln(r)$，$t\sigma$）。

（3）对数正态分布总是右偏的。

（4）对数正态分布的均值和方差是其参数（μ，σ）的增函数。

（5）对给定的参数 μ，当 σ 趋于零时，对数正态分布的均值趋于 $\exp(\mu)$，方差趋于零。

（6）对数正态分布具有非零众数 $\exp(\mu-\sigma^2)$。

对数正态分布的密度函数如图 2－8 所示。

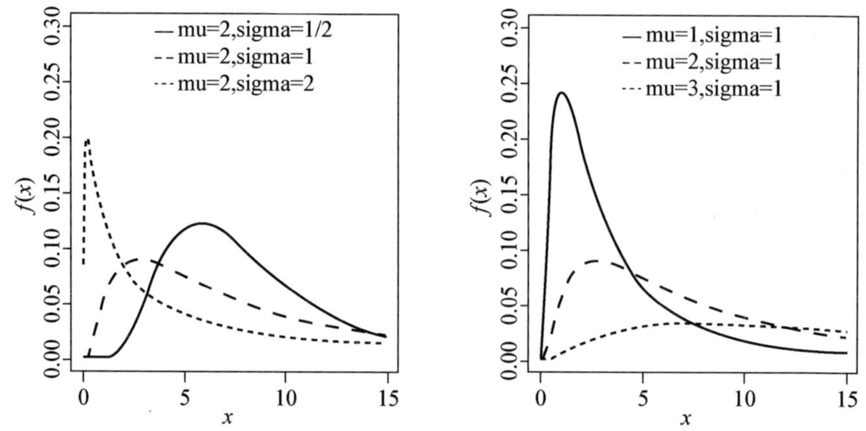

图 2-8　对数正态分布的密度函数

2.3.5　帕累托分布

假设损失金额 X 服从参数为（α，θ）的帕累托分布，则其分布函数和密度函数分别为：

$$F(x)=1-\left(\frac{\theta}{x+\theta}\right)^{\alpha}$$

$$f(x)=\frac{\alpha\theta^{\alpha}}{(x+\theta)^{\alpha+1}}$$

式中，$\alpha>0$；$\theta>0$；$x>0$。

帕累托分布的 k 阶原点矩为：

$$E(X^k)=\frac{\theta^k k!}{(\alpha-1)\cdots(\alpha-k)},\quad -1<k<\alpha$$

帕累托分布的尾部很厚，只有当 $\alpha>1$ 时，帕累托分布存在均值；当 $\alpha>2$ 时，帕累托分布存在方差。帕累托分布的均值和方差分别为：

$$E(X)=\frac{\theta}{\alpha-1},\quad \alpha>1$$

$$\mathrm{Var}(X)=\frac{\alpha\theta^2}{(\alpha-1)^2(\alpha-2)},\quad \alpha>2$$

帕累托分布的变异系数为：

$$CV=\left(\frac{\alpha}{\alpha-2}\right)^{1/2}$$

帕累托分布的偏度系数为：

$$\gamma=\frac{2(\alpha+1)}{\alpha-3}\left(\frac{\alpha-2}{\alpha}\right)^{1/2}=\frac{2}{CV}\cdot\frac{1-3CV^2}{CV^2-3}$$

式中，帕累托分布的变异系数 $CV>1$，因此其第二项的分子小于零，而偏度系数应该是大于零的值，所以其第二项的分母也应该小于零，即

$$CV^2<3$$

这就表明，只有当变异系数的平方在区间（1，3）取值时，帕累托分布的偏度系数才是存在的，在其他情况下，偏度系数不存在。这是因为当 $k\geqslant\alpha$ 时，帕累托分布的 k 阶矩不存在。当 $CV^2\to 3$ 时，帕累托分布的偏度系数趋于无穷大。

帕累托分布还具有下述性质：

（1）帕累托分布总是右偏的，众数恒为零。

（2）帕累托分布乘以正常数 r 以后，仍然是帕累托分布，参数变为（α，$r\theta$）。

（3）如果均值 $\mu=E(X)$保持不变，当 $\alpha\to\infty$ 时，帕累托分布收敛到参数为 $1/\mu$ 的指数分布。

帕累托分布的密度函数如图 2－9 所示。

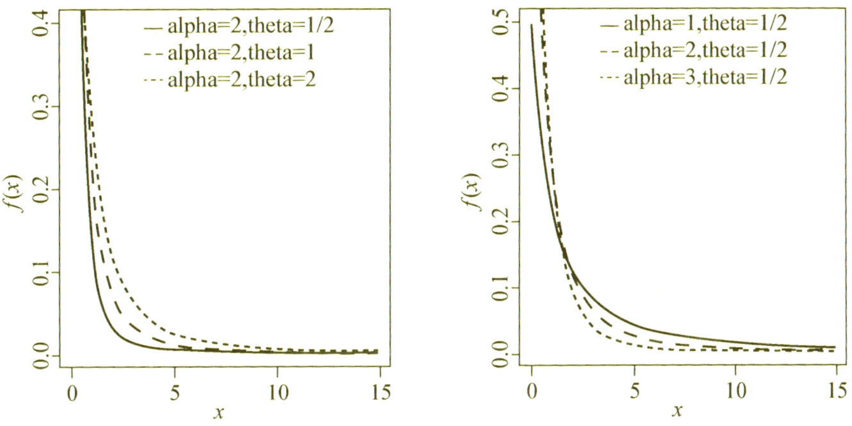

图 2－9 帕累托分布的密度函数

2.3.6 威布尔分布

假设损失金额 X 服从参数为（α，θ）的威布尔分布，则其分布函数和密度函数分别为：

$$F(x)=1-\exp[-\alpha x^{\theta}]$$
$$f(x)=\alpha\theta x^{\theta-1}\exp(-\alpha x^{\theta})$$

式中，$\alpha>0$；$\theta>0$；$x>0$。

威布尔分布的 k 阶原点矩为：

$$E(X^k)=\alpha^{-k/\theta}\Gamma(1+k/\theta)$$

威布尔分布具有下述性质：

（1）当 $\theta=1$ 时，威布尔分布就是参数为 α 的指数分布。

（2）威布尔分布乘以正常数 r 以后，仍然是威布尔分布，参数变为 $(\alpha/r^{\theta}, \theta)$。

（3）如果 $X=\theta \cdot Y^{\alpha}$ 服从参数为 1 的指数分布，则 Y 服从威布尔分布。

（4）威布尔分布在 $\theta=3.6$ 附近呈现大致对称的形状；当 $\theta<3.6$ 时，威布尔分布将呈现左偏形状；当 $\theta>3.6$ 时，威布尔分布将呈现右偏形状。

威布尔分布的密度函数如图 2－10 所示。

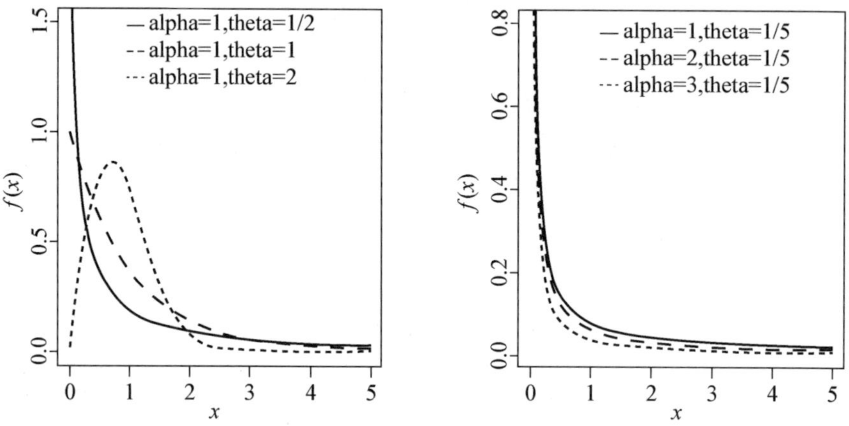

图 2－10 威布尔分布的密度函数

2.4 累积损失模型

累积损失的分布模型有两种不同的形式，一种是个体风险模型（individual risk model），另一种是集体风险模型（collective risk model）。在个体风险模型中，假设保单组合包含 n 份确定的保单，每份保单相互独立，其中第 i 份保单在保险期间的损失金额是一个随机变量 X_i，则整个保单组合在保险期间的累积损失 S 可以表示为：

$$S=X_1+X_2+\cdots+X_n$$

注意，在个体风险模型中，假设随机变量 X_i 相互独立，但不必是同分布的。

在集体风险模型中，将整个保单组合视为一个整体，考虑其在保险期间发生的累积损失。集体风险模型假设保单组合在保险期间的损失次数是一个随机变量 N，而第 i 次损失的金额是另一个随机变量 X_i，其中每次的损失金额 X_i 独立同分布，且与 N 相互独立。整个保单组合的累积损失可以表示为：

$$S=X_1+X_2+\cdots+X_N$$

在集体风险模型中，累积损失 S 的均值和方差分别为：

$$E(S)=E(N)E(X)$$

$$\mathrm{Var}(S)=E(N)\mathrm{Var}(X)+\mathrm{Var}(N)[E(X)]^2$$

在集体风险模型中，我们通常把 S 的分布称作复合分布，相应的复合分布名称采用损失次数分布的名称，譬如，当损失次数分布为泊松分布时，相应的复合分布称作复合泊松分布；当损失次数分布为负二项分布时，相应的复合分布称作复合负二项分布。

累积损失分布的计算比较复杂，可以根据实际情况采用卷积、近似、递推和随机模拟等方法进行。下面通过几个例子说明累积损失分布的有关计算问题。

2.4.1　卷积计算

对于比较简单的个体风险模型，其累积损失的分布可以直接通过卷积进行计算。

假设 X 和 Y 是两个相互独立的非负随机变量，分别表示两份保单的损失金额，它们的密度函数分别为 $f_X(x)$ 和 $f_Y(y)$，则累积损失 $S=X+Y$ 的密度函数可以应用下面的卷积公式计算：

$$f_S(s)=\int_0^{\infty} f_X(s-y)f_Y(y)\mathrm{d}y$$

如果 X 和 Y 是离散型随机变量，概率函数分别为 $p_X(x)$ 和 $p_Y(y)$，则累积损失 S 的概率函数为：

$$p_S(s)=\sum_{y=0}^{\infty} p_X(s-y)p_Y(y)$$

【例 2-3】

假设某保险人签发了 A 和 B 两份保单，每份保单可能发生的损失及相应的概率如表 2-3 所示。

表 2-3　　个体保单的损失及其概率

A		B	
损失	概率	损失	概率
0	0.60	0	0.70
2 000	0.30	200	0.20
20 000	0.10	2 000	0.06
		20 000	0.04

根据表 2-3 可以求出，保险公司对这两份保单的累积损失及其相应的概率，如表 2-4 所示。

表2-4　　保险公司的累积损失及其概率

损失			概率		
A的损失	B的损失	(A+B)的损失	A的概率	B的概率	(A+B)的概率
0	0	0	0.60	0.70	0.42
0	200	200	0.60	0.20	0.12
0	2 000	2 000	0.60	0.06	0.036
0	20 000	20 000	0.60	0.04	0.024
2 000	0	2 000	0.30	0.70	0.21
2 000	200	2 200	0.30	0.20	0.06
2 000	2 000	4 000	0.30	0.06	0.018
2 000	20 000	22 000	0.30	0.04	0.012
20 000	0	20 000	0.10	0.70	0.07
20 000	200	20 200	0.10	0.20	0.02
20 000	2 000	22 000	0.10	0.06	0.006
20 000	20 000	40 000	0.10	0.04	0.004

将表2-4中相同的累积损失所对应的概率相加即得到累积损失的分布，如表2-5所示。

表2-5　　累积损失的分布

累积损失	概率	累积概率
0	0.420	0.420
200	0.120	0.540
2 000	0.246	0.786
2 200	0.060	0.846
4 000	0.018	0.864
20 000	0.094	0.958
20 200	0.020	0.978
22 000	0.018	0.996
40 000	0.004	1.000

例2-3通过直接计算两个损失分布的卷积得到了累积损失的分布。可以看出，卷积的运算过程比较复杂，当保单组合较大时，进行卷积运算往往是不现实的。此时，可以考虑采用下述的近似计算。

2.4.2　近似计算

当损失次数足够大时，则由中心极限定理可知，累积损失近似服从正态分

布，故有

$$Pr\left(\frac{S-\mu}{\sigma}\leqslant x\right)\approx\Phi(x)$$

式中，$\mu=E(S)$；$\sigma^2=\mathrm{Var}(S)$；$\Phi(\cdot)$表示标准正态分布的分布函数。

可见，进行正态近似只需计算出累积损失的均值和方差即可。

如果累积损失 S 服从复合泊松分布，泊松分布的参数为 λ，当 $\lambda\rightarrow\infty$时，正态近似可以表示为：

$$Pr\left(\frac{S-\lambda m_1}{\sqrt{\lambda m_2}}\leqslant x\right)\approx\Phi(x)$$

式中，m_1 与 m_2 分别为个体损失金额 X 的一阶和二阶原点矩，即 $m_1=E(X)$，$m_2=E(X^2)$。

当正态近似不适用时，可以使用正态幂变换（normal power）近似，将累积损失 S 的分布函数近似表示为：

$$Pr\left(\frac{S-\mu}{\sigma}\leqslant x\right)\approx\Phi\left(\sqrt{1+\frac{6x}{\gamma}+\frac{9}{\gamma^2}}-\frac{3}{\gamma}\right)$$

式中，γ 为累积损失 S 的偏度系数。

因为累积损失 S 的分布大多是右偏的，且有一个众数，这与伽马分布类似，所以对累积损失 S 的另一种近似方法是平移伽马近似。假设随机变量 Z 服从参数为（a，b）的伽马分布，将其平移 x_0 以后，即可得到平移伽马分布 $Z+x_0$。用平移伽马分布近似累积损失，就意味着累积损失减去 x_0 之后近似服从伽马分布。

平移伽马分布有三个参数（α，β，x_0）。如果用平移伽马分布近似累积损失 S 的分布，就需要估计这三个参数的取值。可以采用矩法进行估计。为了使平移伽马分布和累积损失的前三阶矩相等，α，β，x_0 必须满足下述方程组：

$$\begin{cases}\mu=x_0+\dfrac{\alpha}{\beta}\\ \sigma^2=\dfrac{\alpha}{\beta^2}\\ \gamma=\dfrac{2}{\sqrt{\alpha}}\end{cases}$$

上述方程组的左边是累积损失的均值、方差和偏度系数；右边分别是平移伽马分布的均值、方差和偏度系数。平移仅仅改变伽马分布的均值，其方差和偏度系数不会改变。

由上述方程组可以解出 α，β，x_0 分别为：

$$\begin{cases}\alpha=\dfrac{4}{\gamma^2}\\ \beta=\dfrac{2}{\gamma\sigma}\\ x_0=\mu-\dfrac{2\sigma}{\gamma}\end{cases}$$

求得平移伽马分布的三个参数以后，即可对累积损失进行近似计算。

【例 2-4】

假设某团体保单承保了 1 000 个风险。每个风险的保额为 1，发生索赔的概率均为 $q=0.001$。求保险公司的总赔款大于 3.5 的概率。

保险公司在此保单上的总赔款 S 服从二项分布（1 000，0.001），由泊松分布和二项分布的性质可知，该二项分布可以用参数为 1 的泊松分布近似（两者几乎相等）。参数为 1 的泊松分布的概率可以表示为：

$$p_k=\frac{\lambda^k e^{-\lambda}}{k!}=\frac{e^{-1}}{k!}$$

所以总赔款大于 3.5 的概率为：

$$\begin{aligned}Pr(S\geqslant 3.5)&=1-[Pr(S=0)+Pr(S=1)+Pr(S=2)+Pr(S=3)]\\&=1-\left(e^{-1}+e^{-1}+\frac{e^{-1}}{2}+\frac{e^{-1}}{3\times 2}\right)\\&=0.019\,0\end{aligned}$$

下面用各种近似方法计算上述概率。

（1）正态近似。由于 S 服从参数为 1 的泊松分布，其均值、方差和偏度系数均为 1。若令正态分布的两个参数分别为 μ 和 σ，则有 $\mu=\sigma=1$，故

$$\begin{aligned}Pr(S\geqslant 3.5)&=Pr\left(\frac{S-\mu}{\sigma}\geqslant\frac{3.5-\mu}{\sigma}\right)\\&=Pr\left(Z\geqslant\frac{3.5-\mu}{\sigma}\right)\\&=1-\Phi(2.5)\\&=1-0.993\,8\\&=0.006\,2\end{aligned}$$

式中，$Z=(S-\mu)/\sigma$ 表示标准正态分布的随机变量；$\Phi(\cdot)$ 表示标准正态分布的分布函数，其值可以通过有关软件求得。譬如，在 Excel 的一个单元格中，输入“=NORMDIST（2.5，0，1，TRUE)”即可求得 $\Phi(2.5)=0.993\,8$。

在例 2-4 中，尽管风险单位数很多，但正态近似的误差仍然较大，因为上述泊松分布的偏度系数为 1，是右偏分布。

（2）平移伽马近似。累积损失 S 服从参数为 1 的泊松分布，其均值、方差和

偏度系数均为 1。如果用平移伽马分布近似 S，则可以建立下述方程组：

$$\begin{cases} \mu = x_0 + \dfrac{\alpha}{\beta} = 1 \\ \sigma^2 = \dfrac{\alpha}{\beta^2} = 1 \\ \gamma = \dfrac{2}{\sqrt{\alpha}} = 1 \end{cases}$$

从此方程组可以解出：$\alpha=4$，$\beta=2$，$x_0=-1$。可见，本例需要把参数为（4，2）的伽马分布平移 -1 之后来近似累积损失的分布，这就意味着，累积损失减去 -1 以后，可以用参数为（4，2）的伽马分布来近似，因此有

$$\begin{aligned} Pr(S \geqslant 3.5) &= 1 - Pr(S < 3.5) \\ &= 1 - Pr(S - x_0 < 3.5 - x_0) \\ &= 1 - G(3.5 - x_0; \alpha, \beta) \\ &= 1 - G(4.5; 4, 2) \\ &= 1 - 0.9788 \\ &= 0.0212 \end{aligned}$$

伽马分布的概率可以通过各种软件求得。譬如，在 Excel 的一个单元格中输入"=GAMMADIST（4.5，4，1/2，TRUE)"即可求得本例伽马分布的概率值为 $G(4.5; 4, 2)=0.9788$。注意，在 Excel 中，伽马分布的一个参数相当于本例的 $1/\beta$。

（3）正态幂近似。因为 S 服从参数为 1 的泊松分布，其均值、方差和偏度系数均为 1，即 $\mu=\sigma=\gamma=1$，故

$$\begin{aligned} Pr(S \geqslant 3.5) &= Pr[(S-\mu)/\sigma \geqslant 2.5] \\ &\approx 1 - \Phi\left(\sqrt{1 + \frac{6 \times 2.5}{\gamma} + \frac{9}{\gamma^2}} - \frac{3}{\gamma}\right) \\ &= 1 - \Phi(2) \\ &= 0.0228 \end{aligned}$$

2.4.3　递推计算

对于集体风险模型，如果损失次数 N 属于（a，b，1）分布类，则累积损失 S 的概率分布可按下述递推公式计算：

$$f_S(x) = \frac{1}{1 - a f_X(0)} \left\{ [p_1 - (a+b)p_0] f_X(x) + \sum_{y=1}^{x \wedge m} \left(a + \frac{by}{x}\right) f_X(y) f_S(x-y) \right\},$$

$$x = 1, 2, \cdots$$

$$f_S(0) = P_N[f_X(0)]$$

式中，$x \wedge m$ 表示在 x 和 m 中取较小的一个值，即 $x \wedge m=\min(x, m)$。

如果损失次数属于（a，b，0）分布类，则累积损失 S 的分布可以用下述递推公式计算：

$$f_S(x)=\frac{1}{1-af_X(0)}\left\{\sum_{y=1}^{x \wedge m}\left(a+\frac{by}{x}\right)f_X(y)f_S(x-y)\right\}, \quad x=1,2,\cdots$$
$$f_S(0)=P_N[f_X(0)]$$

特别地，如果损失次数服从参数为 λ 的泊松分布，则上述递推公式可以简化为：

$$f_S(x)=\frac{\lambda}{x}\left\{\sum_{y=1}^{x \wedge m} yf_X(y)f_S(x-y)\right\}, \quad x=1,2,\cdots$$
$$f_S(0)=e^{-\lambda[1-f_X(0)]}$$

在上述递推公式中，假设 $f_X(x)$ 的定义域为 0，1，2，…，m，即 X 只取整数，其中最大取值为 m。

【例2-5】

一个保单组合的损失次数服从均值为3.6的泊松分布，每次损失的分布如表2-6所示。计算该保单组合的累积损失小于或等于6的概率。

表2-6 每次损失的分布

损失	概率
1	0.2
2	0.5
3	0.2
4	0.1

在本例中，泊松参数为 $\lambda=3.6$，因此有

$$f_S(x)=\frac{3.6}{x}\left\{\sum_{y=1}^{x \wedge m} yf_X(y)f_S(x-y)\right\}, \quad x=1,2,\cdots$$
$$f_S(0)=e^{-3.6}=0.027\,324$$

有关计算结果如表2-7所示。从此表可以看出，保险公司的累积损失小于或等于6的概率约为0.417。

表2-7 累积损失的计算过程

损失	$f_X(y)$	计算过程	$f_S(x)$	$F_S(x)$
0			0.027 324	0.027 324
1	0.2	3.6÷1×(1×0.2×0.027 324)	0.019 673	0.046 997
2	0.5	3.6÷2×(1×0.2×0.019 673+2×0.5×0.027 324)	0.056 265	0.103 262

续前表

损失	$f_X(y)$	计算过程	$f_S(x)$	$F_S(x)$
3	0.2	3.6÷3×(1×0.2×0.056 265+2×0.5×0.019 673+3×0.2×0.027 324)	0.056 784	0.160 046
4	0.1	3.6÷4×(1×0.2×0.056 784+2×0.5×0.056 265+3×0.2×0.019 673+4×0.1×0.027 324)	0.081 320	0.241 366
5		3.6÷5×(1×0.2×0.081 320+2×0.5×0.056 784+3×0.2×0.056 265+4×0.1×0.019 673)	0.082 567	0.323 933
6		3.6÷6×(1×0.2×0.082 567+2×0.5×0.081 320+3×0.2×0.056 784+4×0.1×0.056 265)	0.092 646	0.416 579

应用前述递推公式计算累积损失的分布，要求损失金额 X 必须服从离散型分布。如果 X 服从连续型分布，就需要对其进行离散化处理。下面介绍一种对连续型分布进行离散化处理的方法。

假设 X 是非负的连续型随机变量，分布函数为 $F(x)$，用 f_0，f_1，…表示离散化以后的分布，用 h 表示步长，则

$$f_0=Pr\left(X<\frac{h}{2}\right)=F_X\left(\frac{h}{2}\right)$$

$$f_i=Pr\left(ih-\frac{h}{2}\leqslant X<ih+\frac{h}{2}\right)=F_X\left(ih+\frac{h}{2}\right)-F_X\left(ih-\frac{h}{2}\right),$$

$$i=1,2,\cdots$$

上述离散化过程如图 2－11 所示。

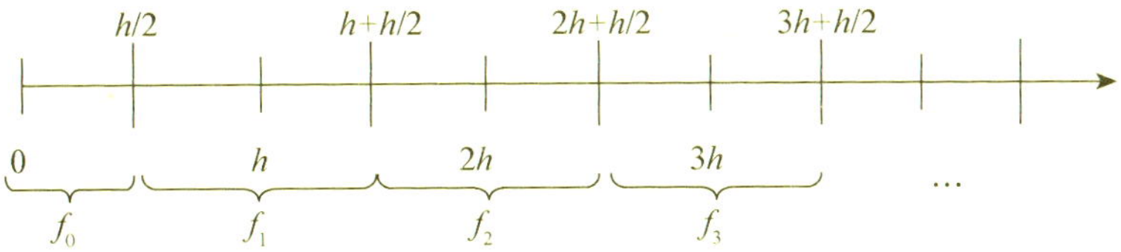

图 2－11 连续型分布的离散化过程

在上述离散化过程中，步长 h 表示损失的计量单位，f_i 表示损失等于 i 个单位的概率。

【例 2－6】

假设 X 服从参数为 $\theta=0.1$ 的指数分布，均值为 10，分布函数为 $F(x)=1-e^{-0.1x}$。下面应用步长 $h=2$ 对此分布进行离散化。

$$\begin{aligned}f_0&=Pr\left(X<\frac{h}{2}\right)\\&=Pr(X<1)\\&=1-e^{-0.1}\\&=0.095\,16\end{aligned}$$

$$\begin{aligned} f_i &= Pr\left(ih - \frac{h}{2} \leqslant X < ih + \frac{h}{2}\right) \\ &= Pr(2i-1 \leqslant X \leqslant 2i+1) \\ &= e^{-0.1(2i-1)} - e^{-0.1(2i+1)} \end{aligned}$$

有关数值计算结果如表 2-8 所示。

表 2-8　　离散化以后的分布函数（局部）

i	f_i	i	f_i
0	0.095 16	11	0.022 2
1	0.164 0	12	0.018 2
2	0.134 3	13	0.014 9
3	0.109 9	14	0.012 2
4	0.090 0	15	0.010 0
5	0.073 7	16	0.008 2
6	0.060 3	17	0.006 7
7	0.049 4	18	0.005 5
8	0.040 4	19	0.004 5
9	0.033 1	20	0.003 7
10	0.027 1	21	0.003 0

在例 2-6 中，如果进一步假设索赔次数服从参数为 $\lambda=2.2$ 的泊松分布，离散化时采用的步长为 $h=2$，则可以计算出累积损失大于 20 的概率近似为 0.418 6。

步长的大小会影响计算的精度，步长越小，精度越高。在例 2-6 中，如果选用步长 $h=1$，则累积损失大于 20 的概率近似为 0.428 0；如果选用步长为 $h=0.5$，则累积损失大于 20 的概率近似为 0.432 7；如果选用步长为 $h=0.1$，则累积损失大于 20 的概率近似为 0.436 4。

图 2-12 给出了本例累积损失的概率分布图，采用步长为 $h=2$ 的计算结果绘制。可以看出，该例的累积损失在零点有 0.136 6 的概率堆积。在该图中，横坐标的尺度为 $h=2$，因此，当横坐标的值为 10 时，对应的累积损失应为 $10h=10\times2=20$。

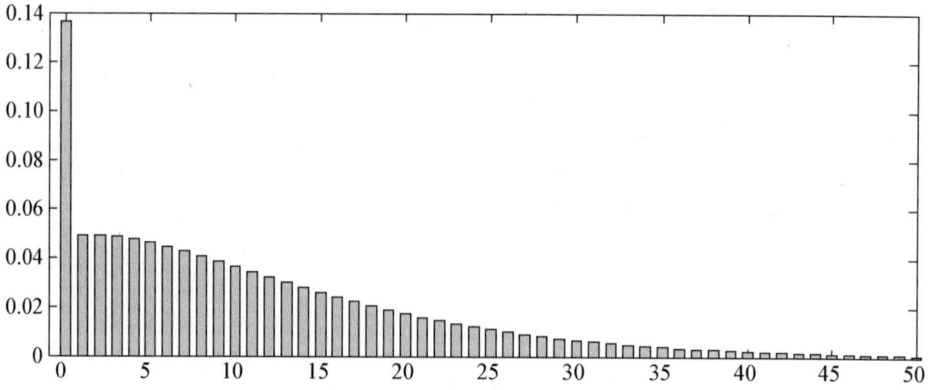

图 2-12　累积损失的分布

2.4.4　随机模拟

计算累积损失的另一种方法是随机模拟。应用随机模拟的过程可以概括如下：

（1）建立一个关于累积损失 S 的模型，它依赖随机变量 X，Y，…。这些随机变量的分布及其关系是已知的。

（2）对于 $j=1$，2，…，n，生成随机变量 X，Y，…的伪随机数 x_j，y_j，…，应用上一步建立的模型计算 s_j。

（3）累积损失 S 的分布可以用 $F(s)$ 近似，其中 $F(s)$ 是根据伪随机数 s_j 确定的经验分布函数。

（4）根据 $F(s)$ 就可以计算 S 的均值、方差、概率和分位数等。

如何生成分布函数为 $F(x)$ 的伪随机数呢？假设随机变量 U 是区间（0，1）上的均匀分布，u_1，u_2，…，u_n 是其伪随机数，那么 $x_j=F_X^{-1}(u_j)$ 就是分布函数为 $F(x)$ 的伪随机数。

【例 2-7】

假设保单规定，对每次损失的免赔额为 $d=250$，但在一个保险年度，保单持有人的自付金额不会超过 $u=1\,000$。如果损失次数服从负二项分布，参数为 $(r=3,\ \beta=2)$，每次损失的金额服从伽马分布，参数为 $(\alpha=100,\ \theta=0.2)$。计算保险人年度累积赔款的均值和 95%分位数。

本例的问题比较复杂，可以尝试应用随机模拟。

进行一次模拟的过程如下：

（1）模拟损失次数。假设根据负二项分布（3，2）得到的模拟结果为 5 次。

（2）模拟上述 5 次损失的金额。假设根据 $G(100,\ 0.2)$ 的模拟结果为 544.04，453.67，217.87，681.98，449.83，则累积损失的模拟值为 2 347.39。

（3）确定保单持有人承担的免赔额。由于对每次损失的免赔额为 250，故对上述 5 次损失的免赔额分别为 250，250，217.87，250，250，累积免赔额为 1 217.87。由于累积免赔额不应超过 1 000，故保单持有人实际承担的免赔额为 1 000。

（4）确定保险人的累积赔款。

$$\text{累积赔款}=\text{累积损失}-\text{保单持有人承担的免赔额}=1\,347.39$$

在随机模拟中，仅仅模拟一次是远远不够的。为了得到累积赔款的近似分布，必须进行很多次模拟。此时，需要编写有关程序代码，为此，首先定义下述符号：

X_j 表示第 j 次损失的金额。

W_j 表示保单持有人对每次损失的自负金额。

$V=W_1+\cdots+W_N$，表示在没有设置年度最大自负额的情况下，保单持有人自负的总金额。

$V_u=V\wedge u$，表示在设置年度最大自负额的情况下，保单持有人自负的金额。

$S=X_1+\cdots+X_N$，表示损失总额。

$P=S-V_u$，表示保险人支付的累积赔款。

针对例 2－7 应用上述符号，用 R 语言模拟 10 000 次的程序代码和输出结果如下，其中保险人年度累积赔款的分布如图 2－13 所示，95%分位数为 6 137.98，均值为 2 200.47。

```
set. seed (321)

#模拟次数
iter = 10000

#免赔额
d = 250

#赔偿限额
u = 1000

#负二项分布的参数
r = 3; beta = 2

#伽马分布的参数
alpha = 100; theta = 0.2

#保险人的年度累积赔款
P = NULL

for (i in 1: iter) {

#事故次数
n = rnbinom (1, size = r, mu = r * beta)

#每次事故的损失金额
x = rgamma (n, shape = alpha, rate = theta)

#保单持有人对每次损失的自负金额
w = pmin (x, d)
```

```
#保单持有人自负的总金额
v=min (sum (w), u)

#总损失
S=sum (x)

#保险人的年度累积赔款
P [i] =S-v
}

#保险人年度累积赔款的直方图
hist (P, breaks=50, col='darkblue', prob=TRUE, main='', xlab='累积赔款', ylab='概率')
```

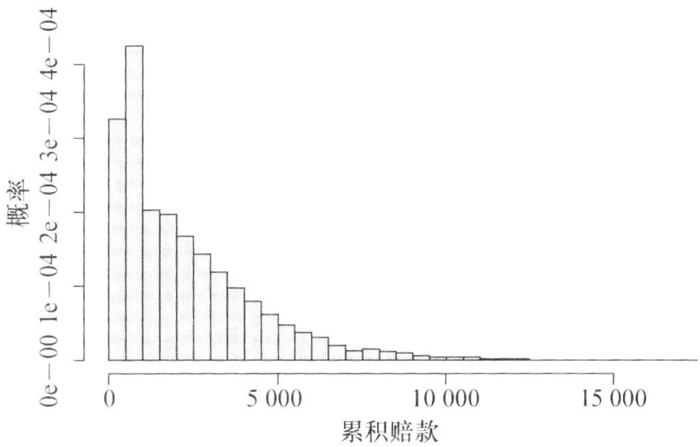

图 2-13 保险人年度累积赔款的分布

```
#计算年度累积赔款的均值
mean (P)
## [1] 2200.47

#计算年度累积赔款的 95%分位数
quantile (P, 0.95)
##     95%
## 6137.98
```

□习 题

2.1 假设某险种的损失记录如下。

年度	损失次数	平均损失金额（元）
2017	200	1 200
2018	400	1 500

如果年利率为10%，并用参数为（3，λ）的帕累托分布拟合2016年的平均损失金额，求λ的矩法估计值。

2.2 假设某保单的损失服从指数分布，密度函数为$f(x;\lambda)=\lambda e^{-\lambda x}$，$x>0$，其中$\lambda$为未知参数。如果该保单过去各年的损失观测值为$x_1$，$x_2$，…，$x_n$，求参数$\lambda$的极大似然估计值。

2.3 计算混合指数分布$f(x)=\sum_{i=1}^{n}a_i\lambda_i e^{-\lambda_i x}$（$x>0$，$\lambda_i>0$，$a_i>0$，$\sum_{i=1}^{n}a_i=1$）的矩母函数。

2.4 假设保险业务的累积损失S服从复合泊松分布，泊松参数为20。每次损失的金额服从均值为100的指数分布。用正态近似求累积损失的99%分位数。

2.5 假设保单规定的免赔额为20，而保单的损失服从参数为0.2的指数分布，求保险人对该保单的期望赔款。

2.6 假设某保险业务的累积损失S服从复合泊松分布，泊松参数为20。每次损失的金额服从均值为100的指数分布。用平移伽马近似求累积损失的99%分位数。

2.7 假设某险种的损失次数服从参数为0.2的泊松分布，对于一次保险事故，损失为5 000的概率是80%，损失为10 000的概率是20%。计算保险公司累积损失的分布。

2.8 某保险公司承保了160个建筑物的火灾保险，有关数据如下表所示。假设对一个建筑物，其发生火灾的概率是0.04，每个建筑物的火灾为相互独立事件，在发生赔偿的条件下，保险公司的赔款额是从0到最高赔款额的均匀分布。令S为保险公司的累积赔款，求累积赔款的均值和方差，以及当θ为多少时，$Pr\{S<(1+\theta)E(S)\}=99\%$。

建筑物种类	最高赔款额（元）	保单数
1	10 000	80
2	20 000	35
3	30 000	25
4	50 000	15
5	100 000	5

2.9 假设每次的损失X服从指数分布，均值为q。损失次数N服从几何分布，求累积损失S的分布。

2.10 某航线每月有70个航班，每个航班有2%的可能性被取消。每趟航班可以乘坐200名旅客，平均就座率为90%，且每趟航班上有6名机组人员。假设每次飞行有0.000 01的概率会发生空难。计算每月在该航线上遭遇空难人数的均值和方差。

第 3 章 Chapter 3 费率厘定基础

非寿险费率厘定的传统方法是基于保险成本的，即根据保险成本的大小厘定保险费率。因此，非寿险产品的费率厘定过程就是根据保单的损失经验和其他相关信息建立模型，并对其未来的保险成本进行预测的过程。当然，保险公司实际使用的费率还会受到市场供求关系和公司自身发展战略的影响。

保险公司销售一份保险合同的成本主要包括赔款、代理人佣金、一般管理费用、理赔费用，以及支持该业务所需的资本金的成本。因此，非寿险产品的保费主要由纯保费、费用附加和利润附加构成，其中纯保费用于补偿保险公司在未来的期望赔款；费用附加用于补偿保险公司经营保险业务的各种费用支出；利润附加是经营保险业务得到的收益，可以看作对经营保险业务所占用的资本金的补偿。

3.1 基本概念

在非寿险的费率厘定中，有一些十分重要的基本概念，包括风险基础、赔款、费用、保费和赔付率等。它们构成了非寿险定价的基本元素。本章首先对这些基本概念进行解释，然后介绍厘定总平均费率的两种基本方法，即纯保费方法和赔付率方法。

3.1.1 风险基础和风险单位

当保单持有人将其潜在损失转移给保险人时，保险人需要收取保费。保费应该与保单持有人的潜在损失成比例。而度量潜在损失大小的一个基本工具就是风险基础（exposure base），它近似量化了风险的大小。因此，风险基础也就是保费基础（premium base），它的大小决定保费的高低。

真实的风险是很复杂的，且处于不断的变化之中。譬如，在汽车第三者责任保险中，如果汽车经常处于停驶状态，其第三者责任风险几乎为零，但如果行驶在人口稠密的繁华街道上，第三者责任风险会明显上升。尽管如此，为了计算保费，我们必须选择一个近似度量风险大小的基础，即风险基础。譬如在汽车第三者责任保险中，保险人通常使用的风险基础是车年数，即根据车年数的大小收取保费。对一辆汽车保险一年就是一个车年。如果一个车年的保费是 1 000 元，那么两个车年的保费就是 2 000 元。每一个车年称作一个风险单位（exposure unit）。可见，风险单位是度量风险基础的基本单位，因此在很多情况下，风险基础也称作风险单位数或风险暴露数（number of exposures）。

风险单位数的常用统计量有承保风险单位数（written exposures）、到期风险单位数（earned exposures）、未到期风险单位数（unearned exposures）和有效风险单位数（in-force exposures）。承保风险单位数是指在一定时期内保险人已经签订了保险合同的风险单位数。到期风险单位数是指在一定时期内保险人已经提供了相应的保险保障的风险单位数。未到期风险单位数是指在承保的风险单位数中，截至某个时点，保险公司尚未提供保险保障的风险单位数。有效风险单位数是指在某一时点上保险人正在承担保险责任的风险单位数。需要注意的是，承保风险单位数、到期风险单位数和未到期风险单位数都是时期指标，而有效风险单位数则是一个时点指标。

为了更直观地说明这四个统计量，表 3－1 给出了四份保险期限均为 12 个月的汽车保险单以及相应的各种风险单位数统计量。

表 3－1　风险单位数统计量的比较

生效日期	承保风险单位数		到期风险单位数		未到期风险单位数		有效风险单位数
	2018	2019	2018	2019	2018	2019	2019.1.1
2018.1.1	1.00	0.00	1.00	0.00	0.00	0.00	0.00
2018.4.1	1.00	0.00	0.75	0.25	0.25	0.00	1.00
2018.7.1	1.00	0.00	0.50	0.50	0.50	0.00	1.00
2018.10.1	1.00	0.00	0.25	0.75	0.75	0.00	1.00
合计	4.00	0.00	2.50	1.50	1.50	0.00	3.00

从理论上讲，一个好的风险基础应该满足下述三个条件：

（1）风险基础应该是对潜在损失的合理度量，这样才能确保费率厘定结果的准确性。

（2）风险基础应该便于保险人实际使用和核实，否则无法用于费率厘定。

（3）风险基础应该不易受到人为操纵。

风险基础并不是真实的风险，只是真实风险的一种近似。真实风险通常是未知的，因为它经常处于不断变化之中，而且受许多因素影响。譬如，当汽车停在车库时，碰撞风险几乎为零；而当一个醉汉驾驶汽车时，碰撞风险将会很高。可见，汽车碰撞保险的风险基础（车年）仅仅反映了风险的平均情况，并不能反映实际风险的各种变化。

保费不仅与风险基础有关，而且与费率因子有关。风险基础与期望损失（纯保费）是一致的、连续的乘法关系，而费率因子与期望损失是离散的、非线性的关系。譬如，在汽车保险中，车年数是风险基础，而车龄是费率因子，则10个车年的纯保费是1个车年的10倍，而5年车龄的纯保费可能仅仅是1年车龄的1.1倍。

影响被保险人潜在损失的因素有很多，但并非所有的影响因素都可以在费率厘定中得到应用，主要原因是：

（1）某些影响因素难以量化或波动很大。譬如，在汽车保险的费率厘定中不会使用驾驶员的性格和情绪因素，尽管情绪不稳定的人更容易发生交通事故。

（2）社会难以接受。如种族和宗教信仰，即使经验损失数据可以证明它们与索赔频率有关，保险公司也不会使用这类变量厘定保险费率。

在影响期望损失的所有可以使用和量化的因素中，与期望损失最具有一致性关系的因素可以确定为风险基础，其他因素则可以作为费率因子。

在不同的保险业务中，影响期望损失的因素千差万别。譬如，在财产保险中，建筑物的内部结构、使用情况、所处地点、外部风险状况、保护措施、保险金额等都会影响期望损失；在汽车责任保险中，驾驶人的年龄、性别、婚姻状况、驾驶记录、车辆用途、行驶里程、停放地点、汽车重量、投保车辆数、历史索赔经验等都是影响期望损失的重要因素；在车损险中，汽车的车型、出厂日期、车龄、行驶区域、免赔额、历史索赔经验都是主要的风险因素；在公众责任保险中，影响期望损失的因素有地区、行业、保险金额、营业面积、工资额或销售额等。

可见，在各种保险业务中，影响期望损失的因素很多，但只有一个可以作为风险基础使用。下面是一些主要保险业务常用的风险基础：

在财产保险中，玻璃破碎保险通常使用面积作为风险基础，而其他保险通常使用保险金额作为风险基础。

在房主保险中，财产保险部分通常使用保险金额作为风险基础，而责任保险部分通常使用房屋个数作为风险基础。

在海上保险中，通常使用保险金额作为风险基础。

在航空保险中，机身保险通常使用保险金额作为风险基础，而责任保险通常使用元公里（货运）或人公里（客运）作为风险基础。

在盗窃保险中，通常使用保险金额作为风险基础。

在机器设备保险中，通常使用机器设备的台数作为风险基础。

在信用保险中，通常使用债务额作为风险基础。

在忠诚保险中，通常使用人数作为风险基础。

在保证保险中，通常使用合同金额作为风险基础。

在汽车保险中，通常使用车年数作为风险基础，但也有公司使用行驶里程数作为风险基础。

在劳工补偿保险中，通常使用工资额或工时作为风险基础。

在医疗责任保险中，医院责任保险通常使用被占用的病床数或门诊人数作为风险基础，而医生责任保险通常使用医生年（每个医生工作一年）作为风险基础。

在普通责任保险中，通常使用营业额、工资额或营业面积等作为风险基础。

在再保险中，临时再保险（facultative reinsurance）的风险基础与原保险的风险基础相同；而在合同再保险（treaty reinsurance）中，通常使用原保险的保费作为风险基础。

3.1.2 赔款和费用

赔款是指根据保险合同的约定应当由保险公司支付给索赔人的款项，包括已付赔款和未决赔款两部分。已付赔款是指已经支付给索赔人的款项，而未决赔款是保险公司预期在未来需要支付给索赔人的款项。未决赔款包括个案准备金（case reserve）、已发生未完全报案赔款（incurred but not enough reported，IBNER）和已发生未报案赔款（incurred but not reported，IBNR）。个案准备金是保险公司根据已经报案的事故估计的在未来要支付的赔款，也称作已发生已报案赔款。已付赔款与个案准备金之和也称作已报案赔款（reported loss）或已发生赔款（incurred loss），即

$$已报案赔款=已付赔款+个案准备金$$

已发生未完全报案赔款是指考虑到个案准备金可能存在不足而对个案准备金进行的调整。在已报案赔款的基础上增加已发生未完全报案赔款和已发生未报案赔款，就得到了最终赔款（ultimate loss），即

$$最终赔款=已报案赔款+\text{IBNER}准备金+\text{IBNR}准备金$$

最终赔款是指保险公司向索赔人最终需要支付的赔款。

索赔频率（claim frequency）是指在一定时期内（通常为一年）每个风险单位的索赔次数，通常用索赔总次数和风险单位数之比进行估计。譬如，一个汽车保单组合在2018年有5 000个车年的风险单位数，而在该年发生的索赔次数为800次，那么在2018年平均每个风险单位的索赔频率估计值为800/5 000=16%。索赔频率既可以用于一组保单，也可以用于一份保单，譬如一份汽车保险单在5年内发生了6次索赔，那么这份保单的索赔频率估计值为1.2，即每年发生1.2次索赔。

索赔次数既可以按照事故日期（accident date）统计，也可以按照报案日期（report date）统计。事故日期是指保险事故发生的日期，而报案日期是指保险人收到索赔申请的日期。譬如，2018年12月25日发生的一次保险事故，被保险人在2019年1月5日提出索赔，那么如果按事故日期统计，这次事故应记入2018年的索赔次数；如果按报案日期统计，则应记入2019年的索赔次数。因此，在使用索赔频率这个概念时，应该明确索赔次数的统计含义。

需要注意的是，在一定时期内发生的索赔次数需要在保险期限结束后经过一

段时间才能确切统计出来，因为保险事故从发生到报案通常存在时间延迟。不同险种的报案延迟时间各不相同。一般而言，财产保险的报案延迟时间较短，而责任保险的报案延迟时间较长。因此，在费率厘定实务中，通常需要根据已经报案的索赔次数来预测最终的索赔次数，并根据预测的索赔次数计算索赔频率。

索赔强度（claim severity）是指平均每次索赔的赔款，也称作案均赔款，通常用赔款总额与索赔次数之比进行估计。严格来讲，这里的赔款应该是最终赔款，索赔次数也应该是最终索赔次数。由于报案延迟和理赔延迟的影响，最终赔款数据通常需要在保险期限结束后再过较长时间才能得到。某些险种（如责任保险）的理赔延迟可能比较严重，有时需要经历旷日持久的诉讼程序，因此在费率厘定实务中，最终赔款也需要根据已付赔款或已报案赔款进行预测。显然，除了报案延迟的影响外，最终赔款的预测还受到理赔延迟的影响，所以相对于最终索赔次数的预测而言，最终赔款的预测难度更大。

在保险业务的经营过程中，保险公司除了需要支付各种赔款之外，还会发生各种各样的费用，如承保费用和理赔费用。

承保费用包括代理人佣金、一般管理费用、广告费用和税金等。代理人佣金是保险公司支付给保险代理人的费用，通常按照承保保费的一定比例计算。在计算代理人佣金时，也可能考虑代理人的业务质量，并区分新业务和续保业务的差异。在费率厘定中，承保费用通常被区分为固定费用和变动费用两大类。固定费用是指与纯保费的大小无关的费用，变动费用是指与纯保费的变动直接相关的费用。

理赔费用是保险公司在结案过程中发生的费用，一般分为两种：直接理赔费用和间接理赔费用。直接理赔费用（allocated loss adjustment expense，ALAE）是指与具体案件的理赔过程直接相关的费用，如勘查费和诉讼费等；间接理赔费用（unallocated loss adjustment expense，ULAE）是指理赔部门的整体运营费用，包括理赔部门的薪金、办公费用和数据处理费用等，与具体的赔案没有直接的一一对应关系。在厘定保险费率时，通常将直接理赔费用与赔款合并在一起处理，而将间接理赔费用按赔款的一定百分比进行分配。

3.1.3　保费及其构成

保费（premium）是投保人购买保险产品时向保险人支付的价格，主要由纯保费和附加保费构成。纯保费用于支付保险公司在未来的期望赔款，而附加保费用于支付保险人的各种经营管理费用。保险费率（premium rate）简称费率，是指每一个风险单位的保费。

纯费率（pure premium rate）是指保险公司对每一风险单位的平均赔款金额，通常用赔款总额与风险单位数之比进行估计，其计算公式如下：

$$P=\frac{L}{E}$$

式中，P 表示纯保险费率；L 表示赔款总额；E 表示风险单位数。

如果用 N 表示索赔次数，则纯费率也可以表示为：

$$P=\frac{N}{E}\cdot\frac{L}{N}$$

式中，N/E 是索赔次数与风险单位数之比，表示每个风险单位的索赔次数，即索赔频率；L/N 是赔款总额与索赔次数之比，表示对每次索赔的赔款金额，即索赔强度。由此可见，纯费率就是索赔频率与索赔强度的乘积。正因如此，在费率厘定中，通常需要首先预测索赔频率和索赔强度。

与风险单位数的统计量类似，在保费的统计中，也区分承保保费（written premium）、已赚保费（earned premium）、未赚保费（unearned premium）和有效保费（in-force premium）。承保保费是指保险人在一定时期内因承保业务而收取的保费。已赚保费也称作满期保费，是指在保险人收取的保费中，已尽保险责任对应的那部分保费。未赚保费也称作未到期保费，是指在保险人收取的保费中，未尽保险责任对应的那部分保费。譬如，假设某保单的承保日期是2019年7月1日，保险期限是12个月，保费是1 000元，那么到2019年12月31日时，这份保单在2019年的承保保费是1 000元，已赚保费是500元，未赚保费是500元。有效保费是在某个时点上全部有效保单在整个保险期间的保费之和。

总保费与总风险单位数之比就是总平均保费，它可以反映业务构成的变化。譬如，当高风险业务所占比重增加时，总平均保费就会上升。通常费率厘定的方法是首先确定总平均保费，然后通过各种费率因子对总平均保费进行调整得到各个风险类别的保费。厘定总平均保费的方法主要有纯保费法和赔付率法，将在本章后面介绍。

除了补偿保险公司支付的赔款和费用外，保费中还应该包含必要的利润附加。利润附加可以看作对保险公司承担风险的补偿，其大小与保险业务对公司资本金的占用有关，传统上将其表示为保费的一定百分比。

因此，可以将保费分解为下述四项之和，即

保费＝期望赔款＋理赔费用＋承保费用＋利润附加

上述等式也称作保险方程（insurance equation）。保险定价的目标就是要使上式达到平衡，即保险公司收取的保费应该足以补偿其预期的赔款和费用支出，同时也可以实现保险公司的承保利润目标。

更具体地讲，保险公司收取的保费应该足以补偿下述的各项成本和费用：

（1）赔款，即支付给被保险人的保险赔偿金；

（2）直接理赔费用，即可以直接分配到特定赔案的理赔费用；

（3）间接理赔费用，即不能直接分配到特定赔案的理赔费用；

（4）佣金和手续费，即支付给保险代理人和经纪人的报酬；

（5）其他展业费用，即除了佣金和手续费之外的展业费用；

（6）税金及附加；

（7）保险保障基金；

（8）保险监管费用；

（9）可能产生的应收保费等坏账损失；

（10）一般管理费用；

（11）利润附加。

费率厘定过程是一种前瞻性预测，在应用经验数据对当前费率的充足性进行评价时，应该考虑到许多因素会影响保险方程右边的各个项目，如经验期的费率变化、经营管理水平的变化、业务构成的变化、有关法律法规的变化和通货膨胀等都有可能对赔款和费用造成影响。因此，在应用经验数据厘定保险费率时，必须对这些数据进行适当调整，即将它们都调整到新费率在未来生效时期的水平。关于经验数据的调整将在下文进行详细讨论。

在对当前的费率进行充足性评价时，还应该注意上述保险方程应该在两个层次上达到平衡，即总体水平上的平衡和个体水平上的平衡。所谓总体水平上的平衡，是指保险公司收取的总保费应该足以支付赔款和各种费用，并实现公司的总体目标利润。如果当前的费率水平不能实现保险公司的目标利润，或者实际利润超过了目标利润水平，就应该提高或降低当前的总平均费率水平。关于总平均费率水平的计算或调整方法将在下面介绍。所谓在个体水平上的平衡，是指对于不同的个体风险或不同类别的风险，它们的保费应该与其风险水平成比例，风险越高，保费也应该越高。关于个体风险或分类风险的定价方法将在后面各章介绍。

3.1.4 赔付率和其他比率

赔付率（loss ratio）是指在每单位保费中用于支付赔款的部分，通常用赔款与保费之比进行估计。更严格地讲，应该用最终赔款与已赚保费之比进行估计。在实际应用中，由于实际数据的限制，赔款有可能采用已付赔款、已报案赔款或预测的最终赔款，而保费也有可能采用承保保费或已赚保费。显然，对于保费和赔款的不同选择将导致不同的赔付率估计值。例如，基于已付赔款和承保保费计算的赔付率，与基于最终赔款和已赚保费计算的赔付率，就有很大不同，尽管这两个都可以简称为赔付率。最常使用的一个赔付率可能是基于已报案赔款和已赚保费估计的赔付率。此外，某些保险公司在计算赔付率时将理赔费用也包含在赔款之中，此时的赔付率称作赔款和理赔费用率（loss and LAE ratio）。在传统上，许多保险公司通过赔付率的高低来评价当前费率水平的充足性。

在保险精算实务中，除了赔付率之外，还有一些比率指标也比较常用，如理赔费用率、承保费用率、经营费用率、综合成本率、续保率和签约率等，下面分别予以介绍。

理赔费用率（loss adjustment expense ratio）是理赔费用与赔款之比，其中理赔费用包括直接理赔费用和间接理赔费用。注意，理赔费用率的分母是赔款，而不是保费，即

$$理赔费用率=\frac{理赔费用}{赔款}$$

承保费用率（underwriting expense ratio）是每单位保费中用于支付承保费用的部分，可以用承保费用与保费之比进行估计。保险公司通常将承保费用分解为两部分：一部分是在保单签发时发生的承保费用，如代理人佣金、广告费用和保费税等；另一部分是在整个保险期间发生的承保费用，如一般管理费用。为了满足配比原则，在计算承保费用率时，第一部分承保费用通常与承保保费相比，而第二部分承保费用与已赚保费相比。将这两部分比值相加就可以得到承保费用率的估计值：

$$承保费用率=\frac{签单时的承保费用}{承保保费}+\frac{其他时间的承保费用}{已赚保费}$$

通过承保费用率，保险公司可以监控承保费用的变化情况，并且与其他保险公司进行对比。

经营费用率（operational expense ratio）是每单位保费中用于支付理赔费用和承保费用的部分：

$$经营费用率=承保费用率+\frac{理赔费用}{已赚保费}$$

经营费用率可以用于监控公司的经营费用及其变化情况，是决定保险公司总体利润水平的关键因素之一。

综合成本率（combined ratio）是衡量保险业务利润水平的主要指标，可以用下述公式计算：

$$\begin{aligned}综合成本率&=\frac{赔款}{已赚保费}+\frac{理赔费用}{已赚保费}+\frac{承保费用}{承保保费}\\&=\frac{赔款}{已赚保费}\times\left(1+\frac{理赔费用}{赔款}\right)+承保费用率\\&=赔付率\times(1+理赔费用率)+承保费用率\end{aligned}$$

在计算综合成本率时，赔付率中不能包含理赔费用，否则会造成重复计算。

在非寿险费率厘定和经营管理中常用的另外两个比率指标是续保率和签约率。续保率（retation ratio）是指现有保单在到期时续保的比率，其计算公式为：

$$续保率=\frac{实际的续保保单数}{潜在的可续保保单数}$$

譬如，保险公司在某月有100万份保单到期，可以进行续保，结果只有80万份保单进行了续保，则当月的续保率就是80%。续保率的定义在不同公司之间可能存在较大差异。譬如，有些公司在计算续保率时会剔除因为被保险人死亡而没有续保的保单，有些公司可能并不剔除这类保单。

续保率可以反映当前费率水平的市场竞争力，也可以用于预测未来的业务规模。

签约率（close ratio，conversion rate）亦称为转化率，是指收到保险公司报价的潜在投保人中实际上与公司签订保险合同的比率，其计算公式如下：

$$签约率=\frac{实际签订合同的人数}{收到公司报价的人数}$$

譬如，某月有 100 万人收到了保险公司的报价，结果有 50 万人签订了保险合同，则签约率就为 50%。与续保率一样，签约率在不同公司之间的定义也可能是不同的。譬如，如果同一个人收到了多次报价，则有些公司可能会作为一次报价计算签约率，有些公司可能会作为多次报价计算签约率。

签约率可以反映新费率的市场竞争力。

3.1.5 精算费率和市场价格

保险公司的财务目标可以分为两大类：一类是经营性目标，如利润、市场份额和市场地位等；另一类是安全性目标，它决定着保险公司的准备金提取、再保险安排、投资策略和偿付能力等。经营性目标和安全性目标之间是相互依存的，它们共同决定着保险公司的经营策略，如保单设计、营销渠道、核保、理赔和定价等方面。

保险定价的过程就是根据保险公司的经营目标确定保险产品价格的过程。严格地讲，保险定价应该包含两个方面的含义：厘定精算费率（或精算价格）和确定实际的市场销售价格。在本书中，如果没有特殊说明，所谓的定价通常是指厘定精算费率的过程。

精算费率是根据保险公司的长期利润目标，基于保险原理，并考虑已经承保的业务以及社会、经济、法律和技术等环境的变化而厘定的。在精算费率的基础上，再考虑保险公司的市场份额目标及其竞争环境，就可以确定实际收取的保费水平，即市场价格。与精算费率相比，市场价格更具有动态性，它会随着市场形势以及管理层和股东的期望而不断调整。

如前所述，精算费率是基于保险原理而厘定的，这些保险原理主要包括下述内容：

（1）保险公司承保的业务应该是可保的；

（2）保险公司能够对风险进行评估；

（3）收取的保费应该是充足的；

（4）保单应该明确规定了保障范围；

（5）费率厘定和核保过程应该可以最大限度地减少逆选择；

（6）理赔过程应该公平合理；

（7）保险人有权拒绝不可保的风险；

（8）费率应该尽可能反映不同风险之间的差异；

（9）保费在被保险人的承受范围之内。

显然，精算费率的合理性取决于保险公司所承保风险的质量，而保险公司在决定是否承保某个风险时，必须依赖对投保单、保单、核保准则和核保人的判断。因此，在设计投保单和保单、制定核保准则时，保险人必须考虑风险的性质，以及公司的目标市场、营销方式和理赔管理能力等。

从理论上讲，精算费率应该能够满足保险公司的期望赔款和费用支出，并且为保险公司提供合理的利润。保险公司的期望赔款（或纯保费）取决于期望索赔频率和期望索赔强度，它们可以在经验数据的基础上，通过趋势调整得到。费用支出反映了保险公司的经营管理效率和营销方式，可以在经验数据的基础上进行估计和预测。由于保费在期初收取，而赔款和费用发生在未来时期，因此应该将未来的赔款和费用折现到保险期初后再计算费率。对于理赔过程较长的业务（如责任保险），折现对费率的影响比较明显，但对于短尾业务，这种影响十分有限。在确定利润附加时，应该考虑未来赔付的不确定性以及为了应对这种不确定性需要的资本金。

精算费率除了满足保险人的期望赔款、费用支出和利润要求外，还应该有利于激励保单持有人主动进行风险控制。譬如给装有防盗设备的车辆降低盗抢险费率，给装有消防设施的房屋降低火灾保险费率等。这不仅可以降低保险人和保单持有人的损失，也有利于提高全社会的安全水平。此外，精算费率还要满足监管者的要求，即费率应该是充足的，不过高，且没有不公平的差别对待。

保险产品的市场价格是根据保险公司的长期和短期目标，在精算费率的基础上，考虑竞争对手的保险条款和价格水平确定的，是保险公司在市场上实际销售保险产品的价格。确定保险产品市场销售价格的方法包括下述几种：

（1）直接使用保险市场上或竞争对手相同产品的价格。这种方法不考虑公司的利润目标。

（2）根据利润目标确定价格。这种价格的一个特例就是精算费率，因为精算费率可以使得保险产品占用的资本金获得预先确定的目标回报率。注意，保险产品占用的资本金不同于保险公司实际拥有的资本金。

（3）在期望保险成本的基础上增加一个百分比来确定价格，增加的这个百分比相当于费用附加和利润附加。譬如，将市场价格确定为已发生赔款的100/70倍。注意，在市场竞争较为激烈的情况下，使用较低的百分比会使利润附加低于合理的水平。

（4）根据市场供求关系确定价格。这种方法不考虑保险公司的期望赔款、费用支出和利润附加，仅仅根据市场上消费者可以接受的价格销售保险产品。当市场需求旺盛时，价格会上升；而当市场需求低迷时，价格会下降。

除了上述几种确定市场价格的方法外，还有一种基于再保险费率确定市场价格的方法。对于特大的保险合同，如果保险人将其大部分进行了比例再保险，那么在确定这种合同的市场价格时，原保险人还可以采用再保险人的报价。

无论保险公司最终采用哪种方法确定市场价格，精算师都应该将市场价格与精算费率进行对比，分析市场价格对保险公司利润水平产生的影响。

3.1.6 费率手册

费率手册（ratemaking manual）是保险公司对风险进行分类并计算其保费的文件，也称作费率计划（rating plan）。虽然许多保险公司都采用了自动费率厘定系统，但费率手册仍然是解释定价过程的一种有用工具。费率手册通常包括费率表（rating tables）、定价公式（rating algorithm）及其使用说明等。在实际应用中，费率手册通常需要与承保指南（underwriting guidelines）配合使用。

费率表列示了计算保费时需要的输入量，包括基准费率和费率因子等。基准费率是一个特定风险类别的费率，这个风险类别称作基准类别或参照类别。注意，基准费率不一定等于总平均费率。其他风险类别的费率可以通过定价公式对基准费率进行调整求得。最常见的一种调整方式是用各种费率因子乘以基准费率得到其他风险类别的费率。

定价公式给出了对基准费率进行调整的具体方法。譬如，确定费率因子的使用顺序，规定费率因子通过相加还是相乘的方式对基准费率进行调整，最高保费和最低保费的约束，计算过程中舍入误差的处理等。

3.2 数据汇总

保险产品的定价基于对经验数据的分析，因此数据的质量在很大程度上决定着费率厘定结果的合理性。在费率厘定过程中，精算师可以使用的数据主要有两个来源，即内部数据和外部数据。显然，内部数据是最主要的定价数据来源。但在某些情况下，保险公司可能没有相应的内部数据，此时就需要寻求外部数据的支持。

3.2.1 数据的类型

不同的费率厘定方法对数据的需求是不同的，譬如在总平均费率水平的计算中，只需汇总后的赔款数据和风险单位数数据即可，但在分类费率的厘定中，就需要个体风险的各种信息。

在费率厘定中使用的内部数据主要有两种类型：一类是风险信息（risk information），如风险单位数、保费、索赔次数、赔款金额和保单的各种风险特征等；另一类是会计信息（accounting information），如承保费用和间接理赔费用等，这类信息通常是汇总数据。

在费率厘定中，获取数据的方式在不同公司之间差异很大，有些公司可能建立了专门服务于费率厘定的数据库，有些公司可能需要从公司的一般管理数据库中调用费率厘定所需要的数据，当然还存在其他各种各样的中间情形。下面将说明在费率厘定中使用的数据类型。

1. 风险信息

在费率厘定中，通常需要两类数据：一类是风险单位数和保费等数据，另一类是相应的索赔次数和赔款金额等数据。保险公司通常对这两类数据分别建立数据库，即保单数据库（policy database）和索赔数据库（claim database）。

保单数据库的每一条记录通常表示一份保单，而每一个字段是对保单的一种解释。对每一条记录的定义取决于风险的度量和保费的计算方法。譬如，在个人汽车保险中，如果一份保单提供了多种保障，则可以为每一种保障定义一条记录，当然也可以为每一份保单定义一条记录，同时将不同的保障作为字段处理；如果一份保单同时承保了多辆汽车，则可以为每一辆汽车定义一条记录。

在保单数据库中，每一条记录通常包含下列字段：

- 保单编码。
- 风险编码。如果一份保单仅承保一个风险，就无须风险编码。
- 日期。包括保单的生效日和到期日。如果在保单期间对保单进行了批改，且把批改后的保单作为独立的记录处理，还应该包含批改日期字段。
- 保费。通常是每条记录的承保保费。如果一份保单提供了多种保障（如车损险和第三者责任保险），则需要把每种保障的保费作为单独的记录或单独的字段分开处理。已赚保费和有效保费可以通过每条记录计算求得。
- 风险单位数。通常是每条记录对应的承保风险单位数。
- 风险特征。包括费率因子、承保变量和个体风险的其他信息。这里的承保变量是指虽然在费率厘定中不使用，但在承保过程中可以使用的变量。

某些风险特征可能同时出现在不同的数据库中，为了便于数据库的合并处理，应该尽可能使用固定形式的记录。譬如，在汽车保险中，驾驶员的年龄是一个重要的费率因子，如果在数据库中记录驾驶员的出生日期，记录结果就是固定不变的；如果在数据库中记录驾驶员在投保时的年龄，这个记录每年都会发生变化。

下面通过一个例子来说明保单数据库的格式。假设有三份保单的交易情况如下：

- 保单A的承保日期是2018年1月1日，年保费是900元，免赔额是500元。该保单在保险期间没有发生变化，所以只有一条记录。
- 保单B的承保日期是2018年4月1日，年保费是800元，免赔额是500元。该保单在2018年12月31日撤销。该保单在经过了75%的保险期间后撤销，所以增加了一条记录，用于记载减少承保风险单位数（减少0.25个风险单位数）和承保保费（减少原保费的25%）。
- 保单C的承保日期是2018年7月1日，年保费是900元，免赔额是700元。在2019年1月1日，被保险人将免赔额降低为500元，降低免赔额后的年保费为1 000元。该保单在经过了50%的保险期间后有一次批改，所以增加了两条记录，一条记录用于抵消原保单在后半年的承保风险单位数（0.5）和承保保费（450元），一条用于记录免赔额降低后的承保风险单位数（0.5）和承保保费（500元）。

由此可见，根据上述三份保单的信息，它们在保单数据库中的记录如表3-2所示。在该表中，保单B和保单C的记录方式还可以合并处理。譬如，对于保单B，可以合并为一条记录，即承保风险单位数为0.75，承保保费为600元；对于保单C，可以合并为两条记录，一条记录调整免赔额之前的承保风险单位数（0.5）和承保保费（450元），一条记录调整免赔额以后的承保风险单位数（0.5）和承保保费（500元）。分类费率的厘定过程，就需要使用这种合并格式的数据。

表3-2 保单数据库示例

保单编码	保单生效日	保单到期日	交易日	免赔额（元）	其他风险特征	承保风险单位数	承保保费（元）
A	2018.1.1	2018.12.31	2018.1.1	500	…	1	900
B	2018.4.1	2019.3.31	2018.4.1	500	…	1	800
B	2018.4.1	2019.3.31	2018.12.31	500	…	−0.25	−200
C	2018.7.1	2019.6.30	2018.7.1	700	…	1	900
C	2018.7.1	2019.6.30	2019.1.1	700	…	−0.5	−450
C	2018.7.1	2019.6.30	2019.1.1	500	…	0.5	500

索赔数据库中的每条记录表示与一次特定索赔相关的交易，而每个字段则是与这次索赔相关的信息。在索赔数据库中，每个索赔记录通常包括下述字段：

- 保单编码。
- 风险编码。
- 索赔编码。如果一次索赔导致了多次索赔交易记录，这些记录应该使用相同的索赔编码。
- 索赔人编码。在索赔数据库中，每个索赔人应该有一个唯一的编码。
- 日期。包括事故发生日期、报案日期、赔付日期和个案准备金调整日期等。
- 索赔状态。该字段用于标识索赔是否已经结案。如果结案后还有可能重新立案，该字段中应该有重新立案和重新结案的描述。
- 索赔次数。该字段用于记录每次事故导致的索赔次数。
- 已付赔款。
- 事故编码。该字段用于标识导致本次索赔的事故是否属于异常事故。
- 个案准备金。该字段用于记录交易发生时的个案准备金或对个案准备金的调整。
- 直接理赔费用。直接理赔费用与特定索赔案件相关，所以其记录方式与赔款类似。
- 残值和追偿款。

● 索赔特征，如伤残类型、医院和医生的有关信息等。注意，这些信息在准备金评估中具有重要价值，但在费率厘定中，只能使用那些在投保时已知的信息。

下面仍然通过一个示例来说明索赔数据库的基本格式。假设三份保单的有关索赔信息如下：

● 保单A：2018年1月10日发生了一次保险事故，报案日期是2018年1月15日，初始的个案准备金评估值为10 000元。2018年3月1日，保险公司向索赔人支付赔款1 000元，并把个案准备金减少1 000元。2018年5月1日保险公司支付了9 000元赔款后结案。

● 保单B：2018年10月1日发生了一次保险事故，同年10月15日向保险公司报案，当时的个案准备金评估值为18 000元。2018年12月15日，保险公司支付了2 000元赔款后，把个案准备金减少到17 000元。2019年3月1日，保险公司又赔付了7 000元，并将个案准备金减少到15 000元。2020年3月1日，保险公司向索赔人支付了15 000元赔款，并收到1 000元残值，然后结案。

● 保单B：2019年2月1日发生了一次保险事故，报案日期是同年2月15日，初始的个案准备金评估值为15 000元。2019年12月1日，保险公司支付了1 000元的诉讼费后，拒绝了这次索赔。

● 保单C：在保险期间没有发生保险事故。

根据上述信息，在索赔数据库中的有关记录如表3-3所示。

表3-3 索赔数据库示例

保单编码	索赔编码	事故发生日	报案日	交易日	索赔状态	索赔特征	已付赔款（元）	个案准备金（元）	已付直接理赔费用	残值和追偿款（元）
A	1	2018.1.10	2018.1.15	2018.1.15	未结	…	—	10 000	—	—
A	1	2018.1.10	2018.1.15	2018.3.1	未结	…	1 000	9 000	—	—
A	1	2018.1.10	2018.1.15	2018.5.1	已结	…	9 000	—	—	—
B	2	2018.10.1	2018.10.15	2018.10.15	未结	…	—	18 000	—	—
B	2	2018.10.1	2018.10.15	2018.12.15	未结	…	2 000	17 000	—	—
B	2	2018.10.1	2018.10.15	2019.3.1	未结	…	7 000	15 000	—	—
B	2	2018.10.1	2018.10.15	2020.3.1	已结	…	15 000	—	—	1 000
B	3	2019.2.1	2019.2.15	2019.2.15	未结	…	—	15 000	—	—
B	3	2019.2.1	2019.2.15	2019.12.1	已结	…	—	—	1 000	—

2. 会计信息

在费率厘定中，精算师使用的有些数据并不是与特定保单直接关联的，有些数据甚至与特定的保险产品没有直接关系。譬如，保险公司总经理的薪金就不可能分配到特定的保单或特定的保险产品。一般而言，承保费用和间接理赔费用都属于这类费用，只能基于会计记录在汇总的基础上进行处理。

承保费用是发生在保险业务招揽和保单日常服务过程中的费用，包括一般管理费用、佣金、其他承保费用（如广告费用）和税金等。虽然某些承保费用（如佣金和税金）可以关联到特定保单，但大多数承保费用是无法直接关联到特定保单的。理赔费用是发生在理赔过程中的费用，包括直接理赔费用和间接理赔费用。间接理赔费用也无法直接关联到特定保单，只能汇总处理。

保险公司通常按日历年度汇总承保费用和间接理赔费用，并据此确定费率厘定中的费用附加。

3.2.2 数据汇总方法

常用的数据汇总方法包括事故年度法、保单年度法、日历年度法和报案年度法。

1. 事故年度法

这是汇总精算数据最常见的方法。按事故年汇总数据就是以事故发生为统计标准，把发生在同一个日历年度的保险事故对应的赔款和保费等数据汇总在一起。相应地，如果这个日历年是 2018 年，则该事故年就称作 2018 事故年。譬如，假设发生在 2018 年 12 月 20 日的一次保险事故，其报案日期是 2019 年 1 月 10 日，赔款支付日期是 2019 年 2 月 5 日。如果按事故年汇总赔款数据，则这笔赔款应该汇总在 2018 事故年。

按事故年汇总赔款数据，由于存在报案延迟和赔款延迟的影响，在每个事故年结束之后不能立即得到准确的赔款统计数据，而只能进行估计，即需要对未决赔款准备金进行估计，然后将其与已付赔款相加，得到最终赔款的估计值。随着时间的推移，未决赔款都会逐渐转化为已付赔款。

按事故年汇总数据的优点是，所有赔案发生在同一年度，具有近似相同的风险环境，赔款数据的统计稳定性相对较好。此外，按事故年汇总赔款和保费数据，可以更好地体现赔款与保费之间的配比关系。

2. 保单年度法

按保单年汇总数据就是以保单生效日期为统计标准，把同一个日历年度生效的保单对应的赔款和保费等数据归集在一起。相应地，如果这个日历年是 2018 年，则该保单年就称作 2018 保单年。譬如，假设一份一年期保单从 2017 年 12 月 10 日生效，该保单在 2018 年 10 月 20 日发生了一次保险事故，其报案日期是 2019 年 1 月 10 日，赔款支付日期是 2019 年 2 月 5 日。如果按保单年汇总赔款数据，则这笔赔款应该归集在 2017 保单年。

在每个保单年度末，统计数据都是不完整的，因为很多保单都还没有到期。这可能是按保单年汇总数据的最大缺陷。譬如，对于 2018 保单年，当年年底生效的一年期保单一直到 2019 年年底才能满期。换言之，对于 2018 保单年，保险事故的发生期间是从 2018 年年初一直到 2019 年年底，跨度为 2 年。如果假设事故发生是均匀分布的，则 2018 保单年的平均事故发生日期是 2018 年年底。

如果按保单年汇总数据，在每个保单年度末的赔款数据就是已付赔款与未决赔款准备金之和，其中未决赔款准备金是该保单年所承保的保单已经发生和将要发生的所有赔款。

按保单年汇总保费和赔款数据的优点是能够完全体现保费和赔款之间的配比关系，因为它们都对应着相同年度承保的业务。

3. 日历年度法

按日历年汇总数据就是把发生在同一日历年度的数据归集在一起，而不论事故的发生年度和保单的生效年度。譬如，假设一份一年期保单从 2017 年 12 月 10 日生效，该保单在 2018 年 10 月 20 日发生了一次保险事故，其报案日期是 2019 年 1 月 10 日，赔款支付日期是 2019 年 2 月 5 日。如果按日历年汇总赔款数据，则这笔赔款应该归集在 2019 日历年。

日历年度的已付赔款就是在该日历年实际支付的赔款，而不论事故的发生日期和保单的生效日期。日历年的已报案赔款是已付赔款和个案准备金的提转差，即

$$\begin{matrix}\text{日历年}X\text{的}\\ \text{已报案赔款}\end{matrix}=\begin{matrix}\text{日历年}X\text{的}\\ \text{已付赔款}\end{matrix}+\begin{matrix}\text{日历年}X\text{的}\\ \text{未决赔款准备金}\end{matrix}-\begin{matrix}\text{日历年}(X-1)\text{的}\\ \text{未决赔款准备金}\end{matrix}$$

可见，日历年的已报案赔款既不与特定的事故年对应，也不与特定的保单年对应。在每个日历年度末，就可以完全确定该日历年的已报案赔款，这是按日历年汇总数据的优点之一。按日历年度汇总保费和赔款数据的缺点是不能很好地体现它们之间的配比关系，因为日历年度的已赚保费来自当年的有效保单，这些保单可能是当年承保的，也可能是上年承保的，而日历年度的赔款却有可能来自多年前承保的保单。

按日历年度汇总的数据可以用于报案延迟和理赔延迟都很短的保险业务的费率厘定。

4. 报案年度法

按报案年汇总数据就是以保险事故的报案时间为统计标准，把同一个日历年度报案的赔款数据归集在一起，而不考虑事故的发生日期和保单的生效日期。相应地，如果这个日历年是 2018 年，则该报案年就称作 2018 报案年。譬如，假设一份一年期保单从 2017 年 12 月 10 日生效，该保单在 2018 年 10 月 20 日发生了一次保险事故，其报案日期是 2019 年 1 月 10 日，赔款支付日期是 2019 年 2 月 5 日。如果按报案年汇总赔款数据，则这笔赔款应该归集在 2019 报案年。按报案年度汇总的数据主要用于索赔发生式保单（claims-made policy）的定价。

在实际应用中，数据的汇总方法取决于费率厘定的需要。譬如，如果只需对某个产品的总体费率水平进行充足性评价，则可以按年度汇总所有保单的数据。但是，如果需要厘定分类费率，则需要根据选用的费率因子对数据进行交叉汇总。

3.2.3 风险单位与保费数据的汇总

用风险单位数乘以相应的费率就可以得到保费，所以保费数据的汇总方法与风险单位数的汇总方法完全相同。下面仅讨论风险单位数的汇总方法。

如前所述，数据的汇总方法有四种，即日历年度法、事故年度法、保单年度法和报案年度法，但是在汇总风险单位数时，只有日历年度法和保单年度法可以使用，而事故年度法与日历年度法对风险单位数的汇总结果通常相等（个别情况例外），所以本章不讨论应用事故年度法对风险单位数的汇总。

下面通过一个简化的例子来说明风险单位数的汇总方法，假设每份保单只承保一个风险单位，且保单期限均为一年。三份保单的有关信息如表 3-4 所示。

表 3-4 保单信息

保单	生效日	到期日	风险单位数
A	2016.10.1	2017.10.1	1
B	2017.7.1	2018.7.1	1
C	2018.1.1	2019.1.1	1

表 3-4 中的保单可以通过图 3-1 进行描述。在该图中，横轴表示时间，纵轴表示保单期限结束的百分比。每一条斜线代表一份保单。譬如，保单 A 由第一条斜线表示，该保单在 2016 年 10 月 1 日生效，在生效日当天，保单期限结束的比例为零，所以斜线的起始点对应于纵轴的 0%位置。在 2017 年 10 月 1 日，保单 A 到期，保单期限完全结束，所以在到期日，斜线的终点对应于纵轴的 100%位置。

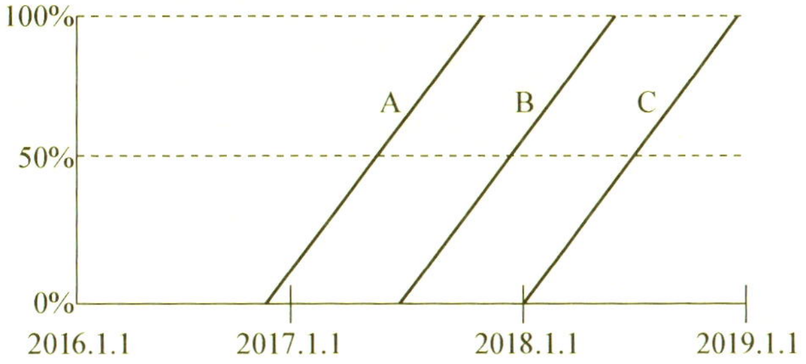

图 3-1 保单的到期时间

如前所述，在对风险单位数进行汇总时，可以采用日历年度法或保单年度法，而风险单位数又有承保风险单位数、已赚风险单位数、未赚风险单位数和有效风险单位数之分，下面分别讨论这些风险单位数的汇总方法。

对于图 3-1 所示的三份保单，如果按日历年度汇总承保风险单位数，则保单 A 的承保日期在 2016 年，保单 B 的承保日期在 2017 年，而保单 C 的承保日期在 2018 年，所以这三年各有一个承保风险单位数（见图 3-2）。注意，在本例中，每份保单只对一个日历年度的承保风险单位数有贡献。但是，如果一份保单在中途撤销，则该保单就有可能对两个日历年度的承保风险单位数有贡献。譬如，假设保单 B 在 2018 年 4 月 1 日退保，此时该保单的期限已经完成了 75%，剩余 25%没有完成。在这种情况下，保单 B 在 2017 日历年的承保风险单位数仍然等于 1，但在 2018 日历年的承保风险单位数应该为负值，即为−0.25。

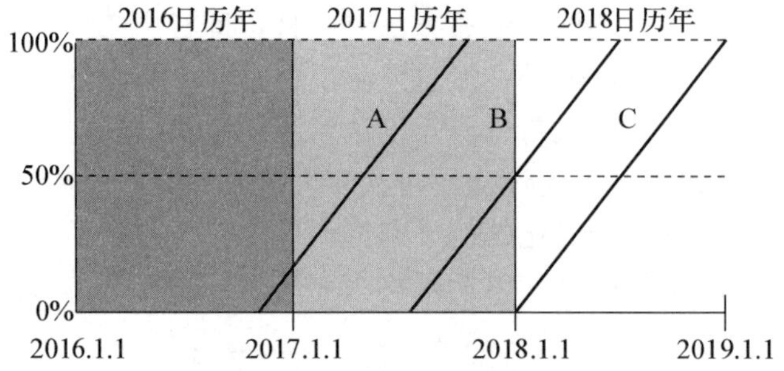

图 3-2 日历年的承保风险单位数

对于图 3-1 所示的三份保单，如果按保单年度汇总承保风险单位数，则 2016 保单年、2017 保单年和 2018 保单年的承保风险单位数都为 1，分别对应于保单 A，B 和 C（见图 3-3）。与日历年不同的是，即使有中途退保的保单，每份保单只对一个保单年的承保风险单位数有所贡献。譬如，假设保单 B 在 2018 年 4 月 1 日退保，此时该保单的期限已经完成了 75%，所以它在 2017 保单年的承保风险单位数就变为 0.75。

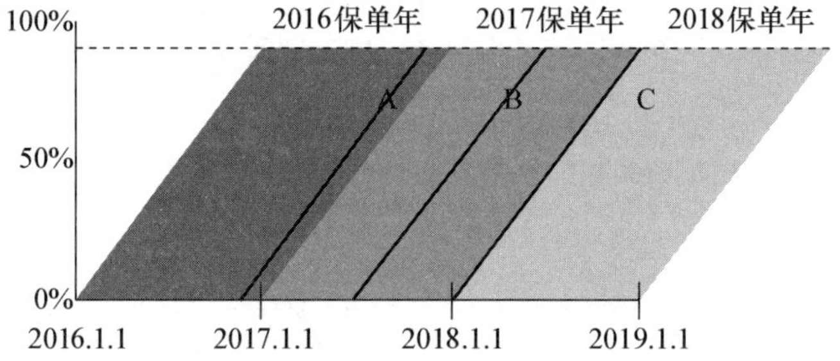

图 3-3 保单年的承保风险单位数

到期风险单位数是指在承保风险单位数中已经到期的风险单位数。日历年的到期风险单位数可以借助图 3-2 进行说明。譬如，保单 A 是在 2016 年 10 月 1 日承保的，期限是 1 年，所以在 2016 年到期的风险单位数为 3/12＝0.25，在 2017 年到期的风险单位数为 9/12＝0.75。保单 B 是在 2017 年 7 月 1 日承保的，保险期限为 1 年，所以在 2017 日历年和 2018 日历年到期的风险单位数各占一半，均为 0.5。保单 C 是在 2018 年年初承保的，在当年年末到期，所以保单 C 为 2018 年贡献了 1 个到期风险单位数。由此可见，对于本例中的三份保单，2016 日历年的到期风险单位数为 0.25，2017 日历年的到期风险单位数为 0.75＋0.5＝1.25，2018 日历年的到期风险单位数为 0.5＋1＝1.5。

保单年的到期风险单位数可以借助图 3-3 进行说明。从该图可以看出，每份保单的到期风险单位数都归集在该保单的承保年度，而且随着时间的推移成比例地增加。譬如，对于 2017 保单年，只有保单 B 属于该保单年度，所以截至 2018 年 1 月 1 日的到期风险单位数为 0.5，而截至 2018 年 7 月 1 日的到期风险单位数为 1。当保单年度结束以后（对于一年期保单，如果从保单年度的起始点计算，24 个月以后，保单年度才能结束），保单年的到期风险单位数就等于其承保风险单位数。

日历年或保单年的未到期风险单位数等于承保风险单位数减去到期风险单位数。

有效风险单位数是在某个时点上有可能发生保险事故从而可以提出索赔的风险单位数。譬如，2016 年 10 月 20 日的有效风险单位数就是在该日承保或在该日之前承保并且在该日仍然有效的保单所包含的所有风险单位数之和。譬如，2017 年 8 月 1 日的有效风险单位数为 2，分别来自保单 A 和保单 B，就是图 3－4 中经过 2017 年 8 月 1 日的一条竖线穿过的两份保单。

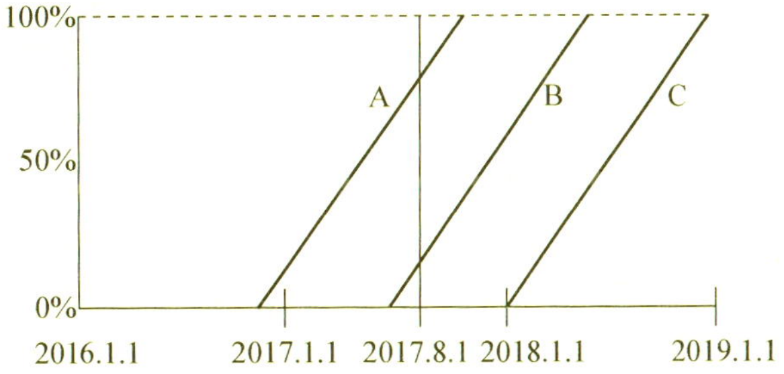

图 3－4　有效风险单位数

对于其他期限的保单，风险单位数的汇总方法与一年期保单类似。

前面的讨论都是对个体保单数据的汇总，但在有些情况下，可能需要对汇总后的风险单位数做进一步汇总。譬如我们已经有了各个月份的承保风险单位数，现在需要计算各个年度的到期风险单位数。对于这类数据的汇总，通常假设所有保单的承保日期都发生在各个期间的中点，譬如对于月度数据，假设所有保单的承保日期都是在每月的 15 日。这种方法正好将一年划分成 24 个区间，所以通常将这种方法称作 24 法则。下面通过一个简例说明 24 法则的应用。

假设 2018 年各个月份承保的风险单位数均为 240，则有效风险单位数和到期风险单位数的计算过程如表 3－5 所示。注意，在有效风险单位数的统计中，因为假设 7 月的保单都是在该月 15 日承保的，所以该月在 7 月 1 日的有效风险单位数为零。

表 3－5　风险单位数的汇总

月份	承保风险单位数	假设的生效日期	2018 年 7 月 1 日的有效风险单位数	2018 年到期风险的比例	2018 年的到期风险单位数
1	240	1.15	240	23/24	230
2	240	2.15	240	21/24	210
3	240	3.15	240	19/24	190
4	240	4.15	240	17/24	170
5	240	5.15	240	15/24	150
6	240	6.15	240	13/24	130

续前表

月份	承保风险单位数	假设的生效日期	2018年7月1日的有效风险单位数	2018年到期风险的比例	2018年的到期风险单位数
7	240	7.15	0	11/24	110
8	240	8.15	0	9/24	90
9	240	9.15	0	7/24	70
10	240	10.15	0	5/24	50
11	240	11.15	0	3/24	30
12	240	12.15	0	1/24	10
合计	2 880		1 440		

3.2.4 赔款和费用数据的汇总

在赔款数据的汇总中，首先需要明确三个概念：统计指标（如已付赔款或已报案赔款），汇总方法（如日历年度法、事故年度法、保单年度法或报案年度法），以及汇总时期。汇总时期通常由一个会计期间和一个评估日期确定。会计期间通常与财务报表的时期相一致，如一个月、一个季度或一个日历年度等。评估日期是对赔款做出评估的日期，不一定就是会计期间的终点。评估日期通常用距离会计期间起始点的月数来表示。譬如，如果要汇总2017事故年的已报案赔款数据，数据的截止日期是2018年6月30日，即已报案赔款是基于2018年6月30日的信息进行评估的，其相应的会计期间是2017日历年，而评估日期是2018年6月30日，距离2017事故年的起始点为18个月，因此相应的汇总数据可以称作截至18个月末的2017事故年的已报案赔款。

如前所述，赔款数据可以根据不同的方法进行汇总。如果按日历年度汇总赔款数据，则日历年已付赔款就包括该日历年支付的所有赔款，而日历年已报案赔款就等于日历年的已付赔款加上日历年个案准备金的提转差。在日历年度末，就可以完全确定日历年的已付赔款和已报案赔款数据。

如果按事故年汇总赔款数据，则不论保单是何时签发的，也不论索赔的报案日期，事故发生在哪年，就将赔款归集在哪年。事故年的已付赔款就是因发生在当年的事故实际支付的赔款，而事故年的已报案赔款就等于事故年已付赔款再加上在评估日对当年已经发生事故提取的个案准备金。与日历年赔款数据不同，事故年赔款数据在事故年结束之后还有可能发生变化，主要原因是延迟索赔的报案和赔付，以及个案准备金的调整。

如果按保单年度汇总赔款数据，则可以将同一年度签发的保单所发生的赔款归集在一起。保单年的已付赔款就是同一年度签发的保单实际已经支付的赔款。保单年的已报案赔款就是保单年的已付赔款加上在评估日确定的该保单年所签发保单的个案准备金。如同事故年赔款数据一样，在保单年结束以后，赔款数据也可能因为延迟索赔的报案和个案准备金的调整而发生变化。对于一年期保单而言，保单年的索赔可以横跨两年，因此，基于已知索赔信息对未来的赔款进行预测具有更大的不确定性。

如果按照报案年汇总赔款数据，赔款数据是基于报案日期进行归集的。按报案年汇总数据不会产生已发生未报案赔款，但已发生未完全报案赔款仍然存在。报案年数据通常只用于索赔发生式保单的定价。

下面通过一个例子来说明在不同方法下已报案赔款数据的汇总。假设保险公司在 2017 年之前的个案准备金为零，表 3-6 是该公司全部的索赔信息。

表 3-6　　保险公司的索赔信息

保单生效日	事故发生日	报案日	交易日	赔款增量（元）	在交易日评估的个案准备金（元）
2017.7.1	2017.11.1	2017.11.10	2017.11.10	0	10 000
			2018.2.1	1 000	9 000
			2018.9.1	7 000	2 500
			2019.1.1	3 000	0
2017.9.10	2018.2.1	2018.2.10	2018.2.10	5 000	10 000
			2018.11.1	8 000	4 000
			2019.3.1	1 000	0

根据上表中的信息，如果按日历年汇总已报案赔款数据，则各个日历年的已报案赔款如下：

$$\begin{aligned}\begin{matrix}\text{2017 日历年的}\\\text{已报案赔款}\end{matrix} &= \begin{matrix}\text{2017 日历年的}\\\text{已付赔款}\end{matrix} + \begin{matrix}\text{2017 日历年年末的}\\\text{个案准备金}\end{matrix} - \begin{matrix}\text{2017 日历年年初的}\\\text{个案准备金}\end{matrix}\\ &= 0+10\,000-0=10\,000(\text{元})\end{aligned}$$

$$\begin{aligned}\begin{matrix}\text{2018 日历年的}\\\text{已报案赔款}\end{matrix} &= \begin{matrix}\text{2018 日历年的}\\\text{已付赔款}\end{matrix} + \begin{matrix}\text{2018 日历年年末的}\\\text{个案准备金}\end{matrix} - \begin{matrix}\text{2018 日历年年初的}\\\text{个案准备金}\end{matrix}\\ &=(1\,000+7\,000+5\,000+8\,000)+(2\,500+4\,000)-10\,000\\ &=17\,500(\text{元})\end{aligned}$$

$$\begin{aligned}\begin{matrix}\text{2019 日历年的}\\\text{已报案赔款}\end{matrix} &= \begin{matrix}\text{2019 日历年的}\\\text{已付赔款}\end{matrix} + \begin{matrix}\text{2019 日历年年末的}\\\text{个案准备金}\end{matrix} - \begin{matrix}\text{2019 日历年年初的}\\\text{个案准备金}\end{matrix}\\ &=(3\,000+1\,000)+0-(2\,500+4\,000)=-2\,500(\text{元})\end{aligned}$$

如果按事故年汇总已报案赔款数据，评估日为 2019 年 12 月 31 日，则由表 3-6 可知，2017 事故年只发生了一次事故，2018 事故年也只发生了一次事故，因此在计算这两个事故年的已报案赔款时，分别只需考虑一次事故，计算过程如下：

$$\begin{aligned}\begin{matrix}\text{2017 事故年截至 2019 年}\\\text{12 月 31 日的已报案赔款}\end{matrix} &= \begin{matrix}\text{2017 事故年的}\\\text{已付赔款}\end{matrix} + \begin{matrix}\text{2017 事故年年末的}\\\text{个案准备金}\end{matrix}\\ &=(1\,000+7\,000+3\,000)+0=11\,000(\text{元})\end{aligned}$$

$$\begin{matrix}\text{2018 事故年截至 2019 年}\\\text{12 月 31 日的已报案赔款}\end{matrix} = \begin{matrix}\text{2018 事故年的}\\\text{已付赔款}\end{matrix} + \begin{matrix}\text{2018 事故年年末的}\\\text{个案准备金}\end{matrix}$$

$=(5\,000+8\,000+1\,000)+0=14\,000$（元）

如果按保单年汇总已报案赔款数据，评估日为2019年12月31日，则从表3-6可知，只有2017年签发了两份保单，所以只能计算2017保单年的已报案赔款，其他保单年的已报案赔款为零。2017保单年的已报案赔款计算如下：

2017保单年截至2019年12月31日的已报案赔款 $=$ 已付赔款 $+$ 个案准备金

$=(1\,000+7\,000+3\,000+5\,000+8\,000+1\,000)+0$

$=25\,000$（元）

如果按报案年汇总已报案赔款数据，则2017报案年的已报案赔款只包括第一次索赔。截至2017年12月31日，2017报案年的已报案赔款为10 000元，就是第一次索赔在2017年年末的个案准备金。截至2018年12月31日，2017报案年的已报案赔款为10 500元，包括已经支付的赔款（1 000+7 000）和2018年年末的个案准备金（2 500）。第二次索赔的报案日期在2018年，所以相应的赔款数据应该归集在2018报案年。

费用数据可以分解为承保费用和理赔费用，理赔费用又可以进一步分解为直接理赔费用和间接理赔费用。对于直接理赔费用，通常将其与赔款数据合并在一起处理，所以其汇总也是与赔款数据合并在一起进行的。对于间接理赔费用，通常按日历年进行汇总，并将其按赔款的一定比例分摊在不同保单的赔款数据中，用于计算保单的纯保费。承保费用通常也是按日历年汇总的，然后再将其分解为固定费用和变动费用，通过不同的方式附加在纯保费之上。

3.3 数据调整

厘定保费有两种基本方法，即纯保费法和赔付率法。无论使用哪一种费率厘定方法，都要保证风险单位数（风险基础）、保费和赔款之间的可比性。譬如，在计算纯保费时，要保证赔款和风险单位数的可比性，而在计算赔付率时，要保证赔款和保费的可比性。当实际数据不能满足可比性要求时，就需要对数据进行调整。

在赔付率法中，需要用到已赚保费数据。如果保险公司在经验期曾经对保费进行多次调整，不同年度的已赚保费就失去了可比性，从而不能直接相加，这就要求计算等水平已赚保费，即把经验期的已赚保费统一调整到当前的费率水平。

在纯保费法和赔付率法中，都需要用到最终赔款数据。对于大多数险种而言，每个事故年的赔款支出都存在延迟，即需要经过数年或十数年以后才能得到最终赔款的观察值。因此，在厘定保费时，就需要根据已付赔款数据对最终赔款数据进行预测。

此外，在纯保费法中，用经验期的最终赔款数据厘定未来时期的费率，还可能受到时间因素的影响。譬如，由于通货膨胀的影响，经验期的最终赔款会低于新费率使用期的最终赔款。因此，在纯保费法中，还需要对经验期的最终赔款进行趋势调整，使它们尽可能准确反映新费率使用期的最终赔款水平。

下面分别介绍等水平已赚保费的计算以及最终赔款的预测和趋势调整。

3.3.1 等水平已赚保费

厘定保险费率的保费和赔款等数据主要来自保险公司在过去若干年的保险经营数据。如果厘定费率使用的数据来自多个年度，即经验期较长，则经验期初的费率与经验期末的费率一般不会相同。此时，如果应用赔付率法厘定保险费率，就需要将整个经验期的费率都调整为当前费率，并在此基础上计算已赚保费，即所谓的等水平已赚保费。计算等水平已赚保费的最精确方法是将每一份保单的费率都调整到当前的费率水平，但这种方法的计算量很大。作为这种方法的一种替代，可以使用平行四边形法进行近似估计。平行四边形法假设所有的保险业务在经验期内是均匀分布的，根据简单的几何关系，可以将经验期的已赚保费调整到当前的保费水平。下面通过一个简例说明调整过程。

【例 3－1】

假设厘定保险费率的数据来自 2016 年、2017 年和 2018 年，每份保单的保险期限均为 12 个月，过去几年的费率调整情况如表 3－7 所示。

表 3－7　　费率调整情况

费率调整日期	费率调整幅度	相对费率水平	费率有效时期
2014.7.1	+11%	1	2014.7.1—2015.6.30
2015.7.1	+12%	1.12	2015.7.1—2017.6.30
2017.7.1	+10%	1.232	2017.7.1—现在

如果把 2014 年 7 月 1 日的相对费率水平确定为 1，则 2015 年 7 月 1 日的相对费率水平为 1.12，而 2017 年 7 月 1 日的相对费率水平为 $1.12\times1.1=1.232$。

由于所有保单的保险期限均为 12 个月，因此在经验期的第一年（2016 年），已赚保费要么是按相对费率水平 1 承保的（如在 2015 年上半年承保的保单），要么是按相对费率水平 1.12 承保的（如在 2015 年下半年或 2016 年承保的保单）。

图 3－5 是关于上述数据的平行四边形表示法，其中横轴表示保单的生效日期，纵轴表示风险单位数所占比例。实线将图形分割成了三个部分：第一部分的相对费率水平为 1，第二个部分的相对费率水平为 1.12，第三个部分的相对费率水平为 1.232。

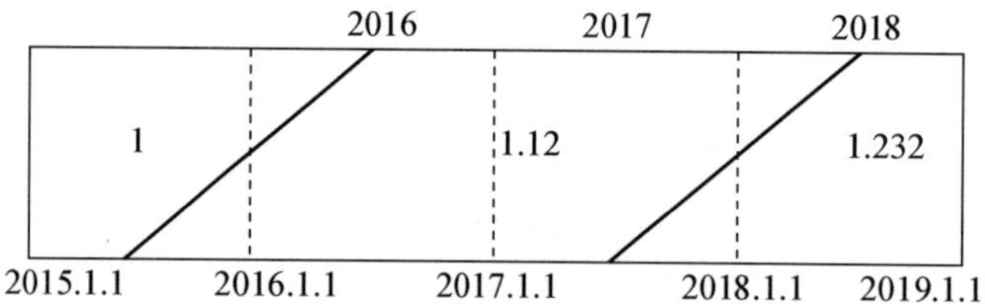

图 3-5　不同时期的相对费率水平

从图 3-5 可以看出，2016 年的已赚保费由两部分构成：一部分（左上三角形）是按相对费率水平 1 计算的，而其他部分是按相对费率水平 1.12 计算的。2017 年的已赚保费也由两部分构成：一部分（右下三角形）是按相对费率水平 1.232 计算的，而其他部分是按相对费率水平 1.12 计算的。同样的道理，2018 年的已赚保费也由两部分构成：一部分（左上三角形）是按相对费率水平 1.12 计算的，而其他部分是按相对费率水平 1.232 计算的。

下面以 2016 年为例，说明如何将该年的已赚保费调整为按当前费率水平计算的等水平已赚保费。图 3-6 是 2016 年已赚保费的构成情况。

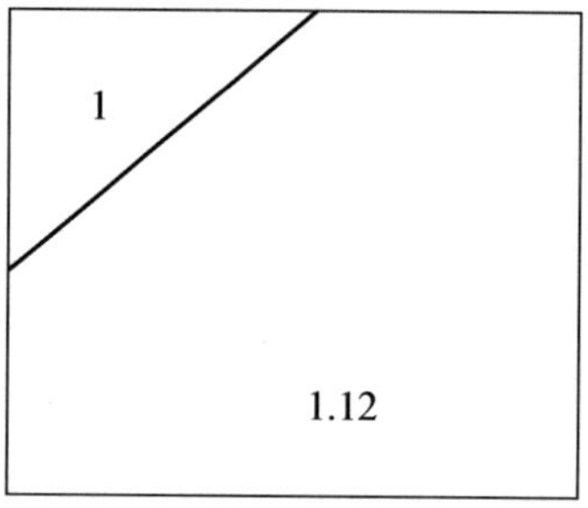

图 3-6　2016 年已赚保费的构成

如果假设保险公司在 2016 年承保的业务是均匀分布的，则从图 3-6 可以看出，在 2016 年的已赚保费中，有 12.5%的已赚保费（用左上三角形表示，面积为 $0.5\times0.5\div2=0.125$）是按相对费率水平 1 计算的，另外 87.5%是按相对费率水平 1.12 计算的。因此，2016 年的平均相对费率水平为：

$$1\times12.5\%+1.12\times87.5\%=1.105$$

由于当前的相对费率水平为 1.232，因此将 2016 年的已赚保费乘以系数 1.114 9（$=1.232\div1.105$），即得 2016 年的已赚保费按当前费率计算的等水平已赚保费。

这个系数也称作等水平因子。用等水平因子乘以 2016 年的已赚保费，即得 2016 年的等水平已赚保费。

对 2017 年和 2018 年的已赚保费做同样的调整，即可得到整个经验期的等水平已赚保费，如表 3-8 所示。

表 3－8 等水平已赚保费的计算

项目	2016 年	2017 年	2018 年
已赚保费（1）	1 200 万元	1 400 万元	1 500 万元
相对费率水平为 1 的已赚保费所占比例（2）	12.5%	0	0
相对费率水平为 1.12 的已赚保费所占比例（3）	87.5%	87.5%	12.5%
相对费率水平为 1.232 的已赚保费所占比例（4）	0	12.5%	87.5%
平均相对费率水平（5）＝1×(2)＋1.12×(3)＋1.232×(4)	1.105 0	1.134 0	1.218 0
等水平因子（6）＝1.232/(5)	1.114 9	1.086 4	1.011 5
等水平已赚保费（7)＝(1)×(6)	1 337.9 万元	1 521 万元	1 517.2 万元

将三个年度的等水平已赚保费相加，即得整个经验期的等水平已赚保费为 4 376.1 万元。

应用平行四边形法的一个重要假设前提是保险公司承保的业务在经验期内均匀分布，如果实际情况并非如此，如每年的第一个季度承保的业务较多，而第四个季度承保的业务较少，则用这种方法计算经验期的等水平已赚保费会产生较大的误差。

3.3.2 最终赔款

无论是采用纯保费法还是赔付率法，对最终赔款预测的准确性都将影响到费率厘定结果的合理性。

在最终赔款的预测中，首先需要确定是在已付赔款的基础上进行预测，还是在已付赔款加直接理赔费用的基础上进行预测。尽管对直接理赔费用的处理方法通常取决于是否可以获得必要的数据，但在某些情况下，必须把赔款和直接理赔费用合并在一起处理。譬如在某些责任保险中，保单的责任限额是同时适用于赔款和直接理赔费用的，在这种情况下，厘定保险费率时必须把赔款和直接理赔费用合并在一起处理。

预测最终赔款最简单的方法是损失进展法（loss development）。损失进展法的假设如下：保险事故发生以后，索赔将经历“未报告→已报告但未赔付→已赔付”这一顺序发展，而且这一过程在一定时期内是平稳的。因此可以基于历史索赔数据的统计分析，对未来的损失进展情况和最终赔款进行预测。

如果把已付赔款分别按事故年和进展年进行排列，观察数据将形成一个流量三角形。表 3－9 是应用某险种的累积已付赔款数据构造的流量三角形。在该表中，每行表示相同的事故年，从左到右表示每个事故年的累积已付赔款在不断增加。譬如，2014 年发生的保险事故，在当年年末的累积已付赔款为 1 024 元；而延迟 1 年以后，即在第 1 进展年年末，也就是 2015 年年末，已付赔款增加到 2 350 元。每列表示各个事故年在同一个进展年的累积已付赔款。譬如，在进展年为 0 时，2014 年发生的保险事故累积赔付了 1 024 元，而 2015 年发生的保险事故累积赔付了 1 469 元。对角线上的元素表示同一个日历年，譬如，表 3－9 中的黑体字表示各个事故年在 2016 日历年年末的累积已付赔款。

表 3-9　　累积已付赔款流量三角形　　单位：元

事故年	进展年					
	0	1	2	3	4	5
2014	1 024	2 350	**3 264**	4 122	4 516	4 939
2015	1 469	**3 190**	4 520	5 185	5 676	
2016	**1 421**	2 960	4 278	5 718		
2017	1 248	2 768	4 113			
2018	1 540	3 152				
2019	2 405					

根据上述流量三角形，可以计算出相邻两个进展年之间已付赔款的增长情况。譬如，用第 1 进展年的累积已付赔款除以第 0 进展年的累积已付赔款，就可以得到累积已付赔款在 1 年内的增长比率，这个增长比率称作进展因子。根据表 3-9 的累积已付赔款计算的进展因子如表 3-10 所示。

表 3-10　　累积已付赔款的进展因子

事故年	进展年				
	0～1	1～2	2～3	3～4	4～5
2014	2.294 9	1.388 9	1.262 9	1.095 6	1.093 7
2015	2.171 5	1.416 9	1.147 1	1.094 7	
2016	2.083 0	1.445 3	1.336 6		
2017	2.217 9	1.485 9			
2018	2.046 8				
加权平均	2.151 6	1.435 5	1.245 6	1.095 1	1.093 7
选定值	2.15	1.44	1.25	1.10	1.10

注意，在表 3-10 中，平均值不是各年进展因子的简单平均，而是一种加权平均。譬如第 1 个平均值 2.151 6 不是表 3-10 中第 1 列进展因子的简单算术平均数，而是以第 0 进展年对应的累积已付赔款为权数的加权平均数，即

$$\frac{2.2949\times1024+2.1715\times1469+\cdots+2.0468\times1540}{1024+1469+1421+1248+1540}=2.1516$$

上述加权平均数事实上就是第 1 进展年的累积已付赔款之和与第 0 进展年的累积已付赔款之和的比率，即

$$\frac{2350+3190+2960+2768+3152}{1024+1469+1421+1248+1540}=2.1516$$

注意，在上式中，分子和分母包含相等的项数，分母中不含 2019 事故年的数据。其他各年平均进展因子的计算方法与此类似。

在计算进展因子的平均值时，除了应用上述的加权平均方法外，在实际应用中还可以根据具体情况采用所有年度的简单平均、近几年的简单平均、剔除最大

值和最小值后的简单平均、所有年度的几何平均等方法。

表3-10中的最后一行进展因子是根据倒数第二行的平均值选定的，同时考虑了已付赔款和经济环境在未来的变化。这一行数据将用于对未来已付赔款进行预测。对累积已付赔款的预测值如表3-11所示。譬如，2016事故年在当前的累积已付赔款是5 718元，而3～4的进展因子为1.10，4～5的进展因子为1.10，所以3～5的进展因子为1.10×1.10=1.21，因此在第5进展年年末的累积已付赔款应为：

$$5\,718\times1.21=6\,919(\text{元})$$

其他计算结果如表3-11所示，其中黑体字为预测值。

在表3-11中，最后一列即为各个事故年的最终赔款。当然，这里假设第5进展年以后将不再有赔款支出。如果实际情况并非如此，就需要考虑尾部因子，计算第5进展年以后的赔款支出。

关于最终赔款预测方法的进一步讨论可以参考本书关于准备金评估方法的有关内容。

表3-11 累积已付赔款的预测值 单位：元

事故年	进展年					
	0	1	2	3	4	5
2014	1 024	2 350	3 264	4 122	4 516	4 939
2015	1 469	3 190	4 520	5 185	5 676	**6 244**
2016	1 421	2 960	4 278	5 718	**6 290**	**6 919**
2017	1 248	2 768	4 113	**5 141**	**5 655**	**6 221**
2018	1 540	3 152	**4 539**	**5 674**	**6 241**	**6 865**
2019	2 405	**5 171**	**7 446**	**9 307**	**10 238**	**11 262**

3.3.3 趋势调整

赔款数据和保费数据可能存在趋势性变化，为此还必须进行趋势调整。

1. 赔款的趋势调整

在获得经验期最终赔款的预测值以后，还需要分析最终赔款从经验期到新费率使用期的变化趋势，并应用这种变化趋势对上述预测值进行调整。

在实际的费率厘定中，通常需要把期望赔款（即纯保费）分解为索赔频率和索赔强度的乘积，并对索赔频率和索赔强度的变化趋势分别进行分析，这有助于获得更多的风险信息。

除了索赔频率和索赔强度的变化趋势外，在费率厘定过程中，还需要考虑风险基础可能存在的变化趋势，这种变化趋势对费率厘定结果也会产生一定影响。譬如在车损险中，保费等于保险费率乘以保险金额（风险基础），这就意味着，即使汽车的保险费率没有发生任何变化，但是当汽车价格发生变化时，保费也会随之变化。因此，在应用赔付率法厘定汽车保险的费率时，必须考虑风险基础的趋势变化对保费的影响。

索赔频率或索赔强度的变化趋势可以通过一条合适的曲线进行描述。这里需要特别强调“合适”二字，否则对发展趋势的判断会产生严重偏差。所谓合适，并非指对观察数据的拟合效果很好，而是要结合实际情况进行综合考察。有时，拟合效果最好的曲线并非是最合适的，因为它所表示的发展趋势在未来不可能出现，而那些拟合效果并非最好的曲线可能更加合理地反映了索赔频率或索赔强度的未来发展趋势。譬如，表3-12的索赔强度数据可以用多项式曲线 $y=-2t^3+20t^2+50t+200$ 拟合得非常完美，在每一个点上的拟合误差为零，参见图3-7。但是，如果将多项式模型的趋势图向外延伸就会发现，从第9个保险年度开始，多项式模型描述的索赔强度趋势将逐渐下降，这显然与历史趋势完全相反。

表3-12　索赔强度的变化趋势

保险年度（t）	索赔强度的观察值	线性模型的预测值	指数模型的预测值	多项式模型的预测值
1	268	296	317	268
2	364	386	375	364
3	476	476	443	476
4	592	566	523	592
5	700	656	618	700
6	788	746	730	788
7	844	836	863	844
8	856	926	1 020	856
9	—	1 016	1 205	812
10	—	1 106	1 423	700

在费率厘定实务中，预测索赔频率或索赔强度趋势的两个常用模型是线性模型和指数模型。

线性模型为：

$$y=at+b$$

指数模型为：

$$y=\alpha e^{\beta t}$$

指数模型还可以表示为：

$$\ln y=\alpha t+\ln\beta$$

若令 $Y=\ln y$，$B=\ln\beta$，则有

$Y=\alpha t+B$

可见，这两个模型都可以表示成线性函数的形式，并用标准的最小二乘法估计其未知参数。

应用表 3-11 的索赔强度观察值，可以求得线性模型的两个参数估计值分别为：$a=90$，$b=206$。指数模型的两个参数估计值为：$\alpha=0.166\ 8$，$\beta=5.592\ 8$。线性模型和指数模型对索赔强度的预测值如表 3-12 所示。

从图 3-7 可以看出，对于本例的数据，线性模型的结果似乎更为合理一些。

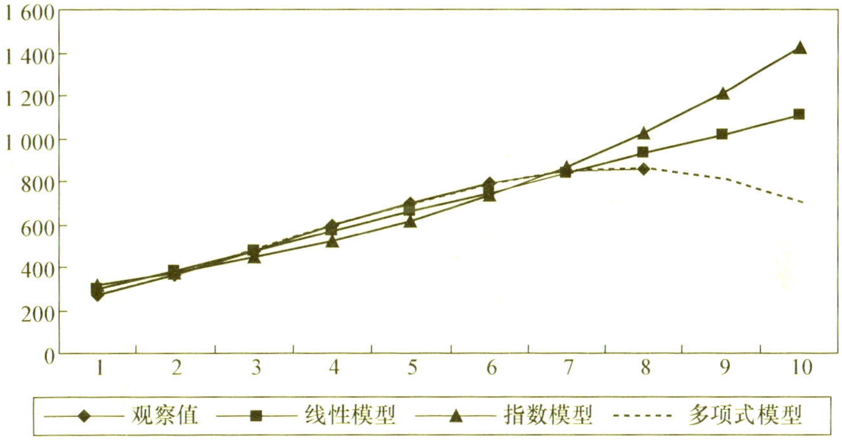

图 3-7　对索赔强度数据的拟合

无论是线性模型还是指数模型都适用于上升的趋势。然而，如果观察到的趋势是下降的，那么使用线性模型将在未来出现负值。由于索赔频率和索赔强度都是非零的，因此在这种情况下，一般不宜使用线性模型，而应该使用指数模型或其他模型。

此外，如果经验损失数据受到赔偿限额的影响，就必须在索赔强度的趋势分析中予以考虑。下面通过一个简例来说明索赔强度的趋势变化与赔偿限额的关系。

假设某风险的损失金额在 50 万元以内波动，现有三份保险合同为此风险提供保障。对于每次损失，第一份合同负责赔偿 0～10 万元之间的损失；第二份合同负责赔偿 10 万～25 万元之间的损失；第三份合同负责赔偿 25 万～50 万元之间的损失。假设该风险在保险期间发生了 3 次损失，损失金额分别为 5 万元、20 万元和 40 万元，则每份合同承担的赔款如表 3-13 所示。

表 3-13　**每份保险合同承担的赔款**　单位：万元

损失金额	第一份合同（0～10）	第二份合同（10～25）	第三份合同（25～50）
5	5		
20	10	10	
40	10	15	15
合计	25	25	15

如果所有损失金额由于通货膨胀的影响，平均上升了 10%，则每份保险合同

承担的赔款如表3-14所示。

表3-14　每份保险合同承担的赔款（损失金额上升10%以后）　单位：万元

损失金额	第一份合同（0～10）	第二份合同（10～25）	第三份合同（25～50）
5.5	5.5		
22	10	12	
44	10	15	19
合计	25.5	27	19
赔款增长幅度	2%	8%	26.67%

可见，尽管损失金额平均上升了10%，但每份合同承担赔款的上升幅度并不相同。承担的损失层次越高，索赔强度的变化幅度越大。这是因为，对于承担较低层次损失的保单，它所承担的责任已经接近饱和，所以损失金额上升对它的影响较小。

2. 保费的趋势调整

除了赔款和费用会受到通货膨胀的影响而不断变化外，平均每个风险单位的保费也存在趋势变化。事实上，即使在费率保持不变的情况下，平均每个风险单位的保费也可能随着时间而发生显著的变化。譬如，如果业务组合中高费率的保单所占的比例增加，平均每份保单的保费水平也会上升。

造成未来平均保费水平和历史平均保费水平不同的因素主要包括：费率在经验期的变化，费率厘定系统的变化，费率厘定系统对平均保费水平的影响，以及业务结构的变化。

这些变化对平均保费水平所产生的影响不尽相同：既可能是一次性的影响，也可能是持续性的影响；既可能是可测量的影响，也可能是难以测量的影响；既可能是突发性的影响，也可能是渐进性的影响。

有两种方法可以对影响平均保费水平的各种因素进行调整。

一种方法是根据当前的情形，重新计算经验期的保费。从理论上讲，这种调整是精确的，适用于一次性和可测量的影响。其隐含的假设是，经验期发生的变化在未来不会持续，因此对平均保费水平的影响已经停止。譬如，经验期的费率调整就是这种情况，它对平均保费水平的影响是一次性的，也是可测量的。

另一种方法是根据经验期内平均保费水平的总体变化趋势，选定一个年平均趋势因子对经验期的保费进行调整。根据平均趋势因子，可以将经验期内每一年的平均保费水平都调整到未来保险期间的平均保费水平。当经验期发生的某些变化对平均保费水平的影响是连续的并且难以精确测量时，通常会采用这种方法。这种方法假定，经验期发生的变化在未来还会持续。譬如，业务结构逐渐向更高责任限额的变化不仅会造成经验期平均保费水平的上升，而且这种变化在未来的保险期间仍会持续。

需要注意的是，在对经验期的保费进行调整时，只可采用其中的一种方法，否则就会重复计算这些变化对平均保费水平所产生的影响。

如果经验期的变化对平均保费水平的影响是一次性的、突发性的和可测量的，可以应用第一种方法对经验期的保费直接进行调整；如果经验期的变化对平均保费水平的影响是连续性的、渐进性的并且难以测量，则可以通过观察经验期平均保费水平的变化趋势对经验期的保费进行调整，即应用第二种方法。

保费有承保保费和已赚保费之分，在分析平均保费水平的增长趋势时，应该使用平均已赚保费还是平均承保保费的时间序列？对于这个问题有两种不同的观点。

一种观点认为，最终的保费趋势因子将应用于经验期在当前费率水平下的已赚保费，所以应该使用平均已赚保费的时间序列进行趋势分析。

另一种观点认为，虽然经验期的保费是已赚保费，但是已赚保费的平均承保日期是可以确定的，从而也可以基于平均承保保费的时间序列分析保费的变化趋势。此外，由于保费的平均承保日期要早于保费的平均已赚日期，所以应用平均承保保费的时间序列分析保费的变化趋势可以更好地反映业务结构的最新变化。

基于上述原因，平均承保保费似乎是进行保费趋势分析的较好选择。图 3－8 以 2018 年为例，说明了保费的趋势调整和趋势期限的选择。

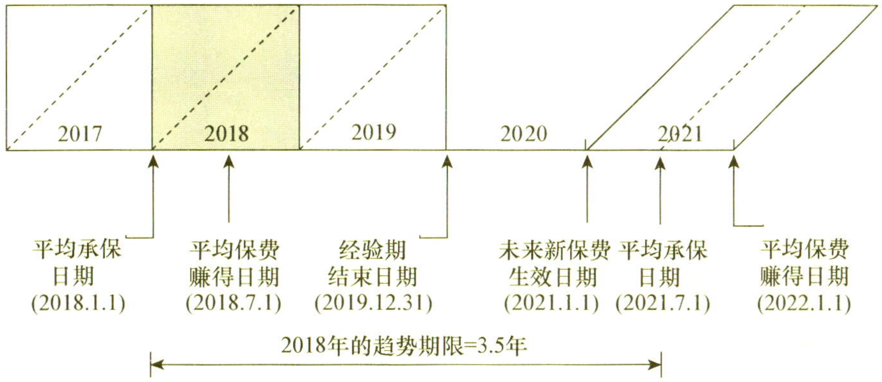

图 3－8　趋势期限

因为对保费趋势进行分析的基础是平均承保保费，所以经验期内每一年合理的趋势期限应该是从该年的平均承保日期到未来保险期间的平均承保日期。经验期内每一日历年的中点为该日历年保费的平均已赚日期，平均承保日期要比平均已赚日期提前半个保险期间。对于保险期间为 12 个月的保单而言，平均承保日期要比平均已赚日期提前半年。

下面以图 3－8 中 2018 年的已赚保费为例说明如何确定趋势期限。假设所有保单的保险期间为 12 个月，经验期为 2017—2019 年，新费率生效日期为 2021 年 1 月 1 日。2018 年的第一笔已赚保费来自 2017 年 1 月 2 日承保的保单，因为这些保单有效期的最后一天为 2018 年 1 月 1 日；2018 年的最后一笔已赚保费来自 2018 年 12 月 31 日承保的保单。由此可见，2018 年的已赚保费对应的承保区间为 24 个月。由于对称效应（例如 2017 年 2 月 1 日承保的保单对 2018 日历年已赚保费所做的贡献和 2018 年 12 月 31 日承保的保单对 2018 年已赚保费所做的贡献是相等的），2018 年已赚保费对应的平均承保日期为这 24 个月的中点，也就是2018年1月1日，比2018年已赚保费对应的平均已赚日期（2018年7月1日）提前了半个保险期间，即6个月。由此可见，对2018年已赚保费进行调整的趋势期限为3.5年，相当于从2018年已赚保费对应的平均承保日期（2018年1月1日）调整到2021年新费率使用期的平均承保日期（2021年7月1日）。类似地，对2017年和2019年的已赚保费进行调整的趋势期限分别为1.5年和2.5年。

3.4 总平均费率

财产保险公司在承保业务时需要支付的各种税金和费用，主要包括佣金、增值税、监管费、保险保障基金和一般管理费用等，由于这些费用主要发生在承保环节，所以将其统称为承保费用（underwriting expense）。

在费率厘定中，通常将保险公司的承保费用分为两大类：固定费用（fixed expenses）和变动费用（variable expenses）。固定费用是与保费大小无关的费用，保单的印刷和邮寄费用就是典型的固定费用，无论该保单项下的保费有多少，保单的印刷和邮寄费用是相同的。变动费用指随着保费的大小变化的费用，可以表示为保费的一个百分比，佣金和税金就属于典型的变动费用。

由于我国的增值税、城市维护建设税、监管费和保险保障基金都是按照保费的一个百分比计算的，因此在下面的讨论中将其统称为保费税。

总平均费率是指平均每个风险单位的保费水平。总平均费率的厘定可以采取两种基本方法，即纯保费法和赔付率法。

3.4.1 纯保费法

纯保费是赔款和理赔费用之和。纯保费法（pure premium method）通过在纯保费上附加各种必要的费用和利润得到毛保费，因此用纯保费法厘定的保费不仅能够满足预期的赔款和费用支出，而且能够提供预期的利润。

纯保费法的费率厘定公式可以通过下述的保险方程推导而来，即

保费＝赔款＋理赔费用＋承保费用＋利润附加

其中承保费用具体包括下述四类：

（1）佣金和经纪人手续费；

（2）保费税；

（3）其他展业费用；

（4）一般管理费用。

在费率厘定中，上述各类承保费用又可进一步划分为固定费用和变动费用两大类。固定费用与保费的高低相互独立，对于每份保单而言是一个常数；变动费

用随保费的变化而变化，与保费成比例。

为了便于表述，定义下述符号：

R 是每个风险单位的保费（即费率）；

P 是每个风险单位的纯保费，即赔款和理赔费用之和；

F 是每个风险单位的固定费用；

V 是变动费用率，即单位保费中用于支付变动费用的比率；

Q 是单位保费中的利润附加率。

应用上述符号，保险方程可以表示为：

$$R=P+(F+RV)+RQ$$

对上述公式进行变形，即可得到下述的保费计算公式：

$$R=\frac{P+F}{1-V-Q}$$

假设每个风险单位的纯保费、固定费用、变动费用率和利润附加率如下：

纯保费（含理赔费用）：	700 元
每个风险单位的固定费用：	100 元
变动费用率：	15%
利润附加率：	5%

则可以计算出每个风险单位的保费为：

$$R=\frac{700+100}{1-15\%-5\%}=1\,000(\text{元})$$

3.4.2 赔付率法

赔付率法（loss ratio method）首先根据赔付率计算费率的调整幅度（即费率调整因子），然后对当前的费率进行调整得到新的费率。赔付率法是应用更为广泛的一种费率厘定方法。在赔付率法中，新费率等于费率调整因子与当前费率的乘积，用公式可以表示为：

$$R=AR_0$$

式中，R 表示新厘定的费率；R_0 表示当前的费率；A 表示费率调整因子。

由此可见，在赔付率法中，关键在于计算费率调整因子。费率调整因子可以用公式表示如下：

$$\text{费率调整因子}(A)=\frac{\text{赔款和理赔费用率}+\text{固定费用率}}{1-\text{变动费用率}-\text{利润附加率}}$$

其中赔款和理赔费用率是单位保费中用于支付赔款和理赔费用的比率；固定费用率（fixed expense ratio）是单位保费中用于支付固定费用的比率。

在费率调整因子的计算公式中，分子上是单位保费中需要用于支付赔款、理赔费用和固定费用的金额，而分母上是从单位保费中扣除变动费用和利润附加之后，理论上可以用于支付赔款、理赔费用和固定费用的金额。如果分子和分母相等，说明在当前费率水平下，实际需要的金额和可以使用的金额相等，费率水平无须调整；反之，就需要对当前的费率水平进行调整。

上述费率调整因子可以通过保险方程求得。将前述的保险方程变形，当前费率水平下的利润附加率可以表示为：

$$Q_0=1-\frac{P+F}{R_0}-V$$

费率厘定的最终目标是确保公司目标利润的实现。在这里具体表现为利润附加率应该达到目标水平。如果当前费率水平下的利润附加率低于（或高于）目标水平，就应该相应地提高（或降低）当前费率，即将其乘上一个费率调整因子。换言之，如果用 Q 表示目标利润率，则应有

$$Q=1-\frac{P+F}{A\times R_0}-V$$

上式经变形，即可求得实现目标利润的费率调整因子为：

$$A=\frac{P/R_0+F/R_0}{1-V-Q}$$

式中，分子上的第一项是经验赔付率（loss ratio），即赔款和理赔费用在保费中所占的比率；第二项是固定费用率，即固定费用在保费中所占的比率。上式中的各个项目都可以根据经验数据计算求得。

假设某险种的经验数据如表 3-15 所示。

表 3-15　　某险种的经验数据

经验赔付率（即赔款和理赔费用在保费中的比率）	65%
固定费用率	6%
变动费用率	25%
利润附加率	5%

根据上表的数据，容易求得费率调整因子为：

$$A=\frac{P/R_0+F/R_0}{1-V-Q}=\frac{65\%+6\%}{1-25\%-5\%}=1.014\,3$$

即为了实现目标利润，当前的费率水平需要上调 1.43%。

3.4.3　纯保费法与赔付率法的比较

从理论上讲，赔付率法只是纯保费法的另一种表现形式，它们在本质上是等

价的，只是所需数据不同而已。但从实际应用的角度看，纯保费法和赔付率法具有不同的特点：

第一，纯保费法基于每个风险单位的纯保费（赔款和理赔费用）计算保费，因此，如果风险单位的确定比较困难或者风险单位在不同个体风险之间难以保持一致（如商业火灾保险），就不宜使用纯保费法。

第二，应用赔付率法需要已知当前的费率水平，因此赔付率法不适用于新业务的费率厘定。对于新业务，最好在预测期望赔款（纯保费）的基础上，应用纯保费法厘定其保费。

第三，应用赔付率法需要计算经验赔付率，而经验赔付率是经验期的赔款和当前费率水平下的已赚保费之比。因此，如果该险种在经验期的费率变化较大，计算当前费率水平下的已赚保费很困难，最好使用纯保费法。譬如，在个人汽车保险中，保险公司通常使用奖惩系统，即根据保单持有人的索赔经验调整其续期保费，而且使用的费率因子较多，这就使得计算当前费率水平下的已赚保费比较困难。但是，汽车保险的风险单位数比较容易确定，因此采用纯保费法厘定费率更为方便。

3.5 免赔额和赔偿限额对纯保费的影响

纯保费是期望索赔频率与期望索赔强度的乘积。在保险实务中，由于存在免赔额和赔偿限额等条款，再加上通货膨胀的影响，期望索赔频率与期望索赔强度就不能简单地表示为损失次数分布和损失金额分布的均值。本节简要介绍免赔额、赔偿限额和通货膨胀对索赔次数和索赔金额的影响。

3.5.1 有限期望值

为了便于分析免赔额与赔偿限额对纯保费的影响，首先介绍有限期望值的概念。令 X 表示一个大于零的随机变量，密度函数和分布函数分别为 $f(x)$ 和 $F(x)$，对于给定的实数 $d>0$，有限期望值（limited expected value）定义如下：

$$E(X\wedge d)=\int_0^d xf(x)\mathrm{d}x+d[1-F(d)]$$

在上述定义公式中，“$X\wedge d$”表示取 X 与 d 中的较小值，即 $E(X\wedge d)=\min(X, d)$。在计算上述期望时，如果实际损失小于 d，就按实际损失计算；如果实际损失大于 d，就按 d 计算，亦即损失被限定在 d 以内。

一些常见损失分布的有限期望值如下。

（1）指数分布的有限期望值为：

$$E(X\wedge d)=\frac{1-\mathrm{e}^{-\theta d}}{\theta}$$

（2）伽马分布的有限期望值为：

$$E(X\wedge d)=\frac{\alpha}{\theta}\cdot G(\theta d;\alpha+1,1)+d\cdot[1-G(\theta d;\alpha,1)]$$

式中，$G(x;\ a,\ b)$表示参数为（a，b）的伽马分布的分布函数，即伽马分布小于等于x的概率。

（3）逆高斯分布的有限期望值为：

$$E(X\wedge d)=d-\frac{\beta d-\alpha}{\beta}\cdot\Phi\left(\frac{\beta d-\alpha}{\sqrt{\beta d}}\right)-\mathrm{e}^{2\alpha}\cdot\frac{\beta d+\alpha}{\beta}\cdot\Phi\left(-\frac{\beta d+\alpha}{\sqrt{\beta d}}\right)$$

（4）对数正态分布的有限期望值为：

$$E(X\wedge d)=\exp\left(\mu+\frac{\sigma^2}{2}\right)\Phi\left(\frac{\ln d-\mu-\sigma^2}{\sigma}\right)+d\cdot\left[1-\Phi\left(\frac{\ln d-\mu}{\sigma}\right)\right]$$

式中，$\Phi(\cdot)$表示标准正态分布的分布函数。

（5）帕累托分布的有限期望值为：

$$E(X\wedge d)=-\theta\ln\left(\frac{\theta}{\theta+d}\right),\qquad \alpha=1$$

$$E(X\wedge d)=\frac{\theta}{\alpha-1}\left[1-\alpha\left(\frac{\theta}{\theta+d}\right)^{\alpha-1}\right],\quad \alpha\neq 1$$

（6）威布尔分布的有限期望值为：

$$E(X\wedge d)=\alpha^{-1/\theta}\Gamma\left(1+\frac{1}{\theta}\right)\Gamma\left(1+\frac{1}{\theta};\alpha d^{\theta}\right)+d\cdot\exp(-\alpha d^{\theta})$$

3.5.2 免赔额的影响

许多保险合同中都规定了免赔额，其目的是提高保单持有人的风险防范意识，同时减少保险公司的小额赔款，降低理赔费用。如果用d表示免赔额，则当损失金额不超过d时，保险公司没有任何赔款支出；当损失金额超过d时，保险公司的赔款为$x-d$。免赔额的应用对索赔次数和赔付额都会产生影响。

1. 免赔额对索赔次数的影响

用N表示实际发生的损失次数，用N^*表示增加免赔额d以后保单持有人的索赔次数。假设增加免赔额以后不会影响保险事故的发生过程。

显然，对于任何一次实际发生的损失X，只有当它大于免赔额d时，保单持有人才会提出索赔。因此保单持有人提出索赔的概率为：

$$v=Pr(X>d)$$

如果用 $I_j=1$ 表示第 j 次损失导致了索赔，用 $I_j=0$ 表示第 j 次损失没有导致索赔，则 I_j 服从参数为 v 的伯努利分布，而索赔次数 N^* 可以表示为：

$$N^*=I_1+\cdots+I_N$$

如果假设 I_j 相互独立，同时也与 N 相互独立，则 N^* 是一个复合分布，其中首分布是损失次数 N 的分布，而次分布是参数为 v 的伯努利分布，因此有

$$P_{N^*}(z)=P_N[1+v(z-1)]$$

式中，$[1+v(1-z)]$ 是伯努利分布的母函数。

可以证明，增加免赔额以后，$(a,b,0)$ 分布类和 $(a,b,1)$ 分布类都能保持其原来的形式不变，只是参数的取值发生了变化。譬如，如果 N 服从参数为 λ 的泊松分布，母函数为：

$$P_N(z)=\mathrm{e}^{\lambda(z-1)}$$

则 N^* 的母函数为：

$$P_{N^*}(z)=P_N[1+v(z-1)]=\mathrm{e}^{v\lambda(z-1)}$$

显然，上式就是参数为 $v\lambda$ 的泊松分布的母函数，即 N^* 服从参数为 $v\lambda$ 的泊松分布。

同样，如果 N 服从参数为 (p_0^M,λ) 的零调整泊松分布，母函数为：

$$P_N^M(z)=p_0^M+\frac{1-p_0^M}{1-\mathrm{e}^{-\lambda}}[\mathrm{e}^{\lambda(z-1)}-\mathrm{e}^{-\lambda}]$$

则 N^* 的母函数可以表示为：

$$P_{N^*}^M(z)=p_0^M+\frac{1-p_0^M}{1-\mathrm{e}^{-\lambda}}[\mathrm{e}^{v\lambda(z-1)}-\mathrm{e}^{-\lambda}]$$

上式是一个零调整泊松分布的母函数，因此 N^* 仍然是一个零调整泊松分布，但泊松参数和零点的概率都会发生变化，其中泊松参数变为 $v\lambda$。根据母函数的性质，N^* 在零点的概率应该等于其母函数在零点的值，即有

$$p_0^{M^*}=P_N^{M^*}(0)=\frac{p_0^M-\mathrm{e}^{-\lambda}+\mathrm{e}^{-v\lambda}-p_0^M\mathrm{e}^{-v\lambda}}{1-\mathrm{e}^{-\lambda}}$$

换言之，如果损失次数 N 是参数为 (p_0^M,λ) 的零调整泊松分布，则增加免赔额以后，索赔次数 N^* 是参数为 $(p_0^{M^*},v\lambda)$ 的零调整泊松分布。

容易证明，增加免赔额以后，期望索赔频率将变为原来的 v 倍，即 $E(N^*)=v\cdot E(N)$。

在增加免赔额的情况下，其他常见索赔次数模型的参数变化情况如表 3－16 所示。

表 3-16　索赔次数模型的参数

索赔次数（N）模型的参数	增加免赔额以后索赔次数（N^*）模型的参数
泊松（λ）	$\lambda^*=v\lambda$
零调整泊松（p_0^M，λ）	$p_0^{M^*}=\dfrac{p_0^M-e^{-\lambda}+e^{-v\lambda}-p_0^Me^{-v\lambda}}{1-e^{-\lambda}}$，$\lambda^*=v\lambda$
二项（m，q）	$q^*=vq$
零调整二项（p_0^M，m，q）	$p_0^{M^*}=\dfrac{p_0^M-(1-q)^m+(1-vq)^m-p_0^M(1-vq)^m}{1-(1-q)^m}$，$q^*=vq$
负二项（r，β）	$r^*=r$，$\beta^*=v\beta$
零调整负二项（p_0^M，r，β）	$p_0^{M^*}=\dfrac{p_0^M-(1+\beta)^{-r}+(1+v\beta)^{-r}-p_0^M(1+v\beta)^{-r}}{1-(1+\beta)^{-r}}$， $r^*=r$，$\beta^*=v\beta$
零调整对数（p_0^M，β）	$p_0^{M^*}=\dfrac{1-(1-p_0^M)\ \ln(1+v\beta)}{\ln(1+\beta)}$，$\beta^*=v\beta$

如果损失次数 N 服从一种复合分布，即 $P_N(z)=P_1[P_2(z)]$，则 N^* 的母函数可以表示为：

$$P_{N^*}(z)=P_1\{P_2[1+v(z-1)]\}$$

可见，N^* 仍然是一个复合分布，且与 N 具有相同的首分布，但次分布需要根据表 3-16 对参数进行调整。

【例 3-2】

假设损失次数 N 服从泊松-负二项分布，参数为 $\lambda=0.2$，$r=3$，$\beta=0.1$，如果 $v=0.8$，试确定索赔次数 N^* 的分布。

索赔次数 N^* 仍然是一个复合泊松分布，其中首分布是泊松分布，泊松参数为 $\lambda=0.2$；次分布是负二项分布，参数为：

$$r^*=r=3$$
$$\beta^*=v\beta=0.8\times0.1=0.08$$

【例 3-3】

假设损失次数 N 服从泊松-零截断负二项分布，参数为 $\lambda=0.2$，$r=3$，$\beta=0.1$，如果 $v=0.8$，试确定索赔次数 N^* 的分布。

索赔次数 N^* 仍然是一个复合泊松分布，其中首分布是泊松分布，泊松参数为 $\lambda=0.2$；次分布是零调整负二项分布，参数为：

$$p_0^{M^*}=\frac{0-(1+0.1)^{-3}+(1+0.8\times0.1)^{-3}-0\times(1+0.8\times0.1)^{-3}}{1-(1+0.1)^{-3}}$$
$$=0.1710$$
$$r^*=r=3$$

$$\beta^* = v\beta = 0.08$$

由于泊松参数为 λ 的泊松-零调整分布等价于泊松参数为 $\lambda(1-p_0^M)$ 的泊松-零截断分布，因此在本例中，如果用泊松-零截断负二项分布表示 N^* 的分布，则只需将泊松参数改为：

$$\lambda^* = 0.2\times(1-0.1710) = 0.0342$$

2. 免赔额对赔付金额的影响

如果用 X 表示保单持有人的损失，用 d 表示免赔额，用 Y 表示保险公司的赔款，则对 Y 可以有下述两种解释。

(1) 一种解释是保险公司对每次损失的赔款，包括当保单持有人的损失不超过免赔额 d 时，保险公司支付的零赔款在内。如果把 Y 解释为保险公司对每次损失的赔款，则 Y 就是超额损失随机变量，也可以称作含零赔款的随机变量。该随机变量可以表示为：

$$Y^L = \begin{cases} 0, & X \leqslant d \\ X-d, & X > d \end{cases}$$

式中，上角标 L 表示 per loss。含零赔款随机变量取零值的概率（即损失不超过免赔额 d 的概率）为：

$$Pr(Y^L = 0) = Pr(X \leqslant d) = F_X(d)$$

Y^L 的分布函数和密度函数分别为：

$$F_{Y^L}(y) = Pr(Y^L \leqslant y) = Pr(X-d \leqslant y) = Pr(X \leqslant y+d) = F_X(y+d), \quad y > 0$$

$$f_{Y^L}(y) = f_X(y+d), \quad y > 0$$

(2) 对赔款随机变量的另一种解释是保险公司对每次有效索赔所支付的赔款，或者说是与保险公司的支付行为相对应的赔款，不包括当保单持有人的损失不超过免赔额 d 时，保险公司无须支付的赔款。如果把 Y 解释为保险公司对每次有效索赔所支付的赔款，则 Y 就表示非零赔款随机变量。该随机变量可以表示为：

$$Y^P = X-d \mid X > d$$

上式表明，Y^P 是一个条件随机变量，只有当 $X > d$ 时，Y^P 才有定义。上角标 P 表示 per payment。

Y^P 的分布函数为：

$$\begin{aligned} F_{Y^P}(y) &= Pr(Y^P \leqslant y \mid X > d) \\ &= Pr(X-d \leqslant y \mid X > d) \\ &= \frac{Pr(d < X \leqslant y+d)}{Pr(X > d)} \\ &= \frac{F_X(y+d) - F_X(d)}{1-F_X(d)} \end{aligned}$$

上式对 y 求偏导，可得 Y^P 的密度函数为：

$$f_{Y^P}(y)=\frac{f_X(y+d)}{1-F_X(d)},\quad y>0$$

【例 3-4】

假设损失服从参数为（$\alpha=3$，$\theta=100$）的帕累托分布，分布函数和密度函数分别为：

$$F(x)=1-\left(\frac{100}{x+100}\right)^3$$

$$f(x)=\frac{3\times 100^3}{(x+100)^4}$$

如果一般免赔额为 20，则保险公司对每次损失的赔款，即含零赔款 Y^L 具有下述的分布函数和密度函数：

$$F_{Y^L}(y)=\begin{cases}1-\left(\frac{100}{120}\right)^3=0.421\,3, & y=0\\ 1-\left(\frac{100}{y+120}\right)^3, & y>0\end{cases}$$

$$f_{Y^L}(y)=\begin{cases}0.421\,3, & y=0\\ \frac{3\times 100^3}{(120+y)^4}, & y>0\end{cases}$$

保险公司有支付行为的赔款，即非零赔款 Y^P 具有下述的分布函数和密度函数：

$$F_{Y^P}(y)=\frac{\left[1-\left(\frac{100}{y+120}\right)^3\right]-\left[1-\left(\frac{100}{120}\right)^3\right]}{1-\left[1-\left(\frac{100}{120}\right)^3\right]}$$

$$=1-\left(\frac{120}{y+120}\right)^3$$

$$f_{Y^P}(y)=\frac{3\times 120^3}{(120+y)^4}$$

在免赔额条件下，上述三个随机变量（实际损失、含零赔款、非零赔款）的密度函数如图 3-9 所示。

在图 3-9 中，含零赔款的密度函数只是截取了实际损失密度函数超过 20 的部分，并将其左移到零点，显然，它下面的面积只有 0.578 7，其余的 0.421 3 的概率全部集中在零点。非零赔款的密度函数也是截取了实际损失密度函数超过 20 的部分，但将其左移到零点后乘了一个常数，使其下面的面积正好等于 1。

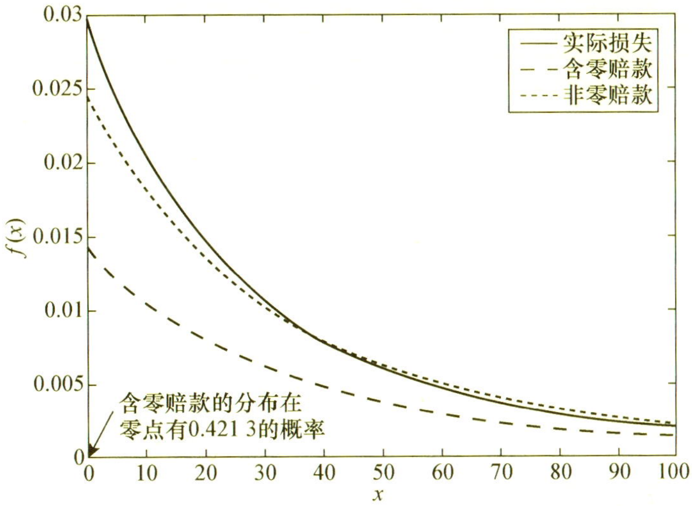

图3-9 不同随机变量的密度函数

定理 3.1 当一般免赔额为 d 时，保险公司对每次损失的期望赔款，即平均含零赔款为：

$$E(Y^L)=E(X)-E(X\wedge d)$$

保险公司对每次有效索赔的期望赔款，即平均非零赔款为：

$$E(Y^P)=\frac{E(Y^L)}{1-F_X(d)}=\frac{E(X)-E(X\wedge d)}{1-F_X(d)}$$

证明：对于任意一次损失 X，保单持有人自负的赔款金额为 $X\wedge d=\min(X, d)$，所以保险公司的赔付金额为 $Y^L=X-(X\wedge d)$，故平均含零赔款为：

$$E(Y^L)=E(X)-E(X\wedge d)$$

保险公司对每次有效索赔的期望赔款，即平均非零赔款为：

$$E(Y^P)=\int_0^{\infty} y\frac{f_X(y+d)}{1-F_X(d)}\mathrm{d}y=\frac{E(Y^L)}{1-F_X(d)}=\frac{E(X)-E(X\wedge d)}{1-F_X(d)}$$

【例3-5】

假设汽车保险的损失分布是参数为（$\alpha=3$，$\theta=100$）的帕累托分布：

$$F(x)=1-\left(\frac{100}{x+100}\right)^3$$

上述帕累托分布的均值为 $E(X)=\theta/(\alpha-1)=100/(3-1)=50$。当一般免赔额为20时，有限期望值为：

$$E(X\wedge 20)=\frac{100}{3-1}\left[1-\left(\frac{100}{100+20}\right)^{3-1}\right]=15.28$$

而

$$F(20)=1-\left(\frac{100}{100+20}\right)^3=0.4213$$

因此，在一般免赔额条件下，保险公司对每次损失的期望赔款，即平均含零赔款为：

$$E(Y^L)=E(X)-E(X\wedge 20)=50-15.28=34.72$$

保险公司对每次有效索赔的期望赔款，即平均非零赔款为：

$$E(Y^P)=\frac{E(X)-E(X\wedge 20)}{1-F_X(20)}=\frac{34.72}{1-0.4213}=60$$

定理 3.2 如果一般免赔额为 d，通货膨胀率为 r，则保险公司对每次损失的期望赔款，即平均含零赔款为：

$$E(Y^L)=(1+r)\left[E(X)-E\left(X\wedge\frac{d}{1+r}\right)\right]$$

保险公司对每次有效索赔的期望赔款，即平均非零赔款为：

$$E(Y^P)=\frac{E(Y^L)}{1-F_X[d/(1+r)]}$$

证明： 经通货膨胀调整后的随机变量可表示为 $Y=(1+r)X$，其分布函数和密度函数分别为：

$$F_Y(y)=F_X\left(\frac{y}{1+r}\right)$$

$$f_Y(y)=\frac{f_X[y/(1+r)]}{1+r}$$

经通货膨胀调整后的随机变量 Y 的有限期望值为：

$$\begin{aligned}
E(Y\wedge d)&=\int_0^d yf_Y(y)\mathrm{d}y+d[1-F_Y(d)]\\
&=\int_0^d y\,\frac{f_X[y/(1+r)]}{1+r}\mathrm{d}y+d\left[1-F_X\left(\frac{d}{1+r}\right)\right]\\
&=\int_0^{d/(1+r)}(1+r)xf_X(x)\mathrm{d}x+d\left[1-F_X\left(\frac{d}{1+r}\right)\right]\\
&=(1+r)\left\{\int_0^{d/(1+r)}xf_X(x)\mathrm{d}x+\frac{d}{1+r}\left[1-F_X\left(\frac{d}{1+r}\right)\right]\right\}\\
&=(1+r)E\left(X\wedge\frac{d}{1+r}\right)
\end{aligned}$$

因此，经通货膨胀调整后的平均含零赔款为：

$$E(Y^L)=E(Y)-E(Y\wedge d)$$
$$=(1+r)E(X)-(1+r)E\left(X\wedge\frac{d}{1+r}\right)$$
$$=(1+r)\left[E(X)-E\left(X\wedge\frac{d}{1+r}\right)\right]$$

由于 $F_Y(d)=F_X[d/(1+r)]$，因此经通货膨胀调整后的平均非零赔款为：

$$E(Y^P)=\frac{E(Y^L)}{1-F_Y(d)}=\frac{E(Y^L)}{1-F_X[d/(1+r)]}$$

【例 3-6】

假设损失服从参数为（$\alpha=3$，$\theta=100$）的帕累托分布，分布函数为：

$$F(x)=1-\left(\frac{100}{x+100}\right)^3,\quad x\geqslant 0$$

如果一般免赔额为20，通货膨胀率为10%，则保险公司对每次损失的期望赔款，即平均含零赔款为：

$$E(Y^L)=(1+r)\left[E(X)-E\left(X\wedge\frac{d}{1+r}\right)\right]$$
$$=1.1\times[50-E(X\wedge 20/1.1)]$$
$$=39.38$$

其中

$$E(X\wedge 20/1.1)=\frac{100}{3-1}\times\left[1-\left(\frac{100}{100+20/1.1}\right)^{3-1}\right]=14.2$$

保险公司对每次有效索赔的期望赔款，即平均非零赔款为：

$$E(Y^P)=\frac{39.38}{1-F_X(20/1.1)}=\frac{39.38}{\left(\frac{100}{100+20/1.1}\right)^3}=65$$

综上所述，在免赔额条件下，期望索赔频率为 $E(N^*)$，期望索赔强度为平均非零赔款 $E(Y^P)$，因此在免赔额条件下的纯保费可以表示为 $E(N^*)E(Y^P)$，即期望索赔频率和期望索赔强度的乘积。

由于免赔额对期望索赔频率和期望索赔强度的影响正好相反，即

$$E(N^*)=[1-F_X(d)]\cdot E(N)$$
$$E(Y^P)=\frac{E(Y^L)}{1-F_X(d)}$$

因此在免赔额为 d 的情况下，纯保费也可以表示为 $E(N)E(Y^L)$，即期望损失次数与平均含零赔款的乘积。

3.5.3 赔偿限额的影响

赔偿限额的作用与免赔额正好相反。在免赔额条件下，保险公司对低于免赔额的损失不予赔偿；而在赔偿限额条件下，保险公司对高于赔偿限额的损失不予赔偿。换言之，赔偿限额是保险公司对一次索赔的最大可能赔款。如果赔偿限额为 u，则当损失低于 u 时，保险公司将全部赔偿；而当损失超过 u 时，保险公司只赔偿 u。可见，赔偿限额的应用只会影响保险公司的平均赔偿金额，而不会影响保单持有人的索赔次数。赔偿限额的作用是生成一个“右删改”随机变量，即将超过 u 的损失全部修改为 u。

假设 X 表示实际损失的随机变量，Y 表示应用赔偿限额 u 所生成的随机变量，则 Y 的分布函数和密度函数分别为：

$$F_Y(y)=\begin{cases}F_X(y), & y<u\\ 1, & y=u\end{cases}$$

$$f_Y(y)=\begin{cases}f_X(y), & y<u\\ 1-F_X(u), & y=u\end{cases}$$

在应用赔偿限额的情况下，可以得到下述结论：

（1）如果赔偿限额为 u，则保险公司的平均赔款为：

$$E(Y)=E(X\wedge u)$$

（2）如果赔偿限额为 u，免赔额为 d，且免赔额在赔偿限额之后使用，即保险公司对每次损失的最大赔款金额为 $u-d$，则保险公司对每次损失的期望赔款，即平均含零赔款为：

$$E(Y^L)=E[X\wedge(u+d)]-E(X\wedge d)$$

相应地，保险公司对每次有效索赔的期望赔款，即平均非零赔款为：

$$E(Y^P)=\frac{E(Y^L)}{1-F_X(d)}=\frac{E[X\wedge(u+d)]-E(X\wedge d)}{1-F_X(d)}$$

（3）如果赔偿限额为 u，通货膨胀率为 r，则保险公司的平均赔款为：

$$E(Y\wedge u)=(1+r)\cdot E\left(X\wedge\frac{u}{1+r}\right)$$

因此，当赔偿限额为 u，免赔额为 d，通货膨胀率为 r 时，保险公司对每次损失的期望赔款，即平均含零赔款为：

$$E(Y^L)=(1+r)\left[E\left(X\wedge\frac{u+d}{1+r}\right)-E\left(X\wedge\frac{d}{1+r}\right)\right]$$

相应地，保险公司对每次有效索赔的期望赔款，即平均非零赔款为：

$$E(Y^P)=\frac{E(Y^L)}{1-F_X[d/(1+r)]}$$

【例 3－7】

假设实际损失的分布函数和密度函数分别为：

$$F(x)=1-\left(\frac{100}{x+100}\right)^{3},\quad x\geqslant 0$$

$$f(x)=\frac{3\times 100^{3}}{(100+x)^{4}},\quad x\geqslant 0$$

实际损失分布是一个参数为（$\alpha=3$，$\theta=100$）的帕累托分布，均值为 $E(X)=50$。如果赔偿限额为 200，则保险公司的平均赔款为：

$$E(X\wedge 200)=\frac{100}{3-1}\times\left[1-\left(\frac{100}{100+200}\right)^{3-1}\right]=44.44$$

可见，赔偿限额的应用使保险公司的平均赔款降低了$(50-44.44)/50=11.12\%$。

在赔偿限额（200）和通货膨胀率（10%）的共同作用下，保险公司的平均赔款为：

$$\begin{aligned}(1+0.1)\times E[X\wedge 200/(1+0.1)]&=1.1\times E(X\wedge 181.82)\\&=1.1\times\frac{100}{3-1}\times\left[1-\left(\frac{100}{100+181.82}\right)^{3-1}\right]\\&=48.08\end{aligned}$$

注意，在例 3－6 中，由于存在赔偿限额，10%的通货膨胀率使得保险公司的平均赔款上升了$(48.08-44.44)/44.44=8.19\%$，其上升的幅度小于通货膨胀的上升幅度。换言之，赔偿限额具有抑制通货膨胀的作用。从图 3－10 可以看出，当通货膨胀率为 10%时，对于不同赔偿限额的保单，其平均赔款的增长幅度也不同。赔偿限额越低，平均赔款的增长幅度越小。

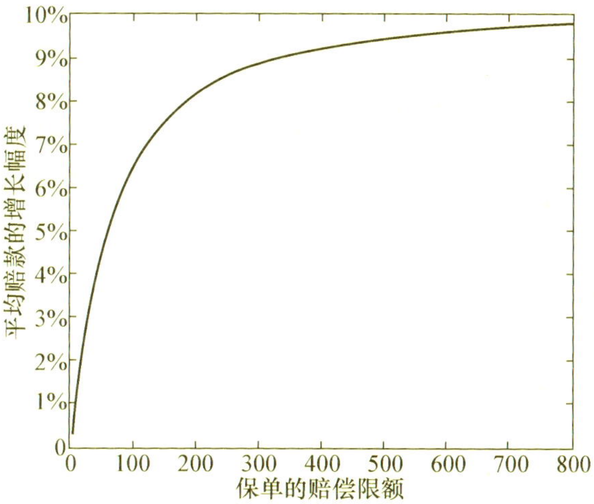

图 3－10 赔偿限额对平均赔款的影响

【例 3-8】

假设实际损失分布是参数为（$\alpha=3$，$\theta=100$）的帕累托分布，分布函数和密度函数分为：

$$F(x)=1-\left(\frac{100}{x+100}\right)^3,\quad x\geqslant 0$$

$$f(x)=\frac{3\times 100^3}{(100+x)^4},\quad x\geqslant 0$$

如果赔偿限额为 $u=200$，免赔额为 $d=20$，且免赔额在赔偿限额之后使用，即保险公司对一次损失的最大赔款金额为 180。计算保险公司有支付行为的赔款，即非零赔款的均值和方差。

在计算非零赔款的均值和方差之前，首先计算含零赔款的均值和方差。对于本例的帕累托分布，容易求得有限期望值为：

$$E(X\wedge 20)=\frac{100}{3-1}\times\left[1-\left(\frac{100}{100+20}\right)^{3-1}\right]=15.28$$

$$E(X\wedge 200)=\frac{100}{3-1}\times\left[1-\left(\frac{100}{100+200}\right)^{3-1}\right]=44.44$$

因此，含零赔款的均值为：

$$E(Y^L)=E(X\wedge 200)-E(X\wedge 20)=44.44-15.28=29.16$$

为了计算含零赔款的方差，首先需要计算下述的二阶原点矩：

$$\begin{aligned}E[(X\wedge w)^2]&=\int_0^w x^2\frac{3\times 100^3}{(x+100)^4}\mathrm{d}x+w^2\left(\frac{100}{u+100}\right)^3\\&=3\times 100^3\int_{100}^{w+100}(y-100)^2y^{-4}\mathrm{d}y+w^2\left(\frac{100}{w+100}\right)^3\\&=100^2\left(\frac{w}{w+100}\right)^3+w^2\left(\frac{100}{w+100}\right)^3\\&=\left(\frac{100w}{w+100}\right)^2\end{aligned}$$

因此

$$E[(X\wedge 20)^2]=277.78$$

$$E[(X\wedge 200)^2]=4\,444.44$$

$$\begin{aligned}E[(Y^L)^2]&=E[(X\wedge u)^2]-E[(X\wedge d)^2]-2d\cdot[E(X\wedge u)-E(X\wedge d)]\\&=4\,444.44-277.78-2\times 20\times(44.44-15.28)\\&=3\,000.26\end{aligned}$$

$$\mathrm{Var}(Y^L)=E[(Y^L)^2]-[E(Y^L)]^2=3\,000.26-29.16^2=2\,149.95$$

由帕累托分布的分布函数可知：

$$1-F_X(d)=\left(\frac{100}{100+d}\right)^3=\left(\frac{100}{120}\right)^3=0.5787$$

因此，非零赔款的均值和二阶原点矩分别为：

$$E(Y^P)=\frac{E(Y^L)}{1-F_X(d)}=\frac{29.16}{0.5787}=50.39$$

$$E[(Y^P)^2]=\frac{E[(Y^L)^2]}{1-F_X(d)}=\frac{3\,000.26}{0.5787}=5\,184.48$$

故非零赔款的方差为：

$$\mathrm{Var}(Y^P)=E[(Y^P)^2]-[E(Y^P)]^2=5\,184.48-50.39^2=2\,645.33$$

【例 3-9】

假设某保单的损失次数服从参数为 $l=0.08$ 的泊松分布，而每次损失的金额（单位：万元）服从伽马分布，参数为 $\alpha=5$，$\theta=20$，试求：

(1) 该保单的纯保费；

(2) 当免赔额为 0.05 万元时的纯保费；

(3) 当赔偿限额为 0.5 万元时的纯保费；

(4) 当免赔额为 0.05 万元，且保险公司的最高赔款不超过 0.45 万元时的纯保费。

解：(1) 如果没有免赔额和赔偿限额，期望索赔频率为泊松分布的均值，即 0.08，保险公司对每次索赔的期望赔款（索赔强度）为伽马分布的均值，即 $\alpha/\theta=0.25$ 万元，因此，纯保费为期望索赔频率与期望索赔强度的乘积，即 $0.08\times0.25=0.02$ 万元。

(2) 当免赔额为 $d=0.05$ 万元时，保单持有人对每次损失提出索赔的概率为：

$$v=Pr(X>d)=1-F_X(d)=1-G(0.05;5,20)=0.9963$$

式中，$G(0.05;5,20)$表示参数为（$\alpha=5$，$\theta=20$）的伽马分布小于 0.05 的概率。在 Excel 的一个单元格中输入“= GAMMADIST（0.05，5，1/20，TRUE）”即可求得本例中伽马分布的概率值为 $G(0.05;5,20)=0.9963$。

因此，保单持有人的期望索赔频率为 $E(N^*)=v\lambda=0.07971$。

当免赔额为 $d=0.05$ 万元时，伽马分布的有限期望值为：

$$\begin{aligned}E(X\wedge d)&=\frac{\alpha}{\theta}\cdot G(\theta d;\alpha+1,1)+d\cdot[1-G(\theta d;\alpha,1)]\\&=0.25\times G(0.1;6,1)+0.05\times[1-G(0.1;5,1)]\\&=0.05\end{aligned}$$

因此，当免赔额为 $d=0.05$ 万元时，保险公司对每次索赔的期望赔款（索赔强度）为：

$$E(Y^P)=\frac{E(Y^L)}{1-F_X(d)}=\frac{E(X)-E(X\wedge d)}{1-F_X(d)}=\frac{0.25-0.05}{0.9963}=0.2$$

故纯保费为：

$$E(N^*)E(Y^P)=0.07971\times 0.2=0.016(\text{万元})$$

本例的纯保费也可以应用下述更加简单的方法计算：

$$\begin{aligned}E(N)E(Y^L)&=E(N)\cdot[E(X)-E(X\wedge d)]\\&=0.08\times(0.25-0.05)\\&=0.016(\text{万元})\end{aligned}$$

（3）赔偿限额的使用不影响保单持有人的期望索赔频率。当赔偿限额为 0.5 万元时，

$$\begin{aligned}E(X\wedge 0.5)&=0.25\times G(10;6,1)+0.5\times[1-G(10;5,1)]\\&=0.2479\end{aligned}$$

因此当赔偿限额为 0.5 万元时，纯保费为：

$$0.08\times 0.2479=0.0198(\text{万元})$$

（4）当免赔额为 0.05 万元，且保险公司的最高赔款不超过 0.45 万元时，纯保费为：

$$\begin{aligned}E(N)E(Y^L)&=0.08\times[E(X\wedge(0.45+0.05))-E(X\wedge 0.05)]\\&=0.08\times(0.2479-0.04997)\\&=0.0158(\text{万元})\end{aligned}$$

□ 习　题

3.1　已知 2018 事故年的已赚保费为 200 000 元，赔款为 125 000 元，理赔费用率为 0.14，承保费用率为 0.25。计算综合成本率。

3.2　两份 2 年期保单的有关信息如下：

保单	保单生效日	保单到期日	风险单位数
A	2017 年 1 月 1 日	2018 年 12 月 31 日	5
B	2017 年 7 月 1 日	2019 年 6 月 30 日	10

（1）计算 2018 日历年的已赚风险单位数；

（2）假设保单 B 于 2018 年 1 月 1 日撤销，计算 2018 日历年的已赚风险单位数；

（3）计算 2017 年的承保风险单位数。

3.3　假设某险种的平均赔付额如下表所示：

保单年度（t）	平均赔付额（y，元）
1	862
2	982
3	1 039
4	1 198
5	1 216

如果用指数曲线 $y=ab^t$ 拟合平均赔付额的变化趋势，估计该险种在第 6 年的平均赔付额。

3.4　假设保单在第 1 年的损失金额 X 服从参数为（α，λ）的伽马分布，年通货膨胀率为 10%，求该保单在第 2 年的损失金额 Y 的分布。

3.5　假设某保险业务的保险期限为 1 年，各日历年的已赚保费如下：2016 年为 200 000 元，2017 年为 250 000 元，2018 年为 300 000 元。最近几次的费率调整如下表所示：

费率调整日期	调整幅度
2014 年 7 月 1 日	10%
2015 年 7 月 1 日	8%
2017 年 7 月 1 日	10%

计算以该表中最新的费率水平表示的 2016—2018 年的已赚保费。

3.6　根据下表的增量赔款数据，应用损失进展法预测各个事故年的最终赔款（假设在第 5 进展年以后不会再有赔款支出）。

事故年	进展年					
	0	1	2	3	4	5
2014	525	287	91	78	48	31
2015	622	362	116	82	53	
2016	721	411	110	85		
2017	861	412	110			
2018	970	534				
2019	1 289					

3.7　假设每一个风险单位的纯保费是 175，固定费用是 12.5，可变费用率是 17.5%，预期利润附加率是 5%，计算每一个风险单位的毛保费。

3.8　假设附加费用占毛保费的比例如下：佣金 15.0%，税金 2.25%，其他营销费用 5.6%，一般管理费用 6.8%，预期利润 0.00%。理赔费用占赔款金额的比例为 6.42%，如果理赔费用不列为附加费用，而是作为纯保费的一部分，计算目标赔付率。

3.9　假设某险种 2017 年每次损失的金额 X 服从离散型分布，即 $Pr(X=1\,000k)=1/6(k=1, 2, \cdots, 6)$。保单规定对每次损失的免赔额为 1 500。假设年通货膨胀率为5%，2018年的免赔额保持不变，求2018年的期望赔款。与2017年相比，期望赔款的增长率是多少？

3.10 假设某险种的实际损失有如下几种可能：25，50，75，100，200，500，发生的概率分别为0.2，0.3，0.2，0.15，0.1，0.05，假设损失次数服从参数为$b=0.3$，$r=10$的负二项分布，免赔额为50，计算保险公司赔付次数的分布。

3.11 假设某险种的保险期限为1年，新费率的生效日期是2019年7月1日，目标赔付率为60%。如果赔款每年按5%的速度增长，根据下表的数据，计算应该对当前的费率如何调整。

保单年度	根据当前费率计算的保费	最终赔款	业务量占比
2017	2 000	1 000	0.40
2018	3 000	2 000	0.60

第 4 章

Chapter 4 分类费率

在非寿险业务中，尤其是在个人非寿险业务中，如果被保险人数较多，通常需要根据个体风险的特征对其进行分类，并在分类的基础上厘定各个风险类别的费率。对个体风险进行分类的原因主要在于个体风险自身的损失经验有限，数据的可信度不足，所以将其与类似风险合并之后，可以提高经验数据的可信度，从而使得定价结果更加合理。

用于对个体风险进行分类的这些特征通常称作分类变量或费率因子（rating factor）。譬如在汽车保险中，保险公司通常使用的费率因子有被保险人的性别、年龄、驾龄、车辆用途和索赔经验等。在这些费率因子中，既有连续型变量（如年龄），也有离散型变量（如性别）。但在厘定分类费率时，通常会把连续型变量进行离散化处理，譬如把年龄区分为 25 岁以下、25～40 岁和 40 岁以上等类别。这里需要说明的是，费率因子不同于风险因子（risk factor）。风险因子对索赔频率或索赔强度具有直接影响，但有时不易观察或度量，因此通常用费率因子来代替。譬如，交通密度是影响汽车保险索赔频率的一个风险因子，但在费率厘定中，很难对其进行准确度量，因此通常用保单持有人的住址或汽车的用途来代替。

在一个风险分类体系中，首先需要确定基准类别及其费率，其他各个类别的费率通常表现为对基准费率的调整。常用的分类费率模型主要有两种：乘法模型和加法模型。乘法模型假设各个费率因子之间是相乘的关系，而加法模型假设各个费率因子之间是相加的关系。当然，根据实际需要也可以构造加法和乘法的混合模型。在乘法模型中，其他类别的费率是基准类别的若干倍；而在加法模型中，其他类别的费率是在基准费率的基础上增加一定的金额。因此，分类费率也称作相对费率。相对费率可以使费率的表现形式更加简洁，譬如，假设汽车保险的被保险人可以根据地区（10 个水平）和车型（10 个水平）分成 100 个类别，如果给每个类别厘定保费，则需要制定 100 个不同的费率，但是，通过基准费率和相对费率的形式，只需要确定 1 个基准费率和 20 个相对费率即可（2 个费率因子，每个因子有 10 个水平，给每个水平确定 1 个相对费率），从而大大简化了费率的表现形式。

为了简化表述，假设只有 2 个费率因子，分别用 α 和 β 表示，其中费率因子

α有I个水平，第i个水平的相对费率表示为α_i（$i=1, 2, \cdots$），I；费率因子β有J个水平，第j个水平的相对费率表示为β_j（$j=1, 2, \cdots, J$）。因此，整个风险集合将包含$I \times J$个风险类别。对于风险类别(i, j)，用n_{ij}表示该类别的风险单位数，用Y_{ij}表示每个风险单位的损失，用μ_{ij}表示每个风险单位的纯保费（期望损失），则乘法模型可以表示为：

$$\mu_{ij} = \mu \alpha_i \beta_j$$

加法模型可以表示为：

$$\mu_{ij} = \mu + \alpha_i + \beta_j$$

式中，μ表示基准类别的费率。

在分类费率的厘定中，最主要的任务便是估计上述模型的参数（即相对费率）。由于乘法模型和加法模型的参数估计原理是相同的，且在保险实务中，乘法模型的应用更为广泛，因此本章主要讨论乘法模型。

4.1 风险分类

风险分类是通过分类变量将所有个体风险划分为若干个风险类别的过程。所谓分类变量，是指个体风险的一些基本风险特征，根据这些特征，可以将风险集合区分成若干个风险子集，属于同一个风险子集的个体风险具有近似的潜在损失。分类变量既可以是数量特征的指标，也可以是属性特征的指标。譬如在人寿保险中，保险公司根据被保险人的性别、年龄对被保险人进行分类；而在汽车保险中，根据被保险人的性别、驾驶年龄、汽车的行驶区域、车辆类型、使用性质等对被保险人进行分类。

当个体风险的经验数据不足时，就需要对个体风险进行分类，将具有相同期望损失的个体归为一类，而后厘定该风险类别的费率，并假设厘定出的费率适用于该风险类别的所有个体风险。但是，风险完全相同的被保险人几乎是不存在的，即使存在，保险公司也不可能或难以将他们区分出来。因此，保险公司只是将风险近似的个体风险划分为同一个类别，收取相同的保费。

风险分类的目的是获得相对同质的风险子集，从而使保费厘定有利于消除逆向选择和道德风险。但是，风险分类的目的不能仅仅局限于分类结果的同质性，还必须使分类结果便于实际应用。这两个目标可能是相互冲突的。

风险分类模型的建立有赖于我们将风险集合区分成相对同质的风险子集的能力，因此，风险分类在个体风险数量庞大且近似特征较多的险种中十分有用，譬如汽车保险和个人财产保险等。

在将风险集合区分成相对同质的风险子集时，要考虑个体风险的数量。譬如将一个包含50 000份保单的集合划分为7 000个风险子集是没有意义的，因为许多风险子集将是空集或者只包含少数几份保单，使得分析结果失去了可靠的统计基础。

在实际选择分类变量时，需要考虑精算、经营、社会和法律等各个方面的约束。

4.1.1　精算约束

从精算角度看，分类变量应该使各个风险类别的潜在损失（或保险成本）具有显著的统计差异，而属于同一个风险类别的个体风险应该具有较高的同质性。此外，每个风险类别的个体风险应该足够多，从而确保分类数据的可信度。

保险成本受赔付成本、理赔费用、承保费用等各种因素的影响。赔付成本是索赔频率和索赔强度的函数，不同的索赔频率或索赔强度会导致赔付成本出现差异，而影响索赔频率或索赔强度的因素显然是很多的，如汽车保险中驾驶员年龄、性别、驾龄、职业、居住区域等都有可能对索赔频率或索赔强度产生影响。承保费用和理赔费用的高低与险种的性质密切相关。譬如，在机器设备保险中，通常会有大量的检测费用，导致承保费用和理赔费用较高。分类变量的选择必须与保险成本相关，应该尽可能准确地反映不同风险类别在保险成本上的差异。如果分类变量的取值与保险成本毫无关系，那么分类变量的应用只能是增加管理费用而已。当然，不同风险类别在保险成本上的差异应该具有统计显著性，不会随着时间的变化而出现毫无规律的随机波动。

恰当选择分类变量是市场机制和公平性的必然要求。在市场经济中，能够精确地厘定保险费率的公司，其成功的可能性也最大。不妨假设保险公司承保A组风险的成本是1 000元，承保B组风险的成本是2 000元。如果某家保险公司对这两组风险都收取相同的保费1 500元，那么A组的风险将会因为保费太高而退出这家保险公司，而B组的风险则会因为保费便宜而保留在这家保险公司。结果是该公司因收取的保费不足以弥补其成本而出现亏损。这是一个简单的逆向选择问题，但足以说明精确的保险费率对保险公司是何等重要。

精确的保险费率也能体现公平性。在上例中，为了体现公平性，保险公司应该将A组和B组的风险区分开来，分别收取不同的保费，让A组的风险缴纳1 000元的保费，而让B组的风险缴纳2 000元的保费。此时，保费就是公平的。这个例子也表明，分类变量的选择应该使得各个风险类别具有较高的同质性。换言之，属于同一个风险类别的个体风险应该具有相同的期望损失，而属于不同风险类别的个体风险应该具有明显不同的期望损失。在评价一个风险类别的同质性时，应该区分期望损失和实际损失的差异。因为在一个特定的保险年度，一个期望损失较大的个体风险有可能不会发生保险事故，而一个期望损失较小的个体风险也有可能发生了保险事故。

同质性的要求不是绝对的。在考虑风险同质性的同时，还应该注意到分类数据的可信度。保险公司将个体风险划分成越多的类别，则想要获得每一类别的损失资料就越困难。数据太少，要厘定各个类别的费率就失去了可靠的统计基础。

因此，即使不考虑管理成本问题，保险公司也不可能无限制地将个体风险进行分类。譬如，如果某个类别只有10个风险，在一个保险年度共发生了5次保险事故，我们就很难有把握说这个类别的索赔频率就是50%。反之，如果一个类别包含10万个风险，在一个保险年度共发生1万次保险事故，我们就有足够的把握说，该类别的索赔频率是10%。当然，这个10%可能仍然不是真实的索赔频率，但与前一个50%相比，其误差已经相当小了。总之，在风险分类中，一方面要考虑风险的同质性，另一方面也要考虑分类数据的可信度，确保基于分类数据的估计结果具有足够的稳定性。

4.1.2 经营约束

分类变量满足精算方面的要求仅仅是一种理想状态，事实上分类变量还得考虑其现实可行性，也就是从经营的角度来评价分类变量的选择和使用。从经营的角度考虑，分类变量应该能够客观度量，使用成本不会过高，其取值可以得到验证。

分类变量首先应该清晰准确，便于客观度量，避免模棱两可。譬如，在汽车保险中，承保人通常会用“责任心”和“成熟”等词汇描述被保险人的风险状况，但这些变量都是无法客观度量的，因此很难作为分类变量使用。因此只能使用其他一些易于度量的变量，如被保险人的性别、年龄、婚姻状况等，尽管这些变量在反映被保险人的风险水平方面可能不是最有效的。

此外，某些变量虽然可以精确度量，但度量它们的费用可能会超出保险人愿意承受的水平。换言之，当使用这些变量所能带来的收益小于度量它们的费用支出时，使用这些变量对保险人是没有意义的。譬如，在汽车保险中，可以将驾驶员根据某个变量的取值划分成三类，假设三个类别的期望损失分别为800元、1 000元和1 200元，而保险人获得该变量取值的费用是每个被保险人200元。那么在应用该变量的场合，这三组的保费支出分别为：

第一组：1 000元（期望损失800元＋获得数据的费用200元）；

第二组：1 200元（期望损失1 000元＋获得数据的费用200元）；

第三组：1 400元（期望损失1 200元＋获得数据的费用200元）。

如果不使用该分类变量，这三组的期望损失将被认为是相同的，他们都按平均损失1 000元支付保费。

但是，如果保险公司使用该变量作为分类变量，这三组被保险人的保费支出都将超过不使用该变量的保费支出，没有任何一组被保险人因为使用了这个分类变量而受益！这个例子尽管比较极端，但确实说明，如果使用某些分类变量的成本太高，保险人和被保险人都有可能得不偿失。

保险人在选择分类变量时，需要考虑的另一个实际问题是如何证实被保险人所提供的数据是真实的。如果被保险人得知某些变量的取值与其保费支出有关，那么总会有一部分被保险人蓄意欺骗保险人，试图减少保费支出，其结果是损害了诚实被保险人的利益，因为在他们的保费负担中将包含不诚实被保险人少缴纳的部分保费。如果保险人选择的分类变量仅仅用于保险目的，那么这些变量会更多地受到人为操纵，并且证实起来更加困难。为了克服这一困难，保险人应该尽可能选择那些用于其他目的的变量。譬如，工资额和销售额是纳税的基本依据，一般不会受到人为操纵，保险人选择这类变量用于厘定保险费率，通常无须一一证实。

保险人在使用分类变量时应该避免不同类别之间的费率差异过大。如果 A 组的费率是 1 000 元，而 B 组的费率是 3 000 元。那么 B 组的被保险人就会有十分强烈的动机欺骗保险人，试图证明他属于 A 组，应该缴纳 A 组的保费。

最后还需注意的一点是，费率结构的调整，尤其是分类变量的增减，往往牵涉管理体系的重大变化，不宜年年进行。如果费率结构的调整使得部分老客户的保费有所上升，情况会变得更糟，因为他们极有可能失去次年续保的兴趣。

4.1.3 社会约束

一个好的分类变量还应得到社会的认可。从社会的角度看，分类变量的选择要考虑对被保险人隐私的保护，分类变量的取值要与保险事故之间存在因果关系，同时还要考虑社会的支付能力。

个人隐私是社会公众普遍关心的问题。人们一般不太愿意向外界透露个人隐私。如果分类变量涉及被保险人的个人隐私，其精确性就会大打折扣，保险公司的管理费用也会有所增加。譬如，在汽车保险中，被保险人的心理或行为习惯与其风险水平高度相关，但要获得这些变量的取值却十分困难。即使有一家保险公司在厘定保险费率时采用了这种变量，使其保险费率更加精确，但它的业务量可能会因此而减少。因为许多被保险人为了保护自己的隐私不被泄露，宁可支付相对较高的保费。

如果一个分类变量的取值与保险事故的发生没有明显的因果联系，那么在费率厘定中使用这个变量就有可能遭到社会的抵抗。譬如，对某些实际数据的分析结果表明，信用等级较低的被保险人，其损失也相对较高，因此某些保险公司把信用等级作为分类变量使用，但信用等级的高低与保险事故的发生与否似乎缺乏必然的因果关系，所以该变量的使用会受到一些被保险人的反对。

可控性是分类变量的一个重要特征。所谓可控性，是指分类变量的取值与被保险人的主观努力有关。譬如在汽车保险中，被保险人是否安装防盗设施，是其可以控制的事情。因此，安装防盗设施的被保险人应该享受费率上的优惠。选择可控性的分类变量可以在一定程度上预防保险事故的发生。但是，满足可控性要求的分类变量在实际中很难得到。譬如在汽车保险中，“是否参加了驾驶培训”是一个可控性变量，但由于大多数被保险人都可以证明自己参加过驾驶培训，因此选择这一变量厘定保险费率就失去了意义。应用可控性变量的一个缺陷是有可能增加保险人的管理费用。如果被保险人可以通过控制变量的取值来影响保险费率，那么保险人就必须增加一定的管理费用对被保险人提供的数据进行核实。

从社会的角度看，当然希望所有的被保险人都有能力支付其所需要的保险，因此在选择分类变量时还应注意公众的承受能力，尤其是当某个险种属于强制性保险时更应如此。如果根据某个变量厘定的保险费率使一部分被保险人无力支付保费，那么这种变量是不会被社会接受的。

4.1.4 法律约束

分类变量的选择不能违背宪法、法律和法规。一般而言，宪法的规定比较笼统，对分类变量的选择影响不大，而有关保险的法律法规可以明确限制保险人把某些变量作为厘定保险费率的依据。譬如，在许多国家，保险人不能根据被保险人的种族或宗教信仰厘定其费率，因为这会被认为是一种歧视行为。而对于另外一些分类变量的使用，在不同国家或地区可能存在较大差异。譬如在中国，性别可以作为汽车保险的分类变量使用，但在美国的某些州是被禁止使用的；又如，在美国的某些州，保险公司可以使用被保险人的信用等级厘定新保单的费率，但是不能基于被保险人信用等级的下降而提高续保保单的费率。

4.2 单变量分析法

按照历史发展顺序，分类费率的厘定方法可以分为三类，即单变量分析法、迭代法（也称作最小偏差法）和广义线性模型。

所谓单变量分析法（one-way analysis method），是指每次仅计算一个分类变量的不同水平所对应的相对费率。譬如，在汽车保险中，如果仅仅考虑车型和地区这两个分类变量，那么在根据单变量分析法厘定分类费率时，可以首先计算车型的相对费率，然后再计算地区的相对费率。在应用单变量分析法厘定相对费率时，既可以根据纯保费进行，也可以根据赔付率进行，具体选择取决于实际可以获得的数据。下面是单变量分析法的一个简单例子。

假设对一组汽车保单根据车型和地区两个变量进行了分类，每个类别的风险单位数和赔付率数据如表4-1所示，其中赔付率的合计值是各类别赔付率的加权平均数。譬如，地区A的赔付率合计为（2 000×40%+8 000×80%)/(2 000+8 000)=72%。

表4-1　一组汽车保单的经验赔付率数据

项目	车型1		车型2		合计	
	风险单位数	赔付率	风险单位数	赔付率	风险单位数	赔付率
地区A	2 000	40%	8 000	80%	10 000	72%
地区B	8 000	40%	2 000	80%	10 000	48%
合计	10 000	40%	10 000	80%	20 000	60%

如果应用单变量分析法，且假设把车型1和地区A作为基准类别，它们的相

对费率为1，则车型2的相对费率为2（=80%÷40%），地区B的相对费率为0.666 7（=48%÷72%）。由此可以得到各个风险类别的相对费率，如表4-2所示。由车型2和地区B形成的类别，其相对费率是车型2的相对费率与地区B的相对费率的乘积，即2×0.666 7=1.333 4。

表4-2 应用单变量分析法计算的相对费率

项目	车型1	车型2
地区A	1	2
地区B	0.666 7	1.333 4

上例是根据各个风险类别的经验赔付率厘定的相对费率，如果给出各个类别的经验纯保费（最终赔款与风险单位数之比），也可以应用纯保费厘定各个类别的相对费率。

单变量分析法虽然简单直观，但容易产生偏差。譬如，在上例中，单变量分析的结果表明，地区B的赔付率（48%）低于地区A的赔付率（72%），因此其费率是地区A的66.67%。但是，如果考虑到不同地区的车型分布并不相同，结果就会发生变化。对于车型1，地区A和地区B的赔付率均为40%；对于车型2，地区A和地区B的赔付率均为80%。可见，如果将车型因素考虑在内，地区A和地区B的赔付率并无差异，因此它们的费率也应该是相同的。在单变量分析法中，之所以得出了地区A的赔付率高于地区B的结论，根本原因在于没有考虑到不同地区的车型分布是不同的。在地区A，赔付率为80%的高风险车型（即车型2）较多，占80%；而在地区B，赔付率为40%的低风险车型（即车型1）较多，占80%。因此在本例中，导致地区A的赔付率高于地区B的真正原因是车型分布不同，而非其他。由于地区A和地区B的实际赔付率是相同的，因此它们的相对费率也应该是相同的。换言之，表4-2中用单变量分析法计算的相对费率是不恰当的。

由此可见，单变量分析法的结果往往受到其他分类变量的影响，因此，除非各个分类变量之间是相互独立的，否则，在应用单变量分析法厘定相对费率时应该特别注意风险分布不均匀所产生的影响。

考虑到单变量分析法已经被更为先进的广义线性模型等方法所取代，所以本节不再对其展开进一步的讨论。

4.3 边际总和法

一般而言，一个理想的费率结构应该具有这样的特点，即对于那些保单数量很大的类别，其纯保费应该等于实际的经验赔款。特别地，在分类体系中，根据每一个分类变量的不同水平计算的纯保费之和应该等于相对应的经验赔款之和，即纯保费预测值的边际总和应该等于观察值的边际总和。根据纯保费的边际总和等于赔款的边际总和厘定相对费率的方法就是所谓的边际总和法（marginal total method），也称作平衡法（balance principle method）。

为简化起见，假设只有 2 个分类变量，每个分类变量的相对费率分别为 α_i（$i=1$，…，I），和 β_j（$j=1$，…，J）。用 C_{ij} 表示各个类别的赔款；用 n_{ij} 表示各个类别的风险单位数；用 y_{ij} 表示各个类别的经验纯保费，即 $y_{ij}=\dfrac{C_{ij}}{n_{ij}}$；用 $\mu_{ij}=\alpha_i\beta_j$ 表示各个风险类别的纯保费预测值（即期望赔款）。为了使纯保费预测值的边际总和等于经验赔款的边际总和，可令

$$\sum_i n_{ij}y_{ij}=\sum_i C_{ij}=\sum_i n_{ij}\alpha_i\beta_j$$

$$\sum_j n_{ij}y_{ij}=\sum_j C_{ij}=\sum_j n_{ij}\alpha_i\beta_j$$

式中，第一个等式表示赔款观察值的列和等于纯保费预测值的列和，第二个等式表示赔款观察值的行和等于纯保费预测值的行和。对上述方程组进行简单变形，即可得到求解相对费率的下述递推公式：

$$\alpha_i=\frac{\sum_j n_{ij}y_{ij}}{\sum_j n_{ij}\beta_j}=\frac{\sum_j C_{ij}}{\sum_j n_{ij}\beta_j}$$

$$\beta_j=\frac{\sum_i n_{ij}y_{ij}}{\sum_i n_{ij}\alpha_j}=\frac{\sum_i C_{ij}}{\sum_i n_{ij}\alpha_j}$$

在上述迭代公式中，可以令一个分类变量 α_i 的初始相对费率为 1，并将其代入第二个方程组求解 β_j；把得到的 β_j 代入第一个方程组，可以求得一组新的 α_i；然后再将其代入第二个方程组求解 β_j，如此不断循环下去，最终可以得到收敛的结果。

【例 4-1】

假设某保险公司承保的 40 000 份汽车保险单根据两个变量“地区”和“车型”分组统计的有关损失数据如表 4-3、表 4-4 和表 4-5 所示。下面用边际总和法厘定各类别的纯保费。

表 4-3　　各组的风险单位数（保单年数，n_{ij}）

项目	地区 A	地区 B	地区 C	合计
车型 1	8 000	5 200	2 000	15 200
车型 2	13 600	6 000	2 400	22 000
车型 3	400	800	1 600	2 800
合计	22 000	12 000	6 000	40 000

表 4-4　各组的总赔款（C_{ij}）　单位：千元

项目	地区 A	地区 B	地区 C	合计
车型 1	8 400	7 020	3 600	19 020
车型 2	17 340	7 200	4 590	29 130
车型 3	825	1 140	2 640	4 605
合计	26 565	15 360	10 830	52 755

表 4-5　各组的经验纯保费（y_{ij}）　单位：元

项目	地区 A	地区 B	地区 C
车型 1	1 050	1 350	1 800
车型 2	1 275	1 200	1 913
车型 3	2 063	1 425	1 650

在边际总和法模型中，不妨令“地区”的初始相对费率为：

$$\beta_1=\beta_2=\beta_3=1$$

第一次迭代的结果为：

$$\alpha_1=\frac{19\ 020}{8\ 000\times 1+5\ 200\times 1+2\ 000\times 1}=1.251\ 3$$

$$\alpha_2=\frac{29\ 130}{13\ 600\times 1+6\ 000\times 1+2\ 400\times 1}=1.324\ 1$$

$$\alpha_3=\frac{4\ 605}{400\times 1+800\times 1+1\ 600\times 1}=1.644\ 6$$

$$\beta_1=\frac{26\ 565}{8\ 000\times 1.251\ 3+13\ 600\times 1.324\ 1+400\times 1.644\ 6}=0.926\ 4$$

$$\beta_2=\frac{15\ 360}{5\ 200\times 1.251\ 3+6\ 000\times 1.324\ 1+800\times 1.644\ 6}=0.974\ 2$$

$$\beta_3=\frac{10\ 830}{2\ 000\times 1.251\ 3+2\ 400\times 1.324\ 1+1\ 600\times 1.644\ 6}=1.303\ 0$$

以后各次的迭代结果如表 4-6 所示。

表 4-6　边际总和法的迭代过程

项目	第一次	第二次	第三次	第四次	第五次
车型 1	1.251 3	1.261 0	1.262 0	1.262 1	1.262 1
车型 2	1.324 1	1.350 4	1.354 0	1.354 5	1.354 5
车型 3	1.644 6	1.423 7	1.395 9	1.392 4	1.392 0
地区 A	0.926 4	0.915 3	0.913 9	0.913 7	0.913 7
地区 B	0.974 2	0.972 2	0.972 0	0.971 9	0.971 9
地区 C	1.303 0	1.346 9	1.352 5	1.353 3	1.353 4

可以看出，迭代五次即可获得满意的结果。因此“车型”和“地区”这两个分类变量的相对费率为：

车型：$\alpha_1=1.2621$，$\alpha_2=1.3545$，$\alpha_3=1.3920$。

地区：$\beta_1=0.9137$，$\beta_2=0.9719$，$\beta_3=1.3534$。

由此可得各风险类别的纯保费，如表4-7所示。如“地区A”与“车型1”所对应类别的纯保费为$1.2621\times0.9137=1.153$（千元）。

表4-7 边际总和法的纯保费 单位：元

项目	地区A	地区B	地区C
车型1	1 153	1 227	1 708
车型2	1 238	1 317	1 833
车型3	1 272	1 353	1 884

注意，由于本例没有指定基准类别，因此计算出的相对费率并不是“相对数”的形式。在实际应用中，为了得到形式上的相对费率，可以明确一个基准类别，但更便于应用的方法是把总平均保费引入模型，即令各个风险类别的纯保费为：

$$\mu_{ij}=\mu\alpha_i\beta_i$$

式中，μ是总平均纯保费，可以根据经验数据直接求出，所以可以看作已知值，无须迭代求解；α_i和β_i表示各个风险类别的纯保费是总平均纯保费的若干倍。

当然，无论采取何种形式，表4-7的预测结果都不会改变。事实上，本例计算出的相对费率也可以看作把总平均纯保费设定为$\mu=1\,000$所得到的结果，因为我们在迭代计算中使用的币值单位为1 000元。可以验证，如果把总平均纯保费设定为经验数据的平均值，即令$\mu=52\,755\,000/40\,000=1\,318.875$，则“车型”和“地区”的相对费率为：

$$\alpha_1=0.9163,\alpha_2=0.9748,\alpha_3=1.3574$$
$$\beta_1=0.9542,\beta_2=1.0241,\beta_3=1.0523$$

应用上述相对费率，仍然可以得到表4-7所示的纯保费。

边际总和法应用简单，但它并不能对特定分类变量的显著性进行统计检验，也不能确定参数估计的置信区间。换言之，边际总和法的主要缺陷是缺乏一个完整的统计分析框架以对建模结果进行评价。

容易证明，在边际总和法下，加法模型的迭代公式如下：

$$\alpha_i=\frac{\sum_j n_{ij}(y_{ij}-\beta_j)}{\sum_j n_{ij}}$$

$$\beta_j=\frac{\sum_i n_{ij}(y_{ij}-\alpha_i)}{\sum_i n_{ij}}$$

与边际总和类似，还可以在最小卡方、最小二乘和最大似然等基础上构造前述的迭代公式。在分类费率厘定实务中，这些方法已经被广义线性模型取代，所以本节不再展开讨论。可以证明，边际总和法的结果可以由满足泊松分布假设的广义线性模型求得。

4.4　广义线性模型

传统上，精算师通过对纯保费或赔付率进行一系列单变量分析，确定各个分类变量的相对费率。但是，由于保险业务在各变量的不同水平上分配并不均衡，单变量分析法的结果往往会产生较大偏差，而且缺乏统计理论的支持。在 19 世纪 60 年代发展起来的最小偏差法（迭代法）虽然比单变量分析法有了很大进步，但仍然不能提供一个完整的统计分析框架。从 20 世纪末开始，广义线性模型在分类费率厘定中的应用得到迅速发展，已经成为厘定分类费率的行业标准，尤其是在个人保险业务中，广义线性模型得到了广泛认可和接受。

广义线性模型是线性回归模型的推广，下面首先简要介绍一下线性回归模型的基本原理。

4.4.1　线性回归模型

古典线性回归模型将因变量 Y 表示为其均值 μ 和一个随机变量 ε 之和，即

$$Y=\mu+\varepsilon$$

因变量的期望值 μ 可以表示为解释变量的一个线性组合，即

$$\mu=\beta_0+\beta_1x_1+\cdots+\beta_px_p$$

误差项 ε 服从均值为 0，方差为 σ^2 的正态分布。

假设汽车保险的风险分类系统包括两个变量：行驶区域和驾驶员性别。行驶区域的取值为城市和乡村两个水平，驾驶员性别的取值为男和女两个水平。假设实际观察到的索赔次数如表 4－8 所示。

表 4－8　索赔次数的观察值

项目	城市	乡村
男	4 000	2 500
女	2 000	1 000

在该例中，我们希望通过行驶区域和驾驶员性别来预测索赔频率。由于行驶区域和驾驶员性别分别取两个水平，因此产生了四个解释变量：男性（x_1）、女性（x_2）、城市（x_3）和乡村（x_4）。这四个解释变量的取值为 1 或 0。譬如，对

于 x_1，当驾驶员为男性时，取值为1，当驾驶员为女性时，取值为0；对于 x_2，当驾驶员为女性时，取值为1，当驾驶员为男性时，取值为0。

在古典线性回归模型中，可以将索赔次数 Y 表示为四个解释变量的线性组合，再加上一个误差项 ε，即

$$Y=\beta_1x_1+\beta_2x_2+\beta_3x_3+\beta_4x_4+\varepsilon$$

在上式中，四个解释变量之间存在完全的线性相关关系，即 $x_1+x_2+x_3+x_4=2$，这就意味着任意一个解释变量可以由其他三个解释变量来表示，所以上述模型的参数不是唯一的。譬如，给 β_1 和 β_2 分别加上一个常数 C，再给 β_3 和 β_4 分别减去一个常数 C，上述回归方程保持不变，这是因为回归方程右边的变化为 $(x_1+x_2)+C-[(x_3+x_4)+C]=C-C=0$。

为了确定唯一的参数，可以将其中任意一个参数删去，譬如删去第四个参数可得

$$Y=\beta_1x_1+\beta_2x_2+\beta_3x_3+\varepsilon$$

将索赔次数的观察值代入上式可得下述方程组：

$$\begin{cases}4\ 000=\beta_1+0+\beta_3+\varepsilon_1\\2\ 500=\beta_1+0+0+\varepsilon_2\\2\ 000=0+\beta_2+\beta_3+\varepsilon_3\\1\ 000=0+\beta_2+0+\varepsilon_4\end{cases}$$

为了估计模型参数，必须首先选择一个目标函数。在统计理论中，通常用极大似然法估计模型的未知参数，但是，在古典线性回归模型中，误差项服从正态分布，所以极大似然估计和最小二乘估计的结果相同。

最小二乘法在误差平方和最小化的条件下估计未知参数。在本例中，误差平方和为：

$$\sum_{i=1}^{4}\varepsilon_i^2=(4\ 000-\beta_1-\beta_3)^2+(2\ 500-\beta_1)^2+(2\ 000-\beta_2-\beta_3)^2+(1\ 000-\beta_2)^2$$

对上式分别求 β_1，β_2 和 β_3 的偏导数，并令其为零，即可求得各个参数的估计值为：

$$\beta_1=2\ 625$$
$$\beta_2=875$$
$$\beta_3=1\ 250$$

譬如，对于“男性”和“城市”这个风险类别，索赔次数的预测值为 $\beta_1+\beta_3=2\ 625+1\ 250=3\ 875$。由此可得各个风险类别的索赔次数预测值，如表4－9所示。

表 4-9 线性回归模型对索赔次数的预测值

项目	城市	乡村
男	3 875	2 625
女	2 125	875

在实际应用中，可以直接使用有关统计软件求解线性回归模型的参数，对参数估计结果进行统计检验，并输出模型的预测值。譬如，对于表 4-8 中的数据，建立线性回归模型的 R 程序代码和输出结果如下。

```
#索赔次数观察值
claims = c (4000, 2500, 2000, 1000)

#行驶区域
region = rep (c ("城市","乡村"), 2)

#驾驶人性别
gender = rep (c ("男","女"), each = 2)

#数据集
dat = data. frame (claims, region, gender)
dat
##   claims  region  gender
## 1  4000    城市     男
## 2  2500    乡村     男
## 3  2000    城市     女
## 4  1000    乡村     女

#线性回归模型
mod = lm (claims ~ region + gender, data = dat)

#输出模型的参数估计值
summary (mod) $ coef
##                Estimate   Std. Error    t value    Pr (>|t|)
## (Intercept)        3875     216.5064   17.89786   0.03553266
##   region乡村      -1250     250.0000   -5.00000   0.12566592
##   gender女        -1750     250.0000   -7.00000   0.09033447

#输出模型的预测值
```

```
matrix (predict (mod), 2, 2, byrow = TRUE)
##       [, 1]    [, 2]
## [1,] 3875     2625
## [2,] 2125      875
```

上述预测值与表 4-9 的结果完全一致。

在上述 R 程序代码中，将“城市”和“男性”对应的风险类别设定为基准类别，所以对该类别的预测值就是截距项，即为 3 875。其他风险类别的预测值可以通过对基准类别的预测值进行调整得到，譬如，对于“城市”和“女性”对应的风险类别，预测值就是从基准类别的预测值中加上女性的系数估计值（－1 750），即为 3 875－1 750＝2 125。

古典线性回归模型是建立在一些假设之上的，这些假设包括：(1) 因变量的每个观察值相互独立且服从正态分布，它们的均值可以互不相同，但方差是相同的。(2) 解释变量的一个线性组合可以估计因变量的期望值。

在上述假设之下，线性回归模型虽然很容易通过代数方法求解，但在精算应用中，上述假设通常很难得到满足：

第一，要求因变量服从正态分布且具有相同方差在很多情况下是不现实的，譬如索赔频率和续保率等数据通常不会服从正态分布。虽然可以通过数据变换来满足这一假设，如对因变量的观察值进行对数变换，但是通常很难给出这种变换的合理解释。

第二，在许多实际问题中，尤其是在保险实践中，因变量的取值往往是非负的，如索赔次数和赔款金额等变量。因变量服从正态分布的假设显然不能满足这一要求。

第三，如果因变量是严格非负的，那么从直观上看，当因变量的均值趋于零时，其方差也应该趋于零。换言之，因变量的方差是其均值的函数。而在古典线性回归模型中，假设因变量的方差是固定的常数，与均值没有任何关系。

第四，在古典线性回归模型中，假设解释变量通过加法关系对因变量产生影响，但在某些情况下，解释变量之间可能通过一种乘法关系对因变量产生影响。

由于古典线性回归模型存在上述局限性，因此广义线性模型在分类费率厘定中得到了广泛应用。

4.4.2 广义线性模型

在古典线性回归模型中，假设因变量服从正态分布，方差为常数，解释变量通过线性相加关系影响因变量。而广义线性模型则假设因变量来自指数型分布族，其方差随均值变化，解释变量通过线性相加关系对因变量的期望值的某种变换产生影响。广义线性模型（generalized linear models，GLM）的假设可归纳如下：

（1）随机成分，即因变量 Y 的概率分布。因变量 Y 的每个观察值 Y_i 相互独立且服从指数型分布族中的一个分布。指数型分布族包括许多常见分布，如正态分布、泊松分布、伽马分布、逆高斯分布、二项分布等。

（2）系统成分，即解释变量的线性组合，表示为 $\eta=\beta_0+\beta_1x_1+\cdots+\beta_px_p$。系统成分与古典线性回归模型没有任何区别。

（3）连接函数。连接函数 g 单调且可导，它建立了随机成分与系统成分之间的关系，即 $E[Y]=\mu=g^{-1}(\eta)$。可见，在广义线性模型中，对因变量的预测值并不直接等于解释变量的线性组合，而是该线性组合的一个函数变换。

1. 指数型分布族

假设随机变量 Y 服从指数型分布族，参数为 θ 和 ϕ，则其概率密度函数可以表示为：

$$f(y;\theta,\phi)=\exp\left\{\frac{y\theta-b(\theta)}{a(\phi)}+c(y,\phi)\right\}$$

式中，$a(\phi)$，$b(\theta_i)$，$c(y, \phi)$为已知函数，且满足下述条件：

（1）$a(\phi)$大于零，且为连续函数，通常的形式是 ϕ/w，其中 w 是已知权重。

（2）$b(\theta)$的二阶导数存在且大于零。

（3）$c(y, \phi)$与参数 θ 无关。

在指数型分布族中，θ 称作自然参数（natural parameter），ϕ 称作离散参数（dispersion parameter）。

一些常见的分布，如正态分布、泊松分布、二项分布、伽马分布和逆高斯分布，其概率密度函数都可以表示为指数型分布族的形式。

可以证明，对于指数型分布族，其均值可以表示为：

$$E(Y)=b'(\theta)$$

上式表明，指数型分布族的均值由自然参数 θ 唯一确定，这就意味着自然参数 θ 也可以表示为均值 μ 的函数。

对于指数型分布族，其方差可以表示为：

$$\text{Var}(Y)=b''(\theta)a(\phi)$$

可见，指数型分布的方差是两个函数的乘积，一个是关于自然参数的函数 $b''(\theta)$，也就是关于均值 μ 的函数，称作方差函数。另一个是关于离散参数 ϕ 的函数 $a(\phi)$，与自然参数和均值无关，通常取 $a(\phi)=\phi/w$。如果把方差函数表示为均值的函数，则通常表示为 $V(\mu)$。此时，随机变量 Y 的方差可以表示为均值的函数，即

$$\text{Var}(Y)=\frac{\phi V(\mu)}{w}$$

式中，$V(\mu)$为方差函数；ϕ 为离散参数；w 为已知的常数。

在广义线性模型中，假设因变量的每个观察值 Y_i 都服从指数型分布族，密

度函数可以表示为：

$$f(y_i;\theta_i,\phi)=\exp\left\{\frac{y_i\theta_i-b(\theta_i)}{a(\phi)}+c(y_i,\phi)\right\}$$

式中，因变量的每个观察值 Y_i 都对应一个不同的自然参数 θ_i，但所有观察值的离散参数相同，均为 ϕ。自然参数 θ_i 与因变量 Y_i 的均值有关；离散参数 ϕ 与因变量 Y_i 的方差有关。这就表明，虽然因变量的每一个观察值 Y_i 都来自同一个分布，但它们的均值因自然参数的不同而不同。

在指数型分布族中，因变量的观察值 Y_i 之所以不同，是因为它们的自然参数 θ_i 互不相同。而由指数型分布族的性质可知，自然参数与均值一一对应，即有 $\mu_i=b'(\theta_i)$，所以在指数型分布族中，观察值 Y_i 之间的差异也可以通过均值参数 μ_i 之间的差异来表示。

在广义线性模型中，假设因变量的均值 μ_i 是线性预测项 η_i 的函数，即 $\mu_i=g^{-1}(\eta_i)$，而线性预测项 η_i 又是解释变量的线性组合，即 $\eta_i=\beta_0+\beta_1x_{i1}+\cdots+\beta_px_{ip}$，则因变量的均值可以表示为：

$$\mu_i=g^{-1}(\beta_0+\beta_1x_{i1}+\cdots+\beta_px_{ip})$$

上式表明，因变量 Y_i 的均值参数 μ_i 依赖于广义线性模型的回归系数 β_0，β_1，…，β_p。又由于因变量的均值参数 μ_i 与指数型分布族的自然参数 θ_i 之间存在一一对应的关系，即有 $\mu_i=b'(\theta_i)$，则指数型分布族的自然参数 θ_i 也可以表示为广义线性模型中回归系数 β_0，β_1，…，β_p 的函数。也正因如此，在因变量的观察值服从指数型分布族的假设下，可以应用极大似然法求得广义线性模型中回归系数的估计值。

2. 连接函数

在广义线性模型中，要求解释变量通过线性相加关系对因变量均值的某种函数变换产生影响，即

$$g(\mu_i)=\eta_i=\beta_0+\beta_1x_{i1}+\cdots+\beta_px_{ip}$$

式中，函数 g 称作连接函数，它是一个可逆函数，它把因变量的均值 μ_i 转化成线性预测值 η_i，因此连接函数的反函数 g^{-1} 有时也称作均值函数，即有

$$\mu_i=g^{-1}(\eta_i)$$

上式表明，在广义线性模型中，对解释变量的线性组合通过函数 g^{-1} 的变换之后即得对因变量的预测值。

从理论上讲，对每一个观察值都可以有一个不同的连接函数，但在实际应用时通常对所有观察值使用相同的连接函数。

连接函数必须满足可导和单调的要求，在实际应用中，比较常见的一些连接函数如表 4-10 所示。

表 4-10 常见的连接函数

连接函数的名称	$g(\mu_i)=\eta_i$	$\mu_i=g^{-1}(\eta_i)$
恒等	μ_i	η_i
对数	$\ln(\mu_i)$	e^{η_i}
Logit	$\ln\left(\frac{\mu_i}{1-\mu_i}\right)$	$\frac{1}{1+e^{-\eta_i}}$

在非寿险精算中，最常用的连接函数是对数连接函数和 Logit 连接函数。通过对数连接函数，因变量的预测值可以表示为解释变量的乘法关系，即

$$\begin{aligned}\mu_i &= \exp(\beta_0+\beta_1 x_{i1}+\cdots+\beta_p x_{ip}) \\ &= \exp(\beta_0)\times\exp(\beta_1 x_{i1})\times\cdots\times\exp(\beta_p x_{ip})\end{aligned}$$

如果认为解释变量对因变量的影响不是简单的线性相加关系，而是相乘关系，那么选择对数连接函数是比较合适的。此外，对数连接函数可以保证对因变量的预测值不会出现负值，这也十分符合保险数据严格非负的特点。在索赔频率和索赔强度的预测模型中，通常使用对数连接函数。

在 Logit 连接函数中，因变量的预测值可以表示为：

$$\mu_i=\frac{1}{1+e^{-(\beta_0+\beta_1 x_{i1}+\cdots+\beta_p x_{ip})}}$$

无论线性预测项如何变化，上式都可以保证对因变量的预测值落在区间 [0，1] 中。在建立续保率或新单签约率的预测模型时，可以使用 Logit 连接函数。

4.4.3 在分类费率厘定中的应用

在广义线性模型中，因变量的方差是其均值的函数，这一特点非常适合保险数据。譬如在拟合索赔强度时，如果使用传统的线性回归模型，假设误差项服从正态分布，当预测值为 100 元时，标准差为 10 元，那么当预测值为 10 000 元时，标准差也为 10 元。但从直观上看，预测值越大，其标准差也应该越大。在广义线性模型中，如果假设因变量的变异系数为常数（如 10%），这就意味着假设因变量服从伽马分布。在这种情况下，当预测值为 100 元时，标准差为 10 元；而当预测值为 10 000 元时，标准差为 1 000 元。

在广义线性模型的应用中，根据保险数据的先验信息选择因变量的分布类型，可以有效改进模型的预测效果。譬如，如果因变量的方差为常数，可以选择正态分布；如果因变量的方差等于其均值，可以选择泊松分布；如果因变量的方差与其均值的平方成比例，可以选择伽马分布；如果因变量的方差与其均值的三次方成比例，可以选择逆高斯分布。

在非寿险费率厘定中，通常需要预测索赔频率、索赔强度和续保率等，根据这些数据的特点，各种典型的广义线性模型分别是：

（1）在预测索赔频率时，典型的广义线性模型是泊松回归模型，即使用泊松分布假设和对数连接函数。

（2）在预测索赔强度时，典型的广义线性模型是伽马回归模型，即使用伽马分布假设和对数连接函数。伽马分布不受货币度量单位的影响，无论使用人民币还是美元作为度量单位，伽马广义线性模型的结果都不会改变。

（3）在预测续保率和新业务转换率时，典型的广义线性模型是 Logit 回归模型，即使用二项分布假设和 Logit 连接函数。

【例 4-2】

假设汽车保险的索赔次数观察值如表 4-11 所示，下面用广义线性模型拟合各个类别的期望索赔次数。

表 4-11　　索赔次数的观察值

项目	城市	乡村
男性	4 000	2 500
女性	2 000	1 000

例 4-2 有四个解释变量：男性（x_1）、女性（x_2）、城市（x_3）和乡村（x_4）。这四个解释变量的取值为 1 或 0。譬如，对于 x_2，当驾驶员为男性时，取值为 0；当驾驶员为女性时，取值为 1。

应用广义线性模型，各个类别的期望索赔次数可以表示为：

$$\mu_i = g^{-1}(\beta_1 x_{i1} + \beta_2 x_{i2} + \beta_3 x_{i3} + \beta_4 x_{i4})$$

如同线性回归模型一样，为了得到唯一的参数估计值，可以删去任意一个参数，如删去第四个参数，则各个类别的期望索赔次数可以表示为：

$$\mu_i = g^{-1}(\beta_1 x_{i1} + \beta_2 x_{i2} + \beta_3 x_{i3})$$

如果选用对数连接函数，则各个类别的期望索赔次数可以表示为：

$$\begin{bmatrix} \mu_1 \\ \mu_2 \\ \mu_3 \\ \mu_4 \end{bmatrix} = \begin{bmatrix} \exp(\beta_1 + \beta_3) \\ \exp(\beta_1) \\ \exp(\beta_2 + \beta_3) \\ \exp(\beta_2) \end{bmatrix}$$

在泊松分布假设下，对数似然函数可以表示为：

$$l = \sum_{i=1}^{n} \ln f(y_i ; \mu_i) = \sum_{i=1}^{n} [y_i \ln(\mu_i) - \ln(y_i !) - \mu_i]$$

因此，如果假设前述的索赔次数服从泊松分布，则可以将观察值 y_i 和期望值 μ_i 的表达式代入上式，从而得到本例的对数似然函数为：

$$l = 4\,000(\beta_1 + \beta_3) - \ln 4\,000! - \exp(\beta_1 + \beta_3)$$

$$+2\,500\beta_1-\ln 2\,500!-\exp(\beta_1)$$
$$+2\,000(\beta_2+\beta_3)-\ln 2\,000!-\exp(\beta_2+\beta_3)$$
$$+1\,000\beta_2-\ln 1\,000!-\exp(\beta_2)$$

上式分别对 β_1，β_2，β_3 求偏导，并令它们等于零，则有

$$\frac{\partial l}{\partial \beta_1}=\exp(\beta_1)\cdot[\exp(\beta_3)+1]=6\,500$$
$$\frac{\partial l}{\partial \beta_2}=\exp(\beta_2)\cdot[\exp(\beta_3)+1]=3\,000$$
$$\frac{\partial l}{\partial \beta_3}=\exp(\beta_3)\cdot[\exp(\beta_1)+\exp(\beta_2)]=6\,000$$

解上述方程组可得参数估计值为：

$$\beta_1=7.781\,1$$
$$\beta_2=7.007\,8$$
$$\beta_3=0.539\,0$$

根据上述参数估计值，可以计算出各组索赔次数的预测值。譬如，对于“男性”和“城市”对应的风险类别，其索赔次数的预测值为：

$$\exp(\beta_1+\beta_3)=\exp(7.781\,1+0.539\,0)=4\,106$$

对于“男性”和“乡村”对应的风险类别，其索赔次数的预测值为：

$$\exp(\beta_1)=\exp(7.781\,1)=2\,395$$

其他计算结果如表 4－12 所示。

表 4－12　　泊松回归模型对索赔次数的预测值

项目	城市	乡村
男性	4 106	2 395
女性	1 895	1 105

在广义线性模型的实际应用中，可以应用有关统计软件进行参数估计。本例广义线性模型的 R 程序代码和输出结果如下。

```
#索赔次数观察值
claims = c (4000, 2500, 2000, 1000)

#行驶区域
region = rep (c ("城市","乡村"), 2)

#驾驶人性别
gender = rep (c ("男","女"), each = 2)
```

```
#数据集
dat = data.frame (claims, region, gender)
dat
##    claims  region  gender
## 1  4000    城市    男
## 2  2500    乡村    男
## 3  2000    城市    女
## 4  1000    乡村    女

#广义线性模型
mod = glm (claims ~ region + gender, family = poisson, data = dat)

#输出模型的参数估计值
summary (mod) $coef
##                Estimate  Std.Error  z value  Pr (>|z|)
## (Intercept)     8.3200   0.01467    567.09   0.000e+00
## region乡村     -0.5390   0.02127    -25.34   1.112e-141
## gender女       -0.7732   0.02207    -35.03   7.815e-269

#输出模型的预测值
matrix (predict (mod, type = 'response'), 2, 2, byrow = TRUE)
##      [,1]   [,2]
## [1,] 4105   2395
## [2,] 1895   1105
```

例4-6的泊松回归模型中使用了对数连接函数，所以对于“城市”和“男性”所对应的基准风险类别，索赔次数预测值就是截距项的指数变换，即为：

$$\exp(8.3200)=4\,106$$

对于“乡村”和“男性”对应的风险类别，其索赔次数的预测值为：

$$\exp(8.3200-0.5390)=2\,395$$

对于“城市”和“女性”对应的风险类别，其索赔次数的预测值为：

$$\exp(8.3200-0.7732)=1\,895$$

对于“乡村”和“女性”对应的风险类别，其索赔次数的预测值为：

$$\exp(8.3200-0.7732-0.5390)=1\,105$$

可以证明，泊松回归模型的预测值与边际总和法的预测值是等价的。下面应用泊松回归模型对例4-1的数据重新进行分析，有关R程序代码和输出结果如下所示。

```
#赔款
loss=c (8400, 7020, 3600, 17340, 7200, 4590, 825, 1140, 2640) * 1000

#车年数
exposures=c (8000, 5200, 2000, 13600, 6000, 2400, 400, 800, 1600)

#经验纯保费
pure=loss/exposures

#地区
region=rep (c ("A","B","C"), 3)

#车型
type=rep (c ("1","2","3"), each=3)

#数据集
dat=data. frame (loss, exposures, pure, region, type)
dat
##          loss     exposures    pure    region    type
## 1     8400000          8000    1050         A       1
## 2     7020000          5200    1350         B       1
## 3     3600000          2000    1800         C       1
## 4    17340000         13600    1275         A       2
## 5     7200000          6000    1200         B       2
## 6     4590000          2400    1912         C       2
## 7      825000           400    2062         A       3
## 8     1140000           800    1425         B       3
## 9     2640000          1600    1650         C       3

#泊松回归模型
mod=glm (pure ~ region+type, weight=exposures, family=pois-
son, data=dat)

#输出模型的预测值
matrix (fitted (mod), 3, 3, byrow=TRUE)
##      [, 1]   [, 2]   [, 3]
## [1,] 1153    1227    1708
## [2,] 1238    1317    1833
## [3,] 1272    1353    1884
```

上述结果与表 4－7 中边际总和法的预测结果完全相同。

对例 4－2 应用 R 程序包 insuranceData 中的车损险数据集 AutoCollision，分别建立索赔次数的泊松回归模型和索赔强度的伽马回归模型，并计算模型的预测值。

数据集 AutoCollision 中有 32 个观察值，包含四个变量：驾驶人年龄（Age），车辆使用性质（Vehicle_Use），索赔强度（Severity）和索赔次数（Claim_Count）。

驾驶人年龄被处理为分类变量，有 8 个水平，分别用 A 到 H 的 8 个大写字母表示；车辆使用性质也是分类变量，有 4 个水平，分别表示为 Business，DriveLong，DriveShort 和 Pleasure。

在索赔次数的泊松回归模型中，因变量是索赔次数，解释变量是驾驶人年龄和车辆使用性质，使用对数连接函数。

在索赔强度的伽马回归模型中，因变量是索赔强度，解释变量是驾驶人年龄和车辆使用性质，使用对数连接函数。

应用 R 语言建立索赔次数的泊松回归模型和索赔强度的伽马回归模型，有关程序代码和输出结果如下。

```
#读取数据
library (insuranceData)
data (AutoCollision)
AutoCollision
##      Age    Vehicle_Use    Severity    Claim_Count
## 1     A       Pleasure        250            21
## 2     A     DriveShort        275            40
## 3     A      DriveLong        245            23
## 4     A       Business        798             5
## 5     B       Pleasure        214            63
## 6     B     DriveShort        299           171
## 7     B      DriveLong        298            92
## 8     B       Business        362            44
## 9     C       Pleasure        251           140
## 10    C     DriveShort        249           343
## 11    C      DriveLong        298           318
## 12    C       Business        342           129
## 13    D       Pleasure        229           123
## 14    D     DriveShort        228           448
## 15    D      DriveLong        294           361
## 16    D       Business        367           169
## 17    E       Pleasure        154           151
## 18    E     DriveShort        202           479
```

```
## 19    E    DriveLong     238    381
## 20    E    Business      256    166
## 21    F    Pleasure      209    245
## 22    F    DriveShort    203    970
## 23    F    DriveLong     236    719
## 24    F    Business      352    304
## 25    G    Pleasure      208    266
## 26    G    DriveShort    203    859
## 27    G    DriveLong     254    504
## 28    G    Business      341    162
## 29    H    Pleasure      192    260
## 30    H    DriveShort    196    578
## 31    H    DriveLong     260    312
## 32    H    Business      343     96

#索赔次数的泊松回归模型
mod1 = glm (Claim_Count~Age + Vehicle_Use, family = poisson (link = log), data = AutoCollision)

#泊松回归模型的参数估计值
summary (mod1)
##
## Call:
## glm (formula = Claim_Count ~ Age + Vehicle_Use, family = poisson (link = log), data = AutoCollision)
##
## Coefficients:
##               Estimate  Std. Error z value Pr (>|z|)
## (Intercept)   2.3702    0.1098     21.6    < 2e-16    ***
## AgeB          1.4249    0.1181     12.1    < 2e-16    ***
## AgeC          2.3465    0.1110     21.1    < 2e-16    ***
## AgeD          2.5153    0.1102     22.8    < 2e-16    ***
## AgeE          2.5821    0.1099     23.5    < 2e-16    ***
## AgeF          3.2247    0.1081     29.8    < 2e-16    ***
## AgeG          3.0019    0.1086     27.6    < 2e-16    ***
## AgeH          2.6391    0.1097     24.1    < 2e-16    ***
```

```
## Vehicle_UseDriveLong
                    0.9246    0.0360    25.6    < 2e-16    ***
## Vehicle_UseDriveShort
                    1.2856    0.0345    37.3    < 2e-16    ***
## Vehicle_UsePleasure
                    0.1659    0.0415     4.0    6.3e-05    ***
## ---
## Signif. codes:  0 '***' 0.001 '**' 0.01 '*' 0.05 '.' 0.1 ' ' 1
##
## (Dispersion parameter for poisson family taken to be 1)
##
##     Null deviance: 6064.97  on 31  degrees of freedom
## Residual deviance:  184.72  on 21  degrees of freedom
## AIC: 430.8
##
## Number of Fisher Scoring iterations: 4

#比较实际值与泊松回归模型的预测值
plot (AutoCollision$Claim_Count, fitted (mod1), xlab = "索赔次数的实际值", ylab = "泊松回归的预测值")
```

索赔次数实际值与预测值的比较如图 4-1 所示。

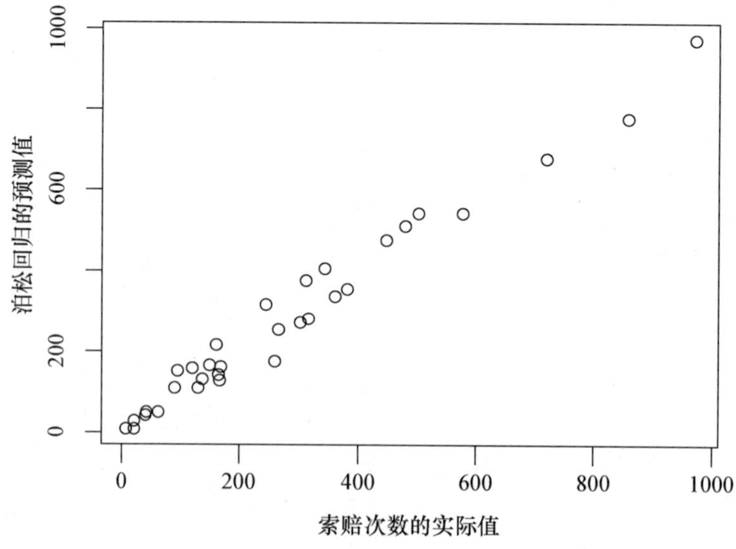

图 4-1 索赔次数实际值与预测值的比较

```
#索赔强度(案均赔款)的伽马回归模型
mod2 = glm (Severity ~ Age + Vehicle_Use, family = Gamma (link =
log), data = AutoCollision)

#伽马回归模型的参数估计值
summary (mod2)
##
## Call:
## glm (formula = Severity ~ Age + Vehicle_Use, family = Gamma
(link = log), data = AutoCollision)
##
## Coefficients:
##                Estimate  Std. Error  t value  Pr (>|t|)
## (Intercept)     6.2413    0.1015     61.50    < 2e-16   ***
## AgeB           -0.2080    0.1224     -1.70    0.10404
## AgeC           -0.2303    0.1224     -1.88    0.07385
## AgeD           -0.2630    0.1224     -2.15    0.04344   *
## AgeE           -0.5311    0.1224     -4.34    0.00029   ***
## AgeF           -0.3820    0.1224     -3.12    0.00516   **
## AgeG           -0.3741    0.1224     -3.06    0.00599   **
## AgeH           -0.3939    0.1224     -3.22    0.00412   **
## Vehicle_UseDriveLong
                -0.3573    0.0865     -4.13     0.00048   ***
## Vehicle_UseDriveShort
                -0.5053    0.0865     -5.84     8.5e-06   ***
## Vehicle_UsePleasure
                -0.5886    0.0865     -6.80     1.0e-06   ***
## ---
## Signif. codes:  0 '***' 0.001 '**' 0.01 '*' 0.05 '.' 0.1 ' ' 1
##
## (Dispersion parameter for Gamma family taken to be 0.03)
##
##     Null deviance: 3.20647  on 31  degrees of freedom
## Residual deviance: 0.58114  on 21  degrees of freedom
## AIC: 343.2
##
## Number of Fisher Scoring iterations: 6
```

```
#比较实际值与伽马回归模型的预测值
plot (AutoCollision$Severity, fitted (mod2), xlab="索赔强度的实际值", ylab="伽马回归的预测值")
```

索赔强度实际值与预测值的比较如图 4-2 所示。

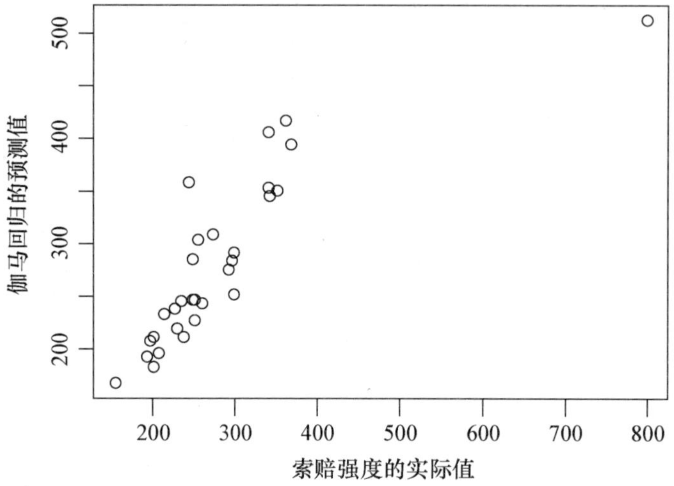

图 4-2　索赔强度实际值与预测值的比较

□习　题

4.1　假设某保险公司承保的 50 800 份汽车保险单根据两个变量“地区”和“车型”分组统计的车年数和赔款金额数据如下表所示。用边际总和法厘定各风险类别的纯保费。

车年数

类别	地区 A	地区 B	地区 C	合计
车型 1	8 000	5 200	2 000	15 200
车型 2	13 600	6 000	2 400	22 000
车型 3	4 000	8 000	1 600	13 600
合计	25 600	19 200	6 000	50 800

总赔款额　　单位：千元

类别	地区 A	地区 B	地区 C	合计
车型 1	8 400	7 020	3 600	19 020
车型 2	17 340	7 200	4 590	29 130
车型 3	8 250	11 400	2 640	22 290
合计	33 990	25 620	10 830	70 440

4.2 一组保单的索赔次数和车年数数据如下表所示，其中 A，B 和 C 是三个分类变量，各有两个水平。应用边际总和法预测每个风险类别的索赔次数。

索赔次数和车年数

变量 A 的水平	变量 B 的水平	变量 C 的水平	索赔次数	车年数
A1	B1	C1	230	450
A1	B1	C2	380	770
A1	B2	C1	1 050	2 470
A1	B2	C2	760	2 430
A2	B1	C1	180	460
A2	B1	C2	190	370
A2	B2	C1	390	1 670
A2	B2	C2	240	1 380

4.3 基于习题 4.2 中的数据，应用广义线性模型预测各个风险类别的索赔次数。

4.4 从 R 程序包 insuranceData 调用车险数据集 dataCar，以 veh _ age，gender 和 agecat 为解释变量，且把后两个变量作为定性变量处理，分别用 numclaims，claimcst0 和 clm 作为因变量，建立索赔频率、索赔强度和索赔发生概率的广义线性模型，并输出各个模型的参数估计值。

第5章 经验费率

Chapter 5

在分类费率的厘定中，通常假设属于同一个风险类别的个体风险具有相同的潜在损失，即每个风险类别都是同质的，因此对它们收取相同的保险费率。但事实上，任何一个风险类别都不可能是完全同质的，为此需要根据个体风险自身的损失经验对分类费率进行调整，这个过程也就是对个体风险进行定价的过程。在个体风险的定价中，对个体风险损失经验的处理通常有两种方法：一种是基于个体风险过去若干年的损失经验对分类费率进行调整，从而得到未来保险期间的费率；另一种是基于个体风险在当期的损失经验对当期的保险费率进行调整。本章主要介绍如何基于个体风险的历史损失经验调整分类费率，由此得到的费率称作经验费率。

在费率厘定过程中，通常需要根据被保险人的历史损失数据预测其未来的保险成本，而损失数据又来源于随机发生的保险事故。因此，用个体风险的损失经验估计未来的保险成本，就很难保证其100%可靠。譬如，在汽车第三者责任保险中，保险人通常会有一个很大的保单组合，该保单组合的损失经验表明，平均每辆汽车的索赔频率为每年0.2次，即平均每5年发生1次第三者责任保险索赔。假设有份保单在过去两年发生了1次保险事故，即被保险人的经验索赔频率为0.5。现在的问题是，应该如何估计该被保险人在未来的索赔频率？是0.2还是0.5？或者是其他？

毫无疑问，如果没有被保险人的任何信息，则对其索赔频率的估计只能是0.2。现在，我们已知该保单的经验索赔频率为0.5，这就在一定程度上表明0.2低估了该保单的索赔频率。但是，直接用0.5估计该保单在未来的索赔频率也有不妥之处，因为保单的经验索赔频率会受到随机因素的影响，一个真实索赔频率很低的被保险人也会发生保险事故，而一个真实索赔频率较高的被保险人也可能在某个保险期间不会发生任何保险事故。因此，对上述保单索赔频率的最好估计值似乎应该是0.2和0.5的某种加权平均。那如何确定权数？对0.5的权数应该取决于它对保单未来索赔频率的预测能力，通常用Z表示，该权数也称作经验数据的可信度或信度因子（credibility factor），在0到1之间取值；而对0.2的权数就是（$1-Z$）。在本例中，0.5反映了保单自身的索赔经验，称作保单的损失经验；而0.2是一个保单组合的平均索赔频率，称作信度补项（complement of credibility）。因此对该保单索赔频率的估计值可以表示为：

$$
\begin{aligned}
\text{估计值} &= Z\times \text{个体风险自身的损失经验}+(1-Z)\times \text{信度补项}\\
&= Z\times 0.5+(1-Z)\times 0.2
\end{aligned}
$$

在上述公式中，如果信度补项是一个风险类别的平均费率，即分类费率，那么应用上述方法对分类费率进行调整得到的费率就是所谓的经验费率。

本章将主要介绍信度因子 Z 的计算方法，即信度模型。信度模型包括有限波动信度模型和最精确信度模型。有限波动信度模型试图限制经验损失数据中的随机波动对估计值的影响。最精确信度模型也称作最小二乘信度模型，该模型基于估计值与真实值之间误差平方和的最小化确定信度因子，主要包括 Bühlmann 信度模型和 Bühlmann-Straub 信度模型。

5.1 有限波动信度模型

在有限波动信度模型中，需要确定当经验数据达到多大规模时，才可以给其赋予100%的可信度，而这个数据规模也称作完全可信度标准。如果经验数据的规模达到或超过这个标准，则经验数据的信度因子 $Z=1$；否则，其信度因子将小于1。小于1的信度因子称作部分可信度。下面将分别介绍估计索赔频率、索赔强度和纯保费的完全可信度标准，以及当数据规模较小时，部分可信度的计算方法。

5.1.1 索赔频率的完全可信度

为了简化表述，下面假设每个个体风险就是一个风险单位。如果个体风险的索赔频率服从泊松分布，譬如其参数为200，那么该个体风险每年实际的索赔频率将在200附近变化。由于泊松分布的方差等于其均值，且当泊松分布的参数（均值）比较大时，可以用正态分布近似，因此对于本例的泊松分布，可以用均值为200，方差为200的正态分布近似。

正态近似可以比较方便地用于估计实际观察到的索赔频率落在某个区间的可能性。假设个体风险的索赔频率为 N，其均值为 μ，标准差为 σ，则 N 落在区间 $[\mu-r\mu,\ \mu+r\mu]$ 的概率为：

$$
p=Pr(\mu-r\mu\leqslant N\leqslant\mu+r\mu)=Pr\left(\frac{-r\mu}{\sigma}\leqslant U\leqslant\frac{r\mu}{\sigma}\right)
$$

当索赔频率足够大时，$U=(N-\mu)/\sigma$ 近似服从标准正态分布。

如果假设索赔频率 N 服从均值为 n 的泊松分布，标准差为$\sqrt{n}$，则上述概率可以表示为：

$$p=Pr(-r\sqrt{n}\leqslant U\leqslant r\sqrt{n})$$

如果要求上述概率不小于 $1-\alpha$，则应有 $r\sqrt{n}\geqslant U_{1-\alpha/2}$，即

$$n\geqslant\left(\frac{U_{1-\alpha/2}}{r}\right)^2$$

式中，$U_{1-\alpha/2}$ 是标准正态分布的 $1-\alpha/2$ 分位数。

由此可见，如果假设索赔频率服从泊松分布，且要求索赔频率的观察值落在区间 $[\mu-r\mu,\ \mu+r\mu]$ 的概率不小于 $1-\alpha$，则索赔频率的期望值 n 应该满足上式给定的条件，这个条件也就是索赔频率的完全可信度标准，即当期望索赔频率足够大时，个体风险的经验索赔频率就具有完全的可信度。

表5-1是在给定 α 和 r 的条件下，索赔频率的完全可信度标准（表示为索赔频率的期望值）。

表5-1　索赔频率的完全可信度标准

α	r						
	10%	7.5%	5%	4%	3%	2%	1%
20%	164	292	657	1 026	1 825	4 106	16 424
10%	271	481	1 082	1 691	3 006	6 764	27 055
5%	384	683	1 537	2 401	4 268	9 604	38 415
4%	422	750	1 687	2 636	4 687	10 545	42 179
3%	471	837	1 884	2 943	5 233	11 773	47 093
2%	541	962	2 165	3 382	6 013	13 530	54 119
1%	663	1 180	2 654	4 147	7 372	16 587	66 349

对应于 $\alpha=10\%$，$r=5\%$的期望索赔频率为1 082，这是在实际中经常使用的一个完全可信度标准。

可见，完全可信度标准不是唯一的，它依赖于 α 和 r 的取值。但这并没有妨碍完全可信度标准在实际中的广泛应用。

前面关于完全可信度的讨论基于这样一种假设，即索赔频率服从泊松分布。如果实际的索赔频率并非服从泊松分布，而是服从二项或负二项等其他分布，则完全可信度标准可以表示为：

$$n\geqslant\left(\frac{U_{1-\alpha/2}}{r}\right)^2\cdot\frac{\sigma_f^{\ 2}}{\mu_f}$$

式中，μ_f 和 σ_f 分别为索赔频率的均值和标准差。对于泊松分布，其均值和方差相等，因此上式的后一项为1。

对于二项分布，其均值大于方差，因此完全可信度标准所要求的期望索赔频

率较小；对于负二项分布，其均值小于方差，因此完全可信度标准所要求的期望索赔频率较大。

从理论上讲，索赔频率的完全可信度标准表示为期望索赔频率，但在实际应用中，通常用索赔次数的观察值代替期望索赔频率。

5.1.2 索赔强度的完全可信度

假设个体风险只包含一个风险单位，在保险期间发生了 n 次索赔，每次索赔的赔付额分别为 X_1，X_2，…，X_n，它们独立同分布，均值为 μ_X，方差为 σ_X^2，则索赔强度（也称作案均赔款）的观察值为：

$$\bar{X}=(X_1+X_2+\cdots+X_n)/n$$

上述观察值的方差为：

$$\mathrm{Var}(\bar{X})=\mathrm{Var}[(X_1+\cdots+X_n)/n]=\frac{\sigma_X^2}{n}$$

索赔强度的观察值 $\bar{X}$ 落入区间 $[\mu_X-r\mu_X,\ \mu_X+r\mu_X]$ 的概率为：

$$p=Pr(\mu_X-r\mu_X\leqslant\bar{X}\leqslant\mu_X+r\mu_X)=Pr\left(\frac{-r\sqrt{n}\mu_X}{\sigma_X}\leqslant\frac{\bar{X}-\mu_X}{\sigma_X/\sqrt{n}}\leqslant\frac{r\sqrt{n}\mu_X}{\sigma_X}\right)$$

根据中心极限定理，当索赔次数足够大时，索赔强度的观察值 $\bar{X}$ 将近似服从正态分布。因此，如果要求上述概率不小于 $1-\alpha$，则应有

$$\frac{r\sqrt{n}\mu_X}{\sigma_X}\geqslant U_{1-\alpha/2}$$

即

$$n\geqslant\left(\frac{U_{1-\alpha/2}}{r}\right)^2\cdot\left(\frac{\sigma_X}{\mu_X}\right)^2$$

此即索赔强度的完全可信度标准。

注意，上式右边的第一项正好是索赔频率服从泊松分布时的完全可信度标准，而第二项是索赔强度的变异系数的平方。

【例5-1】

假设个体风险的索赔频率服从泊松分布，索赔金额的变异系数为2，$\alpha=10\%$，$r=5\%$，当个体风险的索赔次数为多大时，用样本索赔金额数据估计索赔强度的可信度为100%？

当 $\alpha=10\%$，$r=5\%$ 时，索赔频率的完全可信度标准为1 082，因此索赔强度的完全可信度标准为 $1\,082\times2^2=4\,328$，即当个体风险的期望索赔频率大于4 328时，用样本索赔金额数据估计索赔强度的可信度为100%。

5.1.3 纯保费的完全可信度

纯保费是赔款与风险单位数之比。譬如，50 辆汽车在一年内发生了 25 000 元的赔款，则纯保费的观察值为每车年 25 000/50=500 元。纯保费也可以表示为索赔频率与索赔强度的乘积。由于纯保费受到索赔次数和索赔金额的共同影响，因此其波动性更大。对于给定的个体风险，由于随机波动的影响造成的纯保费的方差称作过程方差。

假设一份保单在一个保险期间发生了 N 次索赔，每次索赔的金额为 X_1，X_2，…，X_N，则该保单纯保费的观察值可以表示为：

$$P=X_1+X_2+\cdots+X_N$$

如果假设索赔次数和索赔金额相互独立，用 μ_f 和 σ_f^2 分别表示索赔次数的均值和方差，用 μ_X 和 σ_X^2 分别表示索赔金额的均值和方差，则 P 的均值可以表示为：

$$\mu_P=E(P)=\mu_f\mu_X$$

而 P 的方差可以表示为：

$$\begin{aligned}\sigma_P^2&=\mathrm{Var}(P)=E_N[\mathrm{Var}_P(P|N)]+\mathrm{Var}_N[E_P(P|N)]\\&=E_N(N\sigma_X^2)+\mathrm{Var}_N(\mu_X N)\\&=\mu_f\sigma_X^2+\mu_X^2\sigma_f^2\end{aligned}$$

如果假设个体风险的索赔频率服从泊松分布，其均值 μ_f 等于方差 σ_f^2，则上述纯保费观察值的方差可以简化为：

$$\mathrm{Var}(P)=\mu_f(\sigma_X^2+\mu_X^2)$$

式中，括号内是索赔金额的二阶原点矩。

因此 P 落入区间 $[\mu_P-r\mu_P，\mu_P+r\mu_P]$ 的概率为：

$$p=Pr(\mu_P-r\mu_P\leqslant P\leqslant\mu_P+r\mu_P)=Pr\left(\frac{-r\mu_P}{\sigma_P}\leqslant\frac{P-\mu_P}{\sigma_P}\leqslant\frac{r\mu_P}{\sigma_P}\right)$$

当个体风险的索赔次数足够大时，P 将近似服从正态分布，而 $U=\dfrac{P-\mu_P}{\sigma_P}$ 将近似服从标准正态分布。因此，如果要求上述概率不小于 $1-\alpha$，则应有

$$\frac{r\mu_P}{\sigma_P}\geqslant U_{1-\alpha/2}$$

如果进一步假设索赔频率服从均值为 n 的泊松分布，则有

$$\begin{aligned}&\mu_P=n\mu_X\\&\sigma_P=[n(\sigma_X^2+\mu_X^2)]^{0.5}\end{aligned}$$

将它们代入前述的不等式，并经适当整理则有

$$n \geqslant \left(\frac{U_{1-\alpha/2}}{r}\right)^2 \cdot \left[1+\left(\frac{\sigma_X}{\mu_X}\right)^2\right]$$

此即纯保费的完全可信度标准，其中等式右边的第一项是在泊松分布假设下索赔频率的完全可信度标准，方括号内的第二项是索赔金额变异系数的平方。而索赔金额变异系数的平方乘以索赔频率的完全可信度标准，就是索赔强度的完全可信度标准。因此，上式也表明，纯保费的完全可信度标准等于索赔频率的完全可信度标准加上索赔强度的完全可信度标准。

值得注意的是，如果对索赔金额的取值进行限制，则索赔金额的变异系数会变小。因此，限额赔款的完全可信度标准要低于无限额赔款的完全可信度标准。有鉴于此，在费率厘定实践中，通常采取设置限额的方法来提高索赔数据的可信度。

如果索赔次数并不服从前面假设的泊松分布，则纯保费的完全可信度标准为：

$$n \geqslant \left(\frac{U_{1-\alpha/2}}{r}\right)^2 \cdot \left[\frac{\sigma_f^2}{\mu_f}+\left(\frac{\sigma_X}{\mu_X}\right)^2\right]$$

在此式中，如果假设索赔频率服从泊松分布，则方括号中的第一项等于 1。如果索赔金额是一个常数，其方差为零，则上式就是索赔频率的完全可信度标准。总之，此式囊括了前述所有的完全可信度标准，它们都可以看作此式的特殊形式。

5.1.4　部分可信度

如果个体风险的损失经验达不到完全可信度的标准，就可以给其赋予部分可信度。部分可信度通过平方根原则确定，即令 n 为已知数据的（期望）索赔次数，n_F 是完全可信度要求的最小索赔次数（完全可信度标准），且有 $n<n_F$，则部分可信度可以通过下述的平方根原则确定，即为：

$$Z=\sqrt{n/n_F}$$

在计算部分可信度时，最好使用期望索赔次数。如果无法得到期望索赔次数，也可以用实际观察到的索赔次数近似。

下面以索赔频率为例，说明如何得到部分可信度的平方根原则。

令 X_1 表示用部分可信度的数据计算出的经验索赔频率，X_2 表示用完全可信度的数据计算出的经验索赔频率。显然，X_1 和 X_2 的均值应该相等，不妨记作 μ。由于计算 X_1 的样本较小，因此 X_1 的标准差要大于 X_2 的标准差。不妨用 σ_1 和 σ_2 分别表示 X_1 和 X_2 的标准差。

对于满足完全可信度标准的数据，其索赔频率的估计值直接等于 X_2；而对于满足部分可信度标准的数据，其索赔频率的估计值应为：

$$Z \times X_1 + (1-Z) \times 信度补项$$

式中，Z 为信度因子；信度补项是一个常数。

无论是采用部分可信度的数据对索赔频率进行预测，还是采用完全可信度的数据对索赔频率进行预测，这两个预测值应该具有相同的方差。由于信度补项为常数，因此基于部分可信度数据的索赔频率预测值的方差为 $\mathrm{Var}(ZX_1)$，令其等于 $\mathrm{Var}(X_2)$，则有

$$Z^2\sigma_1^2 = \sigma_2^2$$

上式表明，信度因子 Z 可以表示为两个预测值的标准差之比，即

$$Z = \frac{\sigma_2}{\sigma_1}$$

假设样本中只包含 k 个风险单位，则由样本数据计算得到的索赔频率为：

$$X_1 = \frac{M_1 + \cdots + M_k}{k}$$

式中，M_i 表示第 i 个风险的索赔次数。假设每个风险单位的索赔次数服从参数为 μ 的泊松分布，且相互独立，则上述估计值的方差为：

$$\sigma_1^2 = \frac{\sum_{i=1}^{k} \mathrm{Var}(M_i)}{k^2} = \frac{k\mu}{k^2} = \frac{\mu}{k}$$

如果上述风险类别的期望索赔次数为 n，则有 $n = k\mu$，即 $k = n/\mu$，将其代入上式，即得 X_1 的标准差为：

$$\sigma_1 = \mu/\sqrt{n}$$

同理，如果用 n_F 表示满足完全可信度标准时的期望索赔次数，则 X_2 的标准差为：

$$\sigma_2 = \mu/\sqrt{n_F}$$

将上述两式代入前面的信度因子公式，即得下述的平方根原则：

$$Z = \sigma_2/\sigma_1 = \sqrt{n/n_F}$$

虽然在上述信度因子的推导过程中应用了泊松分布假设，但对于索赔强度和纯保费的部分可信度，也适用上述的平方根原则。

5.2 Bühlmann 信度模型

有限波动信度模型强调估计结果的稳定性，而最精确信度模型强调估计结果

的精确性。最精确信度模型主要包括 Bühlmann 信度模型和 Bühlmann-Srtaub 信度模型，下面首先介绍 Bühlmann 信度模型。

Bühlmann 信度模型的一个重要假设是：个体风险的规模保持不变，也就是个体风险所包含的风险单位数在整个经验期保持不变。譬如，对于一份团体保单，如果保费是基于雇员人数计算的，则假设该团体的雇员人数保持不变；如果保费是基于工资总额计算的，则假设该团体的工资总额保持不变。这种假设在某些情况下显然不符合实际，但由于其他信度模型是在 Bühlmann 信度模型的基础上发展起来的，因此仍然有必要首先介绍 Bühlmann 信度模型。

在 Bühlmann 信度模型中，信度保费可以表示为：

$$P=Z\overline{X}+(1-Z)\mu$$

式中，$\overline{X}$ 是个体风险的平均经验损失，也可以称作经验纯保费；Z 是信度因子；μ 是个体风险所属的风险集合的纯保费。

个体风险的经验纯保费 $\overline{X}$ 可以表示为：

$$\overline{X}=\frac{1}{n}\sum_{t=1}^{n}X_t$$

式中，X_t 是个体风险在第 t 年的经验损失；n 表示经验期，即经验数据的观察年数。

Bühlmann 信度因子的计算公式为：

$$Z=\frac{n}{n+K}=\frac{n}{n+v/a}$$

式中，K 称作 Bühlmann 参数，它是过程方差的均值（expected value of the process variance，用 v 表示）与假设均值的方差（variance of the hypothetical means，用 a 表示）之比，即

$$K=\frac{v}{a}$$

可以看出，当观察年数 n 不断增加时，信度因子 Z 将趋于 1，但永远不会等于 1。

对于随机的个体风险，其损失 X 的方差可以分解为过程方差的均值 v 和假设均值的方差 a。事实上，任何一个随机变量 X 的方差都可以分解为：

$$\text{Var}(X)=E[\text{Var}(X|\Theta)]+\text{Var}[E(X|\Theta)]$$

过程方差的均值 v 和假设均值的方差 a 分别为：

$$v=E[\text{Var}(X|\Theta)]$$
$$a=\text{Var}[E(X|\Theta)]$$

上述方差分解公式表明，在一个风险集合中，不同的个体风险之间存在差异，这种差异可以用一个随机变量 Θ 表示，Θ 的不同取值代表着不同的风险水

平。一旦确定了随机变量 Θ 的取值，个体风险也就随之确定了。

对于一个给定的个体风险（风险参数为 $\Theta=\theta$），其观察值也会随机波动，这种波动就是过程方差：

$$v(\theta)=\mathrm{Var}(X\mid\Theta=\theta)$$

如果将所有个体风险的过程方差进行平均，即可得到整个风险集合的过程方差的均值为：

$$v=E[\mathrm{Var}(X\mid\Theta)]=E[v(\Theta)]$$

过程方差的均值反映了个体风险自身的不确定性。不难想象，个体风险自身的不确定性越大，其经验数据的可信度就越差，因此在估计经验费率时，对经验数据所赋予的权重也就越小。这也可以从 Bühlmann 信度因子的计算公式中得到验证，因为 v 越大，K 会越大，而信度因子 Z 会越小。

对于给定的个体风险 $\Theta=\theta$，其观察值的期望值（亦即假设均值）为：

$$\mu(\theta)=E(X\mid\Theta=\theta)$$

因此假设均值的方差为：

$$a=\mathrm{Var}[E(X\mid\Theta)]=\mathrm{Var}[\mu(\Theta)]$$

假设均值的方差反映了不同个体风险之间的差异性。显然，不同个体风险之间的差异性越大，用整个风险集合的平均值估计个体风险的期望值就越不准确。因此，相对而言，个体风险自身的经验数据也就越可信，从而在估计经验费率时就应该给个体风险的经验数据赋予较大的权重。

Bühlmann 信度模型假设，对于给定的个体风险 $\Theta=\theta$，其规模不会随时间变化，且各年的经验损失 X_1，…，X_n 独立同分布，因此，对于给定的个体风险，它在各年的经验损失具有相同的条件均值和条件方差，与时间无关，即对于 $t=1$，2，…，n，假设均值为：

$$E(X_t\mid\Theta=\theta)=\mu(\theta)$$

过程方差为：

$$\mathrm{Var}(X_t\mid\Theta=\theta)=v(\theta)$$

对于给定的个体风险 $\Theta=\theta$，假设均值 $\mu(\theta)$ 就是期望损失，但它是未知的，可以用该个体风险的平均经验损失 $\overline{X}$ 进行估计。对于给定的个体风险 $\Theta=\theta$，$\overline{X}$ 是 $\mu(\theta)$ 的无偏估计。

对于给定的个体风险 $\Theta=\theta$，由于假设其经验损失 X_1，…，X_n 相互独立，故平均经验损失 $\overline{X}$ 的条件方差可以表示为：

$$\mathrm{Var}(\overline{X}\mid\Theta=\theta)=\left(\frac{1}{n}\right)^2\sum_{t=1}^{n}\mathrm{Var}(X_t\mid\Theta=\theta)=\frac{v(\theta)}{n}$$

因此，对于一个随机个体风险，应用方差分解公式，其平均经验损失 $\overline{X}$ 的方差（即无条件方差）可以表示为：

$$\mathrm{Var}(\overline{X})=\mathrm{Var}[E(\overline{X}\mid\Theta)]+E[\mathrm{Var}(\overline{X}\mid\Theta)]=a+\frac{v}{n}$$

应用上述结果，可以从另外一个角度对 Bühlmann 信度因子进行解释。对 Bühlmann 信度因子的分子和分母同时乘以 a/n，则 Bühlmann 信度因子可以表示为：

$$Z=\frac{a}{a+v/n}=\frac{\mathrm{Var}[\mu(\Theta)]}{\mathrm{Var}(\overline{X})}$$

上式的分子度量了在一个风险集合中不同个体风险之间的差异，而分母是随机个体风险平均经验损失 $\overline{X}$ 的方差。由此可见，信度因子就是在随机个体风险平均经验损失 $\overline{X}$ 的方差中，个体风险之间的变异性所占的比重。换言之，个体风险之间的差异越大，个体风险自身的经验损失对纯保费的影响越大。

在前面，我们将 Bühlmann 信度模型用于估计个体风险的纯保费或索赔频率，其中 n 表示对个体风险的观察年数，X_t 表示个体风险在第 t 年的经验损失或经验索赔次数，$\overline{X}$ 表示个体风险的经验纯保费或经验索赔频率，μ 表示风险集合的纯保费或索赔频率，$P=Z\overline{X}+(1-Z)\mu$ 表示 Bühlmann 模型的信度纯保费或信度索赔频率。事实上，我们还可以把 Bühlmann 信度模型用于估计个体风险的索赔强度。此时，可以把 n 解释为个体风险的索赔次数，把 X_t 解释为第 t 次的索赔金额，而 $\overline{X}$ 为个体风险的经验索赔强度，μ 为风险集合的索赔强度，$P=Z\overline{X}+(1-Z)\mu$ 就是信度索赔强度。

【例 5-2】

假设风险集合中只包含两类风险 A 和 B，A 类风险发生损失的概率是 B 类风险的两倍，它们损失额的分布如表 5-2 所示。如果某个风险在某次事故中的损失额为 300，求该风险下次损失额的 Bühlmann 信度估计值。

表 5-2　　　　损失额的分布

损失额	风险 A 的概率	风险 B 的概率
300	0.4	0.8
400	0.3	0.1
500	0.3	0.1

如果没有该风险的任何经验损失数据，我们只能用风险集合的期望损失来估计该风险的损失。在已知该风险发生了一次 300 的损失后，就可以应用信度模型，通过经验损失和总平均损失的加权平均来估计下次的损失额。

A 类风险的期望损失为：

$$\mu_A=300\times0.4+400\times0.3+500\times0.3=390$$

B类风险的期望损失为：

$$\mu_B = 300 \times 0.8 + 400 \times 0.1 + 500 \times 0.1 = 330$$

风险集合的期望损失为：

$$\mu = 390 \times \frac{2}{3} + 330 \times \frac{1}{3} = 370$$

因此，假设均值的方差为：

$$a = \frac{2}{3} \times (390 - 370)^2 + \frac{1}{3} \times (330 - 370)^2 = 800$$

A类风险的过程方差为：

$$(300 - 390)^2 \times 0.4 + (400 - 390)^2 \times 0.3 + (500 - 390)^2 \times 0.3 = 6\ 900$$

B类风险的过程方差为：

$$(300 - 330)^2 \times 0.8 + (400 - 330)^2 \times 0.1 + (500 - 330)^2 \times 0.1 = 4\ 100$$

因此，过程方差的均值为：

$$v = \frac{2}{3} \times 6\ 900 + \frac{1}{3} \times 4\ 100 = 5\ 966.67$$

由于个体风险只有一次损失观察值，因此 $n=1$，$\overline{X}=300$。故 Bühlmann 信度因子为：

$$Z = \frac{n}{n + v/a} = 0.118\ 2$$

该个体风险下次损失金额的 Bühlmann 信度估计值为：

$$Z\overline{X} + (1-Z)\mu = 0.118\ 2 \times 300 + (1 - 0.118\ 2) \times 370 = 361.73$$

5.3 Bühlmann-Straub 信度模型

在 Bühlmann 信度模型中，假设个体风险的规模保持不变，但在实际上，个体风险的规模是可能发生变化的。譬如，一个车队的车辆数、一个团体的工资总额和雇员人数等在各年都有可能发生变化。这就使得 Bühlmann 信度模型不再适用。在 Bühlmann-Straub 信度模型中，个体风险的规模是可以变化的。为此，本节用 X_1，…，X_n 表示个体风险平均每个风险单位的损失观察值。

假设对于给定的个体风险 $\Theta=\theta$，每个风险单位的平均损失 X_1，…，X_n 相互独立，且具有相同的假设均值，即

$$E(X_t|\Theta=\theta)=\mu(\theta), \quad t=1,2,\cdots,n$$

但是，每个风险单位的平均损失具有不同的条件方差，与个体风险所包含的风险单位数（风险规模）m_t 成反比，即给定个体风险的过程方差为：

$$\mathrm{Var}(X_t|\Theta=\theta)=\frac{v(\theta)}{m_t}, \quad t=1,2,\cdots,n$$

可见，在 Bühlmann-Straub 信度模型中，个体风险的规模（风险单位数）越大，其过程方差将越小。这个假设从直观上看是合理的，因为个体风险的规模越大，平均每个风险单位的损失观察值就越稳定。

对于一个给定的个体风险 $\Theta=\theta$，如何通过每个风险单位的平均观察值 X_1，…，X_n 来估计其假设均值 $\mu(\theta)$ 呢？这是 Bühlmann-Straub 信度模型需要回答的问题。信度公式 $Z\overline{X}+(1-Z)\mu$ 是不变的，关键还是在于计算信度因子。为此，首先定义下述符号：

$m=\sum\limits_{t=1}^{n}m_t$，为个体风险在各年的风险单位数之和，其中 m_t 是第 t 年的风险单位数。

$\overline{X}=\sum\limits_{t=1}^{n}\frac{m_t}{m}X_t$，表示每个风险单位在整个观察期的平均经验损失，其中 X_t 是每个风险单位在第 t 年的损失观察值。

如同 Bühlmann 模型一样，赋予经验估计值 $\overline{X}$ 的权重（信度因子）为：

$$Z=\frac{\text{假设均值的方差}}{\overline{X}\text{ 的方差}}=\frac{a}{a+v/m}$$

对上式的分子和分母同时乘以 m/a，即得信度因子的常见形式：

$$Z=\frac{m}{m+v/a}=\frac{m}{m+K}$$

在上述信度因子中，用各年的风险单位数之和 m 代替了 Bühlmann 模型中的观察年数 n，但参数 K 未变，仍然为：

$$K=\frac{v}{a}=\frac{E[v(\Theta)]}{\mathrm{Var}[\mu(\Theta)]}$$

不难看出，当每年的风险单位数均为 $m_t=1$ 时，$m=n$，Bühlmann-Straub 模型就退化为 Bühlmann 模型。

注意，因为 Bühlmann-Straub 信度保费是关于每个风险单位的保费，所以，如果个体风险在下年的规模（风险单位数）为 m_{n+1}，则其 Bühlmann-Straub 信度保费应为 $m_{n+1}[Z\overline{X}+(1-Z)\mu]$。

【例 5-3】

考虑一个由团体保单形成的保单组合。对整个保单组合而言，平均每个被保险人的期望纯保费为2 400。对于不同的团体保单，平均每个被保险人的纯保费（即假设均值）是不同的，不同假设均值之间的方差为500 000。对于同一个团体保单，不同被保险人的纯保费也存在差异（用过程方差表示），所有团体保单的过程方差的均值为250 000 000。假设一份团体保单在上年的索赔经验如下：被保险人数为240人，平均每个被保险人的经验损失为3 000。计算该团体保单下每个被保险人的信度纯保费。

由于过程方差的均值为 $v=250\,000\,000$，假设均值的方差为 $a=500\,000$，故

$$K=v/a=250\,000\,000/500\,000=500$$

而 $m=240$，故信度因子为：

$$Z=\frac{240}{240+500}=0.324\,3$$

再由 $\mu=2\,400$，$\overline{X}=3\,000$ 可以求得信度纯保费为：

$$\begin{aligned}P&=Z\overline{X}+(1-Z)\mu\\&=0.324\,3\times3\,000+(1-0.324\,3)\times2\,400\\&=2\,594.58\end{aligned}$$

5.4 信度模型的参数估计

5.4.1 Bühlmann模型的参数估计

在信度模型的实际应用中，必须确定风险集合的总均值、过程方差的均值和假设均值的方差，即参数 μ，v 和 a 的取值。在前述的例子中，由于给出了损失的具体分布，因此可以精确计算出这三个参数的取值。在许多情况下，可能无法确知损失的具体分布形式，此时，只能对这三个参数进行估计。

在Bühlmann信度模型中，我们假设风险集合中包含 r 个风险，每个风险的规模相等，不会随时间变化而发生变化，且它们的观察年数相等，均为 n。

对于Bühlmann信度模型，总均值的一个无偏估计为：

$$\hat{\mu}=\overline{X}=\frac{1}{rn}\sum_{i=1}^{r}\sum_{t=1}^{n}X_{it}$$

对于给定的第 i 个风险 $\Theta=\theta_i$，其损失观察值 X_{i1}，…，X_{in} 相互独立，故 $\hat{v}_i=\frac{1}{n-1}\sum_{t=1}^{n}(X_{it}-\overline{X}_i)^2$ 是过程方差 $v(\theta_i)=\mathrm{Var}(X_{it}\mid\Theta=\theta_i)$ 的无偏估计，其中 $\overline{X}_i=\frac{1}{n}\sum_{t=1}^{n}X_{it}$ 是个体风险 i 的平均损失观察值。因此，对 $\hat{v}_i$ 求平均，可以得到过程方差的均值 v 的一个无偏估计为：

$$\hat{v}=\frac{1}{r}\sum_{i=1}^{r}\hat{v}_i$$

假设均值的方差 a 的一个无偏估计为：

$$\hat{a}=\frac{1}{r-1}\sum_{i=1}^{r}(\overline{X}_i-\overline{X})^2-\frac{\hat{v}}{n}$$

式中，$\hat{v}$ 是对过程方差的均值的无偏估计。

【例 5－4】

假设风险集合中只有两个规模相等的个体风险，对每个风险的观察期均为 3 年，第一个风险的经验损失为（6，5，7）；第二个风险的经验损失为（9，12，9）。计算这两个风险的 Bühlmann 信度保费。

两个个体风险的平均经验损失分别为：

$$\overline{X}_1=\frac{1}{3}\times(6+5+7)=6$$

$$\overline{X}_2=\frac{1}{3}\times(9+12+9)=10$$

因此风险集合的平均经验损失为：

$$\hat{\mu}=\overline{X}=\frac{1}{2}\times(6+10)=8$$

两个个体风险的过程方差分别为：

$$\hat{v}_1=\frac{1}{3-1}\times[(6-6)^2+(5-6)^2+(7-6)^2]=1$$

$$\hat{v}_2=\frac{1}{3-1}\times[(9-10)^2+(12-10)^2+(9-10)^2]=3$$

因此在风险集合中，过程方差的均值为：

$$\hat{v}=\frac{1}{2}\times(1+3)=2$$

相应地，在风险集合中，假设均值的方差为：

$$\hat{a}=\frac{1}{2-1}\times[(6-8)^2+(10-8)^2]-\frac{1}{3}\times\hat{v}=\frac{22}{3}$$

故而 Bühlmann 参数和信度因子分别为：

$$\hat{K}=\frac{\hat{v}}{\hat{a}}=\frac{3}{11}$$

$$\hat{Z}=\frac{3}{3+\hat{K}}=\frac{11}{12}$$

由此可得这两个风险的 Bühlmann 信度保费分别为：

$$\hat{Z}\overline{X}_1+(1-\hat{Z})\hat{\mu}=\frac{37}{6}=6.17$$

$$\hat{Z}\overline{X}_2+(1-\hat{Z})\hat{\mu}=\frac{59}{6}=9.83$$

5.4.2 Bühlmann-Straub 模型的参数估计

为了便于表述，首先定义下列符号：

r 是风险集合中所包含的风险个数。

X_{it} 是个体风险 $i(i=1, 2, \cdots, r)$在第 t 年，平均每个风险单位的损失观察值。假设不同个体风险的损失观察值相互独立；对于给定的个体风险，各年的损失观察值也相互独立。

n_i 是对个体风险 i 的观察年数。

θ_i 是个体风险 i 的风险参数，来自随机变量 Θ。

m_{it} 是个体风险 i 在第 t 年的风险单位数。

$m_i=\sum_{t=1}^{n_i}m_{it}$ 是个体风险 i 在过去各年的风险单位数总和。

$\overline{X}_i=\frac{1}{m_i}\sum_{t=1}^{n_i}m_{it}X_{it}$ 是个体风险 i 平均每个风险单位的损失观察值。

$m=\sum_{i=1}^{r}m_i=\sum_{i=1}^{r}\sum_{t=1}^{n_i}m_{it}$ 是风险集合在过去各年的风险单位数总和。

$\overline{X}=\frac{1}{m}\sum_{i=1}^{r}m_i\overline{X}_i=\frac{1}{m}\sum_{i=1}^{r}\sum_{t=1}^{n_i}m_{it}X_{it}$ 是风险集合在过去各年平均每个风险单位的损失观察值。

对于 Bühlmann-Straub 信度模型，总均值的无偏估计为：

$$\hat{\mu}=\overline{X}=\frac{1}{m}\sum_{i=1}^{r}m_i\overline{X}_i$$

对于给定的第 i 个风险 $\Theta=\theta_i$，过程方差 $v(\theta_i)$ 的无偏估计为：

$$\hat{v}_i=\frac{1}{n_i-1}\sum_{t=1}^{n_i}m_{it}(X_{it}-\overline{X}_i)^2,\quad i=1,2,\cdots,r$$

因此，v 的一个无偏估计可以通过对 $\hat{v}_i$ 求加权平均得到。如果让权数与个体风险的观察年数成比例，即令

$$w_i=\frac{n_i-1}{\sum_{i=1}^{r}(n_i-1)}$$

则可得到 v 的一个无偏估计为：

$$\hat{v}=\sum_{i=1}^{r}w_i\hat{v}_i$$

可以证明，a 的一个无偏估计为：

$$\hat{a}=\left(m-\frac{1}{m}\sum_{i=1}^{r}m_i^2\right)^{-1}\left[\sum_{i=1}^{r}m_i(\bar{X}_i-\bar{X})^2-\hat{v}(r-1)\right]$$

注意，上述关于 v 和 a 的无偏估计是非参数的，因此无须对损失的分布进行假设。在已知损失分布的情况下，可以采用参数估计方法简化估计过程。此外，a 的无偏估计不是唯一的，有可能出现 $\hat{a}<0$ 的情况，这就意味着 a 很接近于 0（即个体风险之间几乎没有差异），故可取 $Z=0$。最后需要说明的是，即使 $\hat{v}$ 和 $\hat{a}$ 分别是 v 和 a 的无偏估计，也并不能保证 $\hat{z}$ 是 Z 的无偏估计。

【例 5-5】

假设有两个被保险人 A 和 B，他们在过去几年的损失数据如表 5-3 所示。下面应用 Bühlmann-Straub 模型估计每个被保险人的索赔频率。

表 5-3　被保险人的经验损失数据

被保险人	项目	第 1 年	第 2 年	第 3 年	第 4 年
A	索赔次数	3	2	2	0
	车年数	2	2	2	1
B	索赔次数	2	1	0	
	车年数	4	3	2	

若用随机变量 X_{it} 表示第 i 个风险在第 t 年平均每个车年的索赔频率，用 m_{it} 表示第 i 个风险在第 t 年的车年数，则有关数据如表 5-4 所示。

表 5-4　经验索赔频率和风险单位数

被保险人	项目	第 1 年	第 2 年	第 3 年	第 4 年
A	每个车年的索赔频率	$X_{11}=3/2$	$X_{12}=1$	$X_{13}=1$	$X_{14}=0$
	车年数	$m_{11}=2$	$m_{12}=2$	$m_{13}=2$	$m_{14}=1$
B	每个车年的索赔频率	$X_{21}=1/2$	$X_{22}=1/3$	$X_{23}=0$	
	车年数	$m_{21}=4$	$m_{22}=3$	$m_{23}=2$	

索赔频率 X_{it} 是索赔次数和车年数之比，因此表 5-3 中左上角的第一个数值表格的数字事实上就是 $m_{it}X_{it}$。其他有关计算结果如下：

被保险人 A 的车年数 $m_A=2+2+2+1=7$

被保险人 B 的车年数 $m_B=4+3+2=9$

整个风险集合的车年数 $m=7+9=16$

对于被保险人 A 和 B，平均每个车年的索赔频率分别为：

$$\overline{X}_{\mathrm{A}}=(3+2+2+0)/7=1$$

$$\overline{X}_{\mathrm{B}}=(2+1+0)/9=1/3$$

对于整个风险集合，平均每个车年的索赔频率为：

$$\hat{\mu}=\overline{X}=[7\times1+9\times(1/3)]/16=5/8=0.625$$

对于被保险人A和B，平均每个车年的索赔频率的过程方差分别为：

$$\hat{v}_{\mathrm{A}}=\frac{1}{4-1}\times[2\times(3/2-1)^2+2\times(1-1)^2+2\times(1-1)^2+1\times(0-1)^2]$$

$$=\frac{1}{2}$$

$$\hat{v}_{\mathrm{B}}=\frac{1}{3-1}\times[4\times(1/2-1/3)^2+3\times(1/3-1/3)^2+2\times(0-1/3)^2]=\frac{1}{6}$$

因此，整个风险集合的过程方差的均值为：

$$\hat{v}=\frac{(4-1)\times(1/2)+(3-1)\times(1/6)}{(4-1)+(3-1)}=11/30=0.366\,7$$

整个风险集合的假设均值的方差为：

$$\hat{a}=\frac{7\times(1-5/8)^2+9\times(1/3-5/8)^2-(2-1)\times(11/30)}{16-(1/16)\times(7^2+9^2)}=0.175\,7$$

故有

$$\hat{K}=\hat{v}/\hat{a}=0.366\,7/0.175\,7=2.087\,1$$

从而可以求得被保险人A和B的信度因子和索赔频率估计值分别为：

$$\hat{Z}_{\mathrm{A}}=\frac{m_{\mathrm{A}}}{m_{\mathrm{A}}+\hat{K}}=\frac{7}{7+2.087\,1}=0.770\,3$$

$$\hat{\mu}_{\mathrm{A}}=0.770\,3\times1+(1-0.770\,3)\times(5/8)=0.913\,9$$

$$\hat{Z}_{\mathrm{B}}=\frac{m_{\mathrm{B}}}{m_{\mathrm{B}}+\hat{K}}=\frac{9}{9+2.087\,1}=0.811\,8$$

$$\hat{\mu}_{\mathrm{B}}=0.811\,8\times(1/3)+(1-0.811\,8)\times(5/8)=0.388\,2$$

注意，在本例中，尽管两个被保险人的 K 是相同的，但由于他们的观察年数不同，因此信度因子不同。

5.4.3 平衡调整

在许多情况下，我们希望信度保费的总和能够等于实际损失的总和。为了实现这一目标，在信度保费的计算公式中，风险集合的总平均保费可以用信度因子加权计算，即为：

$$\hat{\mu}=\frac{\sum_{i=1}^{r}\hat{Z}_i\bar{X}_i}{\sum_{i=1}^{r}\hat{Z}_i}$$

【例 5-6】

在上例中，样本总均值为 0.625 0，而信度估计值的加权平均值为 (7/16)×0.913 9+(9/16)×0.388 2=0.618 2。显然，信度估计值的加权平均值小于样本总均值，亦即信度保费的总和小于实际损失的总和。为了进行平衡调整，可以计算信度加权的总均值，即

$$\hat{\mu}=\frac{\sum_{i=1}^{2}\hat{Z}_i\bar{X}_i}{\sum_{i=1}^{2}\hat{Z}_i}=\frac{0.770\,3\times 1+0.811\,8\times(1/3)}{0.770\,3+0.811\,8}=0.657\,9$$

应用上述总均值重新计算信度估计值，则有

$$\hat{\mu}_{\mathrm{A}}=0.770\,3\times 1+(1-0.770\,3)\times 0.657\,9=0.921\,4$$
$$\hat{\mu}_{\mathrm{B}}=0.811\,8\times(1/3)+(1-0.811\,8)\times 0.657\,9=0.394\,4$$

此时，信度估计值的加权平均值为 (7/16)×0.921 4+(9/16)×0.394 4=0.625 0，正好等于样本总均值 0.625 0。

5.5 信度补项

在信度模型的应用中，除了需要确定个体风险经验数据的可信度外，还需要恰当选择信度补项。信度补项对最终的估计结果具有重要影响，尤其是当个体风险自身的损失经验缺乏足够的可信度时，信度因子会比较小，信度估计值将在很大程度上取决于信度补项，此时选择合理的信度补项就显得异常重要。在前面的讨论中，我们将信度补项确定为风险集合的总平均值。在信度模型的实际应用中，还可以使用其他方法确定信度补项，如 Harwayne 方法。

Harwayne 方法最早是为了估计劳工补偿保险的费率，但其一般原理同样适用于其他险种的费率厘定。有时，一个地区的某一风险类别的经验数据会比较少，但是其他地区相同风险类别的数据可能会受各地区的社会法律环境、交通密度或其他不同因素的影响而出现差异性。Harwayne 方法运用相关风险类别的数据确定信度补项，但在此过程中必须对这些数据进行调整，以消除各个地区之间的差异性。

为了更加清楚地表述 Harwayne 方法，首先定义下列符号：

$L_{c,s}$ 是地区 s 的风险类别 c 的经验损失；

$E_{c,s}$ 是地区 s 的风险类别 c 的风险单位数；

$P_{c,s}$ 是地区 s 的风险类别 c 的纯保费；

$L_{i,j}$ 是地区 j 的任意一个风险类别 i 的经验损失；

$E_{i,j}$ 是地区 j 的任意一个风险类别 i 的风险单位数；

$P_{i,j}$ 是地区 j 的任意一个风险类别 i 的纯保费。

在上述符号中，第一个下标表示风险类别，第二个下标表示地区。在下文中，当第一个下标是“$*$”时，表示对所有风险类别求平均；当第二个下标是“$*$”时，表示对所有地区求平均。

假设需要计算地区 s 的风险类别 c 的纯保费，下面讨论如何确定其信度补项。应用 Harwayne 方法的一种简单形式由下述 5 个步骤构成。

第一步：计算 s 地区的平均纯保费，即

$$P_{*,s}=\frac{\sum_{i} L_{i,s}}{\sum_{i} E_{i,s}}$$

第二步：计算各个风险类别在全国其他地区的平均纯保费，譬如，第 i 个风险类别在全国其他地区的平均纯保费，即

$$P_{i,*}=\frac{\sum_{j\neq s} L_{i,j}}{\sum_{j\neq s} E_{i,j}}$$

第三步：用 s 地区的风险分布计算全国其他地区的平均纯保费，即

$$P_{*,*}=\frac{\sum_{i} E_{i,s}P_{i,*}}{\sum_{i} E_{i,s}}$$

第四步：计算调整因子——s 地区的平均纯保费与全国其他地区的平均纯保费之比，即

$$F=\frac{P_{*,s}}{P_{*,*}}$$

第五步：计算风险类别 c 的信度补项，即

$$F\times P_{c,*}$$

式中，$P_{c,*}$ 是风险类别 c 在全国其他地区的平均纯保费，将其乘以 F 意味着把风险类别 c 在全国其他地区的平均纯保费调整到 s 地区的水平，从而可以作为 s 地区风险类别 c 的信度补项使用。

Harwayne 方法还有一种更为精确的形式：逐个调整每个地区的数据，而不

是一次性调整全国的数据。具体过程包括下述几个步骤：

步骤一：以 s 地区的风险分布计算每个地区的平均纯保费，譬如地区 j 的纯保费，即

$$P_{*,j}=\frac{\sum_m E_{m,s}P_{m,j}}{\sum_m E_{m,s}}$$

步骤二：计算每个地区的调整因子——s 地区的平均纯保费与 j 地区的平均纯保费之比，即

$$F_j=\frac{P_{*,s}}{P_{*,j}}$$

步骤三：用调整因子 F_j 去调整各个地区风险类别 c 的经验纯保费，将其调整到 s 地区的水平，即

$$P^*_{c,j}=F_jP_{c,j}$$

上式把地区 j 的风险类别 c 的纯保费调整到了 s 地区的水平，因此与 s 地区的风险类别 c 的纯保费具有了可比性。

步骤四：用各个地区的风险单位数对上述调整后的纯保费加权平均，得到信度补项，即

$$C=\frac{\sum_j E_{c,j}P^*_{c,j}}{\sum_j E_{c,j}}$$

下面通过一个简例来说明如何具体应用 Harwyane 方法的第二种形式。

【例 5－7】

假设各地区的经验损失数据如表 5－5 所示，下面用 Harwyane 方法计算 A 地区第一个风险类别的信度补项。

表 5－5 **Harwyane 方法的数据**

地区	风险类别	风险基础	赔款	纯保费
A	1	1 500	5 000	3.33
	2	2 200	6 200	2.82
	小计	3 700	11 200	3.03
B	1	1 800	6 000	3.33
	2	3 600	14 400	4.00
	小计	5 400	20 400	3.78

续前表

地区	风险类别	风险基础	赔款	纯保费
C	1	1 000	2 200	2.20
	2	2 400	9 600	4.00
	小计	3 400	11 800	3.47
A+B+C	1	4 300	13 200	3.07
	2	8 200	30 200	3.68
	总计	12 500	43 400	3.47

首先以A地区的风险基础为权数，计算B地区和C地区的加权平均纯保费：

$$\bar{P}_{\mathrm{B}}=\frac{1\,500\times 3.33+2\,200\times 4.00}{1\,500+2\,200}=3.73$$

$$\bar{P}_{\mathrm{C}}=\frac{1\,500\times 2.20+2\,200\times 4.00}{1\,500+2\,200}=3.27$$

然后计算A地区的平均纯保费与其他地区的平均纯保费之比：

$$F_{\mathrm{B}}=\frac{3.03}{3.73}=0.812$$

$$F_{\mathrm{C}}=\frac{3.03}{3.27}=0.927$$

结果表明，A地区的平均纯保费是B地区的81.2%，是C地区的92.7%。因此，可以用上述比例，对其他地区第一个风险类别的纯保费进行调整：

$$P_{1,\mathrm{B}}^{*}=0.812\times 3.33=2.70$$

$$P_{1,\mathrm{C}}^{*}=0.927\times 2.20=2.04$$

可见，从B地区和C地区在第一个风险类别的纯保费出发，都可以得到A地区第一个风险类别的纯保费。把这两个结果进行加权平均，权数用B地区和C地区的风险基础，即可估计出A地区在第一个风险类别的纯保费为：

$$P_{1,\mathrm{A}}=\frac{2.70\times 1\,800+2.04\times 1\,000}{1\,800+1\,000}=2.46$$

这个估计值就是Harwyane方法所确定的信度补项。

在Harwayne方法中，为什么不直接使用B地区的纯保费、C地区的纯保费或它们的平均值作为A地区的信度补项呢？这是因为各地区的费率水平是不同的。上述方法把B地区和C地区的费率水平调整到了A地区的水平，从而可以将其经验纯保费作为A地区的信度补项使用。

应用Harwayne方法确定的信度补项具有很好的统计特性。首先，因为该方法所使用的数据来自不同地区的同一风险类别，并根据地区差异进行了调整，因此具有很好的无偏性。其次，只要全国的数据足够多便可以使过程方差尽可能地减小，这个结果也是精确的。最后，信度补项的数据来自其他地区，与本地区的数据具有较好的独立性。

5.6 奖惩系统

奖惩系统是一种简化了的经验费率模型，在汽车保险中的应用十分普遍。

5.6.1 基本概念

在汽车保险中，大多数保险公司都实行了奖惩制度，即对上一保险年度没有发生索赔的被保险车辆，在下一年度续保时给予保费上的优待；而对上一保险年度发生索赔的被保险车辆，则在下一保险年度提高其保费。这种调整被保险车辆续期保费的方法通常称作奖惩系统（bonus-malus system，BMS）或无赔款优待（no-claim discount，NCD）。

在汽车保险中应用奖惩系统的主要目的是：第一，公平保费负担，使被保险人缴纳的保费反映其真实的风险水平；第二，降低保险公司受理小额赔案的费用；第三，鼓励被保险人在驾车时更加小心谨慎，主动控制风险。

尽管保险人在应用奖惩系统时有许多美好的愿望，但实际应用中的奖惩系统并非总能实现这些目标。事实上，经分析发现，实际应用时奖惩系统在区分不同风险水平的被保险人方面效果并不显著。譬如，如果被保险人 A 的索赔频率是 10%，被保险人 B 的索赔频率是 20%，那么被保险人 B 的保费应该是被保险人 A 的 2 倍，但许多奖惩系统只能使被保险人 B 比被保险人 A 多缴很小比例的保费。

奖惩系统在实际应用中也受到了一些批评，例如：

第一，奖惩系统破坏了被保险人的经济稳定性。被保险人购买保险的初衷是通过缴纳固定的保费将其不确定的随机风险转嫁给保险人，但在奖惩系统中，被保险人还得承担一部分续期保费的变异性。

第二，被保险人之间的互助合作关系被削弱了，即幸运的被保险人（没有发生保险事故的被保险人）对不幸的被保险人在保费缴付上的帮助被减弱了。

第三，违背了大数定律。保险公司在计算保险费率时所依据的是大量保单的索赔经验，而不是个体保单的索赔经验。奖惩系统通过个体保单的索赔经验调整被保险人的续期保费，有违背大数定律之嫌。有人认为，奖惩系统是“有组织地摒弃了保险原则”。

尽管如此，奖惩系统在实践中仍然得到了广泛应用。在实际应用中，一个完整的奖惩系统具有下述特征：

（1）把所有被保险人划分成有限个等级，对每个被保险人的保费奖惩只依赖于他所属的等级。

（2）新投保的被保险人缴纳初始等级的保费。

（3）被保险人的续期保费取决于他在上一保险年度所属的等级和索赔次数。

由此可见，奖惩系统由下述三个要素组成：各个等级的保费水平、初始等级和转移规则。其中转移规则是在已知被保险人索赔次数的情况下，决定被保险人从原等级转移到新等级的规则。表5-6是我国商业车险2018年实施的奖惩系统。

表5-6　　商业车险的奖惩系统

经验索赔次数	保费等级	保费浮动比例	奖惩系数
连续3年及以上无索赔	1	−40%	0.60
连续2年无索赔	2	−30%	0.70
上年无索赔	3	−15%	0.85
新保或上年发生1次索赔	4	0%	1.00
上年发生2次索赔	5	25%	1.25
上年发生3次索赔	6	50%	1.50
上年发生4次索赔	7	75%	1.75
上年发生5次及以上索赔	8	100%	2.00

5.6.2 奖惩系统的评价

奖惩系统的合理性和有效性可以通过不同的指标进行评价，本节讨论一些常见的评价指标。

1. 稳态概率分布

对于一个给定的个体保单，如果假设其索赔频率为常数，则经过若干年以后，它属于各个保费等级的概率将趋于稳定。对于一个固定的保单组合，经过若干年以后，它们在各个保费等级的分布也将趋于稳定。

为了便于分析，特作如下假设：

（1）给定个体保单的索赔频率不会随时间发生变化，且索赔次数服从泊松分布。

（2）保单组合中不会有新增的保单，也不会有退保的保单。

（3）在初次投保时，该保单组合中的每份保单缴纳完全相同的保费，奖惩系数为1。

为了简化后面的计算过程，假设的奖惩系统（无赔款优待）如下：上一保险年度未享受无赔款优待的，续保时优待比例为10%；上一保险年度已享受优待的，续保时优待比例在上一保险年度优待比例的基础上增加10%；优待比例最高不超过30%。上一保险年度享受优待的车辆发生索赔的，续保时优待比例为上一保险年度优待比例减去$n\times 10\%$，其中n为续保时上一保险年度发生的赔款次数。

可见，该奖惩系统只有四个等级，这四个等级的奖惩系数分别为：$c_1=0.7$，

$c_2=0.8$，$c_3=0.9$，$c_4=1$。

在上述奖惩系统中，被保险人的续期保费等级只取决于他在当年的奖惩系数和索赔次数，因此上述奖惩系统形成一个马尔可夫过程。如果假设被保险人的索赔频率 λ 在时间上是稳定的，即不随时间推移而变化，那么这个马尔可夫过程就是齐次的。如果用 $\boldsymbol{M}$ 表示马尔可夫过程的转移概率矩阵，则有

$$\boldsymbol{M}=\begin{bmatrix} q_{11} & q_{12} & \cdots & q_{1s} \\ q_{21} & q_{22} & \cdots & q_{2s} \\ \vdots & \vdots & & \vdots \\ q_{s1} & q_{s2} & \cdots & q_{ss} \end{bmatrix}$$

式中，q_{ij} 表示从状态 i 转移到状态 j 的概率。在奖惩系统中，就是从第 i 个奖惩等级转移到第 j 个奖惩等级的概率。

根据上述条款，该奖惩系统的转移概率矩阵具有表 5-7 所示的形式。在该表中，p_0 表示保单在一个保险年度内不发生索赔的概率，p_1 表示发生 1 次索赔的概率，p_2 表示发生 2 次索赔的概率。

表 5-7　奖惩系统的转移概率矩阵

	$c_1=0.7$	$c_2=0.8$	$c_3=0.9$	$c_4=1$
$c_1=0.7$	p_0	p_1	p_2	$1-p_0-p_1-p_2$
$c_2=0.8$	p_0		p_1	$1-p_0-p_1$
$c_3=0.9$		p_0		$1-p_0$
$c_4=1$			p_0	$1-p_0$

表 5-7 中的转移概率矩阵也可以写为下述形式：

$$\boldsymbol{M}=\begin{bmatrix} p_0 & p_1 & p_2 & 1-p_0-p_1-p_2 \\ p_0 & 0 & p_1 & 1-p_0-p_1 \\ 0 & p_0 & 0 & 1-p_0 \\ 0 & 0 & p_0 & 1-p_0 \end{bmatrix}$$

下面计算上述奖惩系统的稳态概率分布，即从长期来看被保险人将属于各个等级的概率。

如果假设给定保单的索赔次数服从泊松分布，则有

$$p_k=\frac{\mathrm{e}^{-\lambda}\lambda^k}{k!},\quad k=0,1,2,\cdots$$

此时，转移概率矩阵 $\boldsymbol{M}$ 将是 λ 的函数。如果用 $\boldsymbol{M}(\lambda)$ 表示该转移概率矩阵，并令 $\boldsymbol{a}(\lambda)=[a_1(\lambda),\ a_2(\lambda),\ a_3(\lambda),\ a_4(\lambda)]$ 为其稳态概率分布，则 $\boldsymbol{a}(\lambda)$ 是下述方程组的解：

$$\begin{cases} \boldsymbol{a}(\lambda)\boldsymbol{M}(\lambda)=\boldsymbol{a}(\lambda) \\ \boldsymbol{a}(\lambda)\boldsymbol{e}=1 \end{cases}$$

式中，$\boldsymbol{e}=[1, 1, \cdots, 1]^{\mathrm{T}}$，T 表示对矩阵进行转置。

若令 $\boldsymbol{E}$ 表示一个所有元素均为 1 的 4×4 矩阵，$\boldsymbol{I}$ 表示 4×4 的单位矩阵，则可以证明，上述稳态概率可以表示为：

$$\boldsymbol{a}(\lambda)=\boldsymbol{e}^{\mathrm{T}}[\boldsymbol{I}-\boldsymbol{M}(\lambda)+\boldsymbol{E}]^{-1}$$

因此，当给定保单的索赔频率为 λ 时，经过多年以后，它属于各个保费等级的稳态概率为：

$$a_1(\lambda)=p_0^3 3/(1-2p_0p_1-p_2p_0^2)$$
$$a_2(\lambda)=p_0^2(1-p_0)/(1-2p_0p_1-p_2p_0^2)$$
$$a_3(\lambda)=p_0(1-p_0-p_0p_1)/(1-2p_0p_1-p_2p_0^2)$$
$$a_4(\lambda)=(1-p_0-2p_0p_1-p_2p_0^2+p_1p_0^2)/(1-2p_0p_1-p_2p_0^2)$$

式中，$a_i(\lambda)$表示在稳定状态下，索赔频率为 λ 的保单属于第 i 个保费等级的概率。在泊松分布假设下，$p_0=\mathrm{e}^{-\lambda}$，$p_1=\lambda\mathrm{e}^{-\lambda}$，$p_2=\lambda^2\mathrm{e}^{-\lambda}/2$。因此，当给定个体保单的索赔频率 λ 时，即可求出该保单属于各个保费等级的稳定概率 $a_i(\lambda)$。譬如，当保单的索赔频率为 $\lambda=0.2$ 时，该保单在上述奖惩系统中的稳态概率分布为 $\boldsymbol{a}(0.2)=[0.761\,3, 0.168\,6, 0.053\,61, 0.016\,55]$；而当保单的索赔频率为 $\lambda=0.4$ 时，稳态概率分布为 $\boldsymbol{a}(0.4)=[0.488\,6, 0.240\,3, 0.163\,1, 0.108\,0]$。可以看出，当索赔频率较低时，保单属于最高折扣等级（$c_1=0.7$）的概率较高；而随着索赔频率的上升，保单属于最高折扣等级的概率会降低。

前面讨论了给定个体保单的稳态概率分布，下面讨论一个保单组合的稳态概率分布。在一个保单组合中，不同个体保单的索赔频率是不同的，如果假设不同个体保单的索赔频率服从某种分布，则按此分布对个体保单的稳态概率分布加权平均，即可得到保单组合的稳态概率分布。譬如，如果假设保单组合由两类保单组成，其中第一类保单的索赔频率为 0.2，占保单数量的 60%，第二类保单的索赔频率为 0.4，占保单数量的 40%，则保单组合的稳态概率分布为：

$$\boldsymbol{a}(0.2)\times 60\%+\boldsymbol{a}(0.4)\times 40\%=[0.652\,2, 0.197\,3, 0.097\,41, 0.053\,1]$$

在许多情况下，用一个连续型分布（如伽马分布）描述保单组合中不同保单的索赔频率可能更加合理。如果假设给定个体保单的索赔频率服从参数为 λ 的泊松分布，其稳态概率分布为 $a_i(\lambda)$，而在保单组合中，不同保单的索赔频率 λ 服从参数为（α，β）的伽马分布，密度函数为：

$$u(\lambda)=\frac{\beta^{\alpha}\mathrm{e}^{-\beta\lambda}\lambda^{\alpha-1}}{\Gamma(\alpha)}, \quad \alpha,\beta>0$$

则经过多年以后，奖惩系统将进入稳定状态，此时保单组合在各个等级的稳态概率分布可以表示为 $\boldsymbol{a}=[a_1, a_2, a_3, a_4]$，其中

$$a_i=\int_0^{\infty}a_i(\lambda)u(\lambda)\mathrm{d}\lambda$$

显然，在伽马分布假设下，求解保单组合的稳态概率分布需要进行积分运算。

假设伽马分布的参数为（1.613 1，16.138 4）。将有关数据代入上式并求数值积分，可以得到保单组合的稳态概率分布为 $\boldsymbol{a}=[88.53\%, 8.7\%, 2.08\%, 0.69\%]$。这就意味着，经过多年以后，该保单组合中有 88.53%的保单将聚集在最高的折扣等级（$c_1=0.7$），而只有 0.69%的保单不会享受任何保费折扣（$c_4=1$）。

2. 平均奖惩系数

在应用奖惩系统的过程中，个体保单和保单组合的平均保费水平在最初的若干年会不断发生变化，直至奖惩系统进入稳定状态。

前例的奖惩系统只有 4 个等级，因此可以令 $\boldsymbol{I}=[0, 0, 0, 1]$，它表示新保单的奖惩系数为 1。经过 1 年以后，奖惩系数将根据保单在第 1 年的索赔记录进行调整，用 $\boldsymbol{I}$ 乘以上述转移概率矩阵 $\boldsymbol{M}(\lambda)$ 即得索赔频率为 λ 的保单第 2 年在各个奖惩等级的分布 $\boldsymbol{I}\cdot\boldsymbol{M}(\lambda)$。以此类推，在第 t 年，索赔频率为 λ 的保单在各个奖惩等级的分布为 $\boldsymbol{I}\cdot[\boldsymbol{M}(\lambda)]^{t-1}$。

令 $\boldsymbol{c}=[0.7, 0.8, 0.9, 1]^{\mathrm{T}}$ 为各个等级的奖惩系数，其中 T 表示对矩阵进行转置，则索赔频率为 λ 的保单在第 t 年的期望奖惩系数为：

$$P(\lambda;t)=\boldsymbol{I}\cdot[\boldsymbol{M}(\lambda)]^{t-1}\cdot c$$

可以证明，当 t 足够大时，$\boldsymbol{I}\cdot[\boldsymbol{M}(\lambda)]^{t-1}$ 就是个体保单的稳态概率分布，即 $\boldsymbol{a}(\lambda)=\boldsymbol{I}\cdot[\boldsymbol{M}(\lambda)]^{t-1}$。因此，当奖惩系统进入稳定状态时，对于索赔频率为 λ 的保单，其平均奖惩系数为：

$$P(\lambda)=\boldsymbol{a}(\lambda)\cdot\boldsymbol{c}=\sum_{i=1}^{4}a_i(\lambda)\cdot c_i$$

譬如，对于索赔频率为 0.2 的个体保单，经过多年以后，其平均奖惩系数为：

$$\begin{aligned}P(0.2)&=\boldsymbol{a}(0.2)\cdot\boldsymbol{c}\\&=0.761\,3\times0.7+0.168\,6\times0.8+0.053\,61\times0.9+0.016\,55\times1\\&=0.732\,6\end{aligned}$$

由于保单组合的结构函数为 $u(\lambda)$，因此保单组合在第 t 年的平均奖惩系数为：

$$AP(t)=\int_0^{\infty}P(\lambda;t)u(\lambda)\mathrm{d}\lambda$$

当奖惩系统进入稳定状态时，保单组合的平均奖惩系数为：

$$AP=\int_0^{\infty}P(\lambda)u(\lambda)\mathrm{d}\lambda=\int_0^{\infty}\boldsymbol{a}(\lambda)\cdot\boldsymbol{c}\cdot u(\lambda)\mathrm{d}\lambda=\boldsymbol{a}\cdot\boldsymbol{c}$$

式中，$\boldsymbol{a}$ 为保单组合在各个等级的稳态概率分布。譬如，对于前例的奖惩系统，假设新保单的平均奖惩系数为1，那么经过若干年以后，当奖惩系统进入稳定状态时，这组保单的平均奖惩系数为：

$$\begin{aligned}AP&=0.7\times 88.53\%+0.8\times 8.70\%+0.9\times 2.08\%+1\times 0.69\%\\&=0.7149\end{aligned}$$

即当奖惩系统进入稳定状态时，这组保单缴纳的平均保费是其初始保费的71.49%。

前例假设结构函数 $u(\lambda)$ 为伽马分布。如果假设结构函数为离散型分布，则平均奖惩系数的计算将更加简单，只需把上述的积分运算改为求和运算即可。

3. 奖惩系统的弹性

奖惩系统的弹性度量奖惩系统对索赔频率的变化所能做出的反应。很显然，对任何一个合理的奖惩系统而言，被保险人所缴纳的保费应该是其索赔频率的增函数，最好这种函数关系还是线性的。索赔频率的相对增加应该导致保费有同样的相对增量。譬如，一个索赔频率为0.1的被保险人和另一个索赔频率为0.11的被保险人，经过较长的一段时间以后，第二个被保险人应该比第一个多缴纳10%的保费。具有这种特性的奖惩系统就是具有完全弹性的。事实上，许多奖惩系统的保费增量远远不及10%。如果保费的增量是2%，而不是10%，那么奖惩系统的弹性则被认为只有20%。

令 $P(\lambda)$ 表示索赔频率为 λ 的保单持有人在稳定状态下的平均保费（即平均奖惩系数），那么最理想的状态是，索赔频率的增量 $\frac{\mathrm{d}\lambda}{\lambda}$ 应该导致平均保费有相同的增量 $\frac{\mathrm{d}P(\lambda)}{P(\lambda)}$。对大多数奖惩系统而言，保费的变化要小于索赔频率的变化，因此可以把稳定状态下平均保费关于索赔频率的弹性 $\eta(\lambda)$ 定义为：

$$\eta(\lambda)=\left(\frac{\mathrm{d}P(\lambda)}{P(\lambda)}\right)\Big/\left(\frac{\mathrm{d}\lambda}{\lambda}\right)$$

如前所述，对于索赔频率为 λ 的保单，稳定状态下的平均保费可以表示为：

$$P(\lambda)=\boldsymbol{a}(\lambda)\cdot\boldsymbol{c}=\sum_{i=1}^{s}a_i(\lambda)\cdot c_i$$

故

$$\frac{\mathrm{d}P(\lambda)}{\mathrm{d}\lambda}=\sum_{i=1}^{s}\frac{\mathrm{d}a_i(\lambda)}{\mathrm{d}\lambda}\cdot c_i$$

为了计算 $\frac{\mathrm{d}a_i(\lambda)}{\mathrm{d}\lambda}$，可以对定义稳态概率分布的方程组求关于 λ 的导数，得到下述方程组：

$$\begin{cases} \dfrac{\mathrm{d}\boldsymbol{a}(\lambda)}{\mathrm{d}\lambda} \cdot \boldsymbol{M}(\lambda) + \dfrac{\mathrm{d}\boldsymbol{M}(\lambda)}{\mathrm{d}\lambda} \cdot \boldsymbol{a}(\lambda) = \dfrac{\mathrm{d}\boldsymbol{a}(\lambda)}{\mathrm{d}\lambda} \\ \displaystyle\sum_{i=1}^{s} \dfrac{\mathrm{d}a_i(\lambda)}{\mathrm{d}\lambda} = 0 \end{cases}$$

式中，$\boldsymbol{a}(\lambda) = [a_1(\lambda), a_2(\lambda), \cdots, a_s(\lambda)]$。

计算弹性的一种近似方法是，首先给出 λ 的一个值，计算对应的 $P(\lambda)$的值，然后把 λ 增加一个很小的量 $\Delta\lambda$，得到 $\lambda+\Delta\lambda$，再计算 $P(\lambda+\Delta\lambda)$的值，由此可以得到索赔频率为 λ 时的弹性近似值为：

$$\eta(\lambda) = \left(\frac{P(\lambda+\Delta\lambda) - P(\lambda)}{P(\lambda)}\right) \Big/ \left(\frac{\Delta\lambda}{\lambda}\right)$$

□ 习 题

5.1 某保单的索赔频率为常数，假设可靠程度要求达到 90%，波动幅度控制在 5%以内，计算信度因子为 0.5 时的期望索赔次数是多少。

5.2 假设个体风险每次索赔额的变异系数为 1，选取 $\alpha=10\%$，$r=10\%$，当期望索赔次数为多大时，用样本索赔金额数据估计索赔强度的可信度为 100%?

5.3 已知两份保单在过去各年的损失经验数据如下表所示。估计保单 B 的 Bühlmann 信度保费。

保单	年份			
	2014	2015	2016	2017
A	73	80	65	70
B	65	65	63	75

5.4 已知两个风险 A 和 B 的损失金额服从下表所示的分布。风险 A 和风险 B 发生损失的概率分别为 2/3 和 1/3。如果已知某个风险在某次事故中的损失额为 400，求该风险下次损失额的 Bühlmann 信度估计值。

损失额	风险 A 的概率分布	风险 B 的概率分布
500	0.5	0.8
400	0.5	0.2

5.5 某公司每个车年的出险次数服从泊松分布，且泊松参数每年保持恒定。假设不同车辆的泊松参数服从 [0，2] 上的均匀分布。该公司过去三年的经验索赔次数如下表所示。如果该公司 2017 年拥有三辆汽车，应用 Bühlmann-Straub 信度模型估计该公司在 2017 年的期望索赔次数。

年度	车辆数	总索赔次数
2014	5	2
2015	6	4
2016	3	0

5.6 在四个风险类别中，每人可能发生的损失为 2 或 4，其分布如下表所示。随机选定某一风险类别（概率为 1/4），从中选取四个被保险人，已知其总损失为 10。如果从同一风险类别再抽取一个被保险人，用 Bühlmann-Straub 信度模型估计这五个被保险人的总损失。

风险类别	损失金额	
	2	4
Ⅰ	0.9	0.1
Ⅱ	0.7	0.3
Ⅲ	0.5	0.5
Ⅳ	0.2	0.8

5.7 假设不同被保险人的索赔频率相互独立，每个被保险人在每月的索赔次数服从泊松分布，不同被保险人的泊松参数互不相同，泊松参数服从伽马分布，形状参数为 6，尺度参数为 0.01。假设保险人在过去 4 个月的经验数据如下表所示，应用 Bühlmann-Straub 信度模型估计保险人在第 4 个月的索赔次数。

月份	被保险人数	索赔次数
1	120	6
2	180	8
3	240	11
4	300	?

5.8 已知两份保单在过去三年的索赔次数如下表所示。假设每份保单的被保险人数在年度间保持不变，且分别为 20，50。计算这两份保单年索赔次数的信度估计值。

保单	损失次数		
	第一年	第二年	第三年
A	6	5	4
B	6	7	8

5.9 两份保单在过去四年的索赔情况如下表所示。假设每份保单在每年的索赔次数服从泊松分布，且每份保单的索赔频率在各年间保持相同。估计这两份保单中每辆汽车在 2018 年的索赔频率。

保单	项目	年份			
		2014	2015	2016	2017
A	索赔次数	7	8	5	6
	承保车辆数	12	18	9	11
B	索赔次数		6	9	7
	承保车辆数		13	16	15

5.10 某奖惩系统包括四个折扣等级：0%，20%，40%和 50%。若保单持有人无赔案发生，下年将上升一个等级或停留在50%等级；若有一次或一次以上赔案发生，则降至0%等级或停留在0%的等级。现有 10 000 份同质的机动车辆险保单（均处于0%折扣等级），若赔案的发生是相互独立的，且发生赔案的概率为 10%。计算：(1) 转移概率矩阵；(2) 三年末保单持有人在各等级的分布状况。

第 6 章

Chapter 6

免赔额和赔偿限额

财产和责任保险合同通常会设有免赔额条款和赔偿限额条款，如车损险的免赔额条款、第三者责任保险的赔偿限额条款。本章讨论这些保单条款对保险费率的影响。

6.1 免赔额

为了解释免赔额条款对保险费率厘定的影响，下面通过具体示例进行说明。

假设在没有免赔额的情况下，有关数据如表 6－1 所示。

表 6－1　没有免赔额情况下的数据　　金额单位：元

保费	2 000 000
期望赔付率	65%
直接理赔费用（ALAE）占赔款的百分比	10%
佣金占保费的百分比	5%
其他变动费用占保费的百分比	10%
固定费用	150 000

基于表 6－1 的假设，在不考虑投资收益的情况下，保险公司可以从这份保单获得的承保利润如表 6－2 所示。

表 6－2　保险公司的承保利润　　金额单位：元

(1) 保费	2 000 000
(2) 赔款　(2)=(1)×期望赔付率	1 300 000
(3) 直接理赔费用　(3)=(2)×ALAE 占赔款的百分比	130 000
(4) 佣金　(4)=(1)×佣金占保费的百分比	100 000
(5) 变动费用　(5)=(1)×其他变动费用占保费的百分比	200 000
(6) 固定费用	50 000
(7) 承保利润　(7)=(1)−[(2)+(3)+(4)+(5)+(6)]	120 000

在考虑投资收益时，保险公司获得的利润会超过表 6－2 的承保利润，这是因为保险公司收取保费在前，而赔款支出在后，因此可以把保费进行投资获取一部分投资收益。

当保险公司对含有免赔额条款的保单进行定价时，首先需要分析免赔额对赔款和费用因素的影响，主要包括以下 6 个方面：

（1）免赔额对赔款的影响。

（2）免赔额对直接理赔费用的影响。

（3）免赔额对其他费用的影响。

（4）免赔额对利润附加的影响。

（5）在第三者责任保险中，如果保险公司向第三方支付赔款后再由被保险人返还免赔额，就可能出现由于被保险人破产等原因，一些被保险人无法向保险公司返还免赔额的情况。对于这部分未能返还的免赔额，保险公司在定价中应该有所考虑。

（6）如果基于现金流量折现模型来定价，还应该考虑免赔额对现金流量的影响。

下面讨论如何调整一个不含免赔额保单的赔款和费用，从而将其应用到一个免赔额保单的定价中。保费由赔款、直接理赔费用、佣金和其他变动费用、固定费用、风险附加等构成，下面分别就这些方面讨论免赔额的应用所带来的影响。

6.1.1　赔款

若用 $f(x)$ 表示损失分布的密度函数，则无免赔额情况下的期望赔款可以表示为 $\int_0^{\infty} xf(x)\mathrm{d}x$。若用 D 表示免赔额，则超额赔款比率可以表示：

$$\rho=\frac{\int_D^{\infty}(x-D)f(x)\mathrm{d}x}{\int_0^{\infty}xf(x)\mathrm{d}x}$$

上式的分子是当免赔额为 D 时保险公司的平均赔款，分母是无免赔额时保险公司的平均赔款。可见，超额赔款比率就是免赔额条件下的期望赔款与无免赔额条件下的期望赔款之比。

超额赔款比率也可以用另一个公式表示：

$$\rho=\frac{\int_0^{\infty}xf(x)\mathrm{d}x-\left[\int_0^{D}xf(x)\mathrm{d}x+D\int_D^{\infty}f(x)\mathrm{d}x\right]}{\int_0^{\infty}xf(x)\mathrm{d}x}$$

式中，方括号中的部分表示在免赔额保单中投保人自负的平均损失，将其从不含免赔额的期望赔款中扣除，即得免赔额保单的期望赔款（即上式的分子）。

为简化计算，下面不妨假设损失是离散型分布的形式，即具有表 6－3 所示的形式。从表 6－3 可以看出，损失金额为 1 000 元的概率是 45%，但只占到平均损失的 1.5%(=450/29 700)，而损失金额为 1 000 000 元的概率虽然只有 0.2%，但占到平均损失的 6.73%。这说明高额损失对平均损失的影响很大。

表 6－3　　损失分布　　金额单位：元

损失金额	损失频率	期望损失
(1)	(2)	(3)=(1)×(2)
1 000	45.0%	450
5 000	20.0%	1 000
15 000	15.0%	2 250
50 000	10.0%	5 000
100 000	6.0%	6 000
200 000	2.0%	4 000
500 000	1.8%	9 000
1 000 000	0.2%	2 000
平均	100%	29 700

如果假设免赔额为 D=100 000 元，则应用表 6－3 中的数据，可以计算超额赔款比率如下：

$$\text{超额赔款比率}=\frac{(200\,000-100\,000)\times 2.0\%+(500\,000-100\,000)\times 1.8\%+(1\,000\,000-100\,000)\times 0.2\%}{29\,700}$$

$$=\frac{2\,000+7\,200+1\,800}{29\,700}=\frac{11\,000}{29\,700}=37\%$$

运用同样的方法，可以得到在不同免赔额条件下超额赔款比率的计算结果，如表 6－4 所示。

表 6－4　　不同免赔额条件下的超额赔款比率　　金额单位：元

免赔额	超额赔款比率
100 000	37%
200 000	23.6%
300 000	16.8%
500 000	3.4%

用超额赔款比率乘以无免赔额条件下的期望赔款，即可得到期望超额赔款。期望超额赔款就是免赔额保单的期望赔款，反映了在应用免赔额的情况下保险公司的期望赔款支出。在免赔额为 100 000 元的情况下，期望超额赔款的计算如表 6－5 所示。在该表中，(1)×(2)是无免赔额条件下保单的期望赔款。

表6-5　免赔额为100 000元时期望超额赔款的计算　金额单位：元

(1) 无免赔额条件下的保费	2 000 000
(2) 期望赔付率	65%
(3) 超额赔款比率	37%
(4) 期望超额赔款　(4)=(1)×(2)×(3)	481 000

6.1.2　直接理赔费用

在精算实务中，关于直接理赔费用的处理有两种不同的情况。一种情况是，直接理赔费用与赔款合并在一起，免赔额适用于赔款和直接理赔费用之和；另一种情况是，免赔额只适用于赔款，而直接理赔费用由保险公司承担。

在第一种情况下，前面的有关计算要应用于赔款和直接理赔费用之和中，而不是单纯的赔款；相应地，损失分布应该是赔款和直接理赔费用之和的分布。此时，超额赔款比率将应用于无免赔额条件下的期望赔款和直接理赔费用之和。

如果直接理赔费用完全由保险公司承担，不受免赔额影响，则无论保单中是否包含免赔额条款，保费中的直接理赔费用是相同的。

在本例中，我们假设免赔额只适用于赔款，所以免赔额条款不会减少公司所支付的直接理赔费用。因此，在为免赔额为100 000元的保单定价时，直接理赔费用（130 000元）应该包含在价格之内，如表6-6所示。

表6-6　无免赔额条件下的期望赔款和直接理赔费用　金额单位：元

(1) 无免赔额条件下的保费	2 000 000
(2) 期望赔付率	65%
(3) 无免赔额条件下的期望赔款　(3)=(1)×(2)	1 300 000
(4) 直接理赔费用在赔款中所占比例	10%
(5) 直接理赔费用　(5)=(3)×(4)	130 000
(6) 无免赔额条件下的期望赔款和直接理赔费用　(6)=(3)+(5)	1 430 000

6.1.3　佣金和其他变动费用

如果佣金和其他变动费用随保费变化而变化，即佣金和其他变动费用是保费的一个百分比，则可以通过对保费中的其他部分进行调整，从而将佣金和其他变动费用纳入保费之中，由此得到的保费计算公式如下：

$$\text{保费}=\frac{\text{保费中的其他部分}}{1-\text{佣金和其他变动费用率}}$$

本例假设佣金为保费的10%。

6.1.4　固定费用

对于带有免赔额的第三者责任保险单，保险公司可能会因为下列活动而增加管理费用：

（1）为了收回免赔额而向投保人寄送账单；

（2）催促投保人按时返还免赔额；

（3）聘请追偿机构或采取诉讼手段追偿免赔额。

在本例中，我们假设由于应用免赔额而增加的费用是免赔层损失的5%，这部分增加的费用如表6-7所示。

表6-7　　应用免赔额增加的固定费用　　金额单位：元

（1）无免赔额条件下的保费	2 000 000
（2）期望赔付率	65%
（3）超额赔款比率	37%
（4）落入免赔层的损失　（4）=（1）×（2）×[（1）-（3）]	819 000
（5）因为应用免赔额而增加的费用比率	5%
（6）因为应用免赔额而增加的固定费用　（6）=（4）×（5）	40 950

如果进一步假设在不含免赔额的保单中固定费用是150 000元，那么对于这份免赔额保单，总的固定费用应为150 000+40 950=190 950元。

6.1.5 风险附加

如前所述，高额损失发生的概率很低，但其对平均损失的影响可能很大。换言之，对于免赔额保单，保险公司承担的是可预测性较小而损失较大的部分，所以，与不含免赔额的保单相比，免赔额保单的风险要更高一些。本例假设对于超过免赔额的损失，按期望超额赔款的10%提取风险附加，即为481 000×10%=48 100元。

6.1.6 无法收回的免赔额

与免赔额保单相关的另一种风险是无法收回免赔额的风险。在第三者责任保险中，当保险公司向第三者支付了所有的赔款之后，向被保险人追偿免赔额时，被保险人有可能无力或者不愿返还免赔额。这对保险公司的利润将会产生负面影响。在为免赔额保单定价时，应该增加一部分附加保费，对这部分无法收回的免赔额进行补偿。在本例中，假设为这部分风险收取的附加保费是期望免赔额的1%，其计算结果如表6-8所示。

表6-8　　无法收回的期望免赔额　　金额单位：元

免赔层的损失=无免赔额时的保费×期望赔付率×（1-超额赔款比率）	819 000
免赔额无法收回的比率	1%
无法收回的期望免赔额（增加的附加保费）	8 190

6.1.7　最终保费的厘定

在考虑前面所有因素的基础上，假设免赔额只应用于赔款而不应用于直接理赔费用，并且佣金由投保人直接支付，则最终保费的厘定结果如表 6-9 所示。

表 6-9　最终保费的厘定　金额单位：元

(1) 期望超额赔款（超过免赔额的期望损失）	481 000
(2) 直接理赔费用	130 000
(3) 固定费用	
原有的固定费用	50 000
应用免赔额增加的固定费用	40 950
(4) 应用免赔额而增加的风险附加	48 100
(5) 无法收回的期望免赔额	8 190
(6) 小计　(6)=(1)+(2)+(3)+(4)+(5)	758 240
(7) 变动费用	
a. 佣金率	10%
b. 利润附加率	6%
c. 其他变动费用率	12%
(8) 最终保费　(8)=(6)/[1-(7)a-(7)b-(7)c]	1 053 111

6.2　赔偿限额

大多数责任保险保单都会规定赔偿限额，如汽车第三者责任保险、公众责任保险和医疗责任保险等。对于这类责任险保单，厘定费率的一个重要工具是增限因子（increased limit factor）。

6.2.1　增限因子

增限因子是较高限额下的期望保险成本与基本限额下的期望保险成本之比。用增限因子乘以基本限额下的期望保险成本，就可以求出较高限额下的期望保险成本，并在此基础上厘定其保险费率。

责任险的保险成本主要包括以下几个部分：

(1) 赔付成本，即支付给索赔人的实际金额。

(2) 直接理赔费用，包括法律辩护费用和其他与个体索赔直接相关的费用。

(3) 间接理赔费用，即理赔过程中发生的间接费用。

(4) 风险附加，通常取决于不同限额下赔款的变异程度。

在责任保险的定价中，使用增限因子的主要原因是为了提高经验赔款数据的可信度。一般而言，只有在数据量足够大的条件下才能求得期望保险成本的可信估计。在责任保险中，如果使用的分类变量较多，通常就没有足够的高额赔款数据来估计高限额条件下的期望保险成本。对于这种问题，通常的解决方法是把期望保险成本的估计分解为两部分进行处理。

首先，计算所有风险类别基本限额下的期望保险成本。因为小额赔款通常有大量的数据，所以可以使用它们来计算各种风险类别在基本限额下的期望保险成本。

其次，在合并风险类别的基础上计算增限因子。由于合并后的风险类别通常具有较多的赔款数据，因此可信度的问题可以得到解决。然后用增限因子乘以不同风险类别基本限额下的期望保险成本，就可以求得不同风险类别在较高限额下的期望保险成本。

如果用 B 表示基本限额，则限额 L 相对于基本限额 B 的增限因子可以定义为：

$$\text{限额为 } L \text{ 的增限因子}=\frac{\text{限额为 } L \text{ 的期望保险成本}}{\text{限额为 } B \text{ 的期望保险成本}}$$

式中，期望保险成本包括赔付成本、直接理赔费用、间接理赔费用和风险附加四个部分。

增限因子通常基于每次索赔的限额或每次事故的限额计算。每次索赔的限额表示在一次事故中支付给一个索赔人的限额。每次事故的限额表示在一次保险事故中支付给所有索赔人的总限额。

在增限因子的四个主要分量中，最重要的部分是赔付成本。直接理赔费用和风险附加有时也是总成本的重要组成部分，但在多数分析中，直接理赔费用、间接理赔费用和风险附加都被表示为期望赔付成本的某种函数。

为了便于说明，下面首先讨论仅包含期望赔付成本的增限因子：

$$\text{限额为 } L \text{ 的增限因子}=\frac{\text{限额为 } L \text{ 的期望赔付成本}}{\text{限额为 } B \text{ 的期望赔付成本}}$$

在计算增限因子时，通常使用以下两个基本假设：

(1) 索赔频率与索赔强度相互独立，期望赔付成本等于索赔频率与索赔强度的乘积，于是前述增限因子的公式可以表示为：

$$\begin{array}{c}\text{限额为 } L \text{ 的}\\ \text{增限因子}\end{array}=\frac{\text{限额为 } L \text{ 的期望索赔频率}\times\text{限额为 } L \text{ 的期望索赔强度}}{\text{限额为 } B \text{ 的期望索赔频率}\times\text{限额为 } B \text{ 的期望索赔强度}}$$

(2) 保单限额不会影响索赔频率，换言之，限额为 L 时的期望索赔频率等于限额为 B 时的期望索赔频率。在此假设下，增限因子的分子和分母可以同时除以相同的期望索赔频率，即有

$$\text{限额为 } L \text{ 的增限因子}=\frac{\text{限额为 } L \text{ 时的期望索赔强度}}{\text{限额为 } B \text{ 时的期望索赔强度}}$$

由此可见，只包括赔付成本的增限因子可以用不同限额下的期望索赔强度来表示。注意，这里讨论的保单限额是最基本的形式，即每次索赔的限额和每次事故的限额。在其他类型的限额中，计算增限因子可能需要考虑索赔频率。

给定责任限额下的期望索赔强度通常称作有限期望赔款。

6.2.2 有限期望赔款

在计算增限因子时，通常假设索赔频率与索赔强度相互独立，且保单限额的使用不会影响索赔频率的大小。这两个假设可以简化增限因子的计算。

为了计算增限因子，首先需要计算在不同责任限额下的有限期望赔款。有限期望赔款是在保单限额以下的赔款的平均值。在此定义下，可以使用经验赔款数据来计算有限期望赔款。譬如，在表 6－10 中，共有 3 次损失，基本限额是 100 000 元，相应的有限期望赔款为 260 000/3＝86 667 元。当限额为 500 000 元时，相应的有限期望赔款为 680 000/3＝226 667 元。由此可以求得限额为 500 000 元的增限因子为：226 667÷86 667＝2.615 4。

表 6－10 损失数据 单位：元

损失额	限额为 100 000 元时的赔款	限额为 500 000 元时的赔款
60 000	60 000	60 000
120 000	100 000	120 000
550 000	100 000	500 000
合计	260 000	680 000
有限期望赔款	86 667	226 667

如果没有个体损失数据，可以使用汇总数据，并把汇总数据整理成区间数据的格式。在整理数据时，可以将每一个区间的端点设定为希望得到的限额。表 6－11 是按区间汇总后的经验赔款数据，下面应用这组数据来计算有限期望赔款。

表 6－11 区间数据 金额单位：元

赔款下限	赔款上限	总赔款	事故次数
1	200 000	60 000 000	500
200 001	500 000	90 000 000	300
500 001	1 000 000	75 000 000	100
1 000 001	2 000 000	60 000 000	50
2 000 001	—	52 000 000	20

在表 6－11 中，每一笔赔款额都依据其金额大小被汇总在适当的区间中。譬如，一笔 40 000 元的赔款应该处于第一个区间，而一笔 250 000 元的赔款应处于第二区间中。

为了在每一个限额下计算有限期望赔款，需要将赔款数据分解为两部分：一部分是限额以下的赔款，一部分是超过限额的赔款。对于限额以下的赔款，在计算有限期望赔款时无须进行调整；而对于超过限额的赔款，需要先将其调整到限额水平再使用。譬如，如果要计算限额为200 000元的有限期望赔款，首先将500笔小于和等于200 000元的赔款直接求和，为60 000 000元，然后将470笔超过200 000元的赔款全部调整到200 000元求和，为470×200 000。由此可得限额为200 000元的有限期望赔款为：

$$(60\ 000\ 000+470\times 200\ 000)/970=158\ 763(\text{元})$$

同样，限额为1 000 000元的有限期望赔款为：

$$(225\ 000\ 000+70\times 1\ 000\ 000)/970=304\ 124(\text{元})$$

限额为2 000 000元的有限期望赔款为：

$$(285\ 000\ 000+20\times 2\ 000\ 000)/970=335\ 052(\text{元})$$

因此，如果基本限额为200 000元，则只考虑赔付成本的增限因子分别为：

限额为1 000 000元的增限因子=304 124/158 763=1.92
限额为2 000 000元的增限因子=335 052/158 763=2.11

本例假设赔款等于实际发生的损失。换言之，这些赔款数据是完整的，没有受到保单赔偿限额的影响。在实际中，许多赔款数据都是截尾数据，即在保单赔偿限额处被截断了。譬如，在限额为500 000元的条件下，一笔500 000元的赔款只能表明这笔赔款对应的实际损失至少为500 000元，但是不能确切地知道到底是500 000元、501 000元、900 000元，还是20 000 000元。如果数据中包含很多这样的限额赔款数据，前述方法就有可能低估较高限额时的有限期望赔款。

为了处理截尾问题，需要根据不同保单的限额对数据进行分类。为了便于说明，假设表6-12、表6-13和表6-14中损失数据分别来自限额为200 000元、1 000 000元和2 000 000元的保单，且这些损失数据是完整的，还没有受到保单限额的影响。

表6-12 限额为200 000元的保单的完整损失数据 金额单位：元

损失下限	损失上限	总损失	事故次数
1	200 000	12 000 000	100
200 001	500 000	18 000 000	60
500 001	1 000 000	15 000 000	20
1 000 001	2 000 000	12 000 000	10
2 000 001	—	10 400 000	4

表 6-13　限额为 1 000 000 元的保单的完整损失数据　金额单位：元

损失下限	损失上限	总损失	事故次数
1	200 000	18 000 000	150
200 001	500 000	27 000 000	90
500 001	1 000 000	22 500 000	30
1 000 001	2 000 000	18 000 000	15
2 000 001	—	15 600 000	6

表 6-14　限额为 2 000 000 元的保单的完整损失数据　金额单位：元

损失下限	损失上限	总损失	事故次数
1	200 000	30 000 000	250
200 001	500 000	45 000 000	150
500 001	1 000 000	37 500 000	50
1 000 001	2 000 000	30 000 000	25
2 000 001	—	26 000 000	10

在考虑保单赔偿限额的影响以后，表 6-12、表 6-13 和表 6-14 中的完整损失数据将分别变为表 6-15、表 6-16 和表 6-17 中的限额赔款数据。以表 6-12 为例，有 94 笔损失的金额超过了限额 200 000 元，所以将它们全部按 200 000 元计算，并计入第一个赔款区间，由此可得第一个赔款区间的总赔款金额为 12 000 000+94×200 000=30 800 000 元，结果如表 6-15 所示。表 6-16 和表 6-17 的计算过程与此相同。

表 6-15　限额为 200 000 元的保单的限额赔款数据　金额单位：元

赔款下限	赔款上限	总赔款	事故次数
1	200 000	30 800 000	194
200 001	500 000	—	—
500 001	1 000 000	—	—
1 000 001	2 000 000	—	—
2 000 001	—	—	—

表 6-16　限额为 1 000 000 元的保单的限额赔款数据　金额单位：元

赔款下限	赔款上限	总赔款	事故次数
1	200 000	18 000 000	150
200 001	500 000	27 000 000	90
500 001	1 000 000	43 500 000	51
1 000 001	2 000 000	—	—
2 000 001	—	—	—

表 6－17　限额为 2 000 000 元的保单的限额赔款数据　金额单位：元

赔款下限	赔款上限	总赔款	事故次数
1	200 000	30 000 000	250
200 001	500 000	45 000 000	150
500 001	1 000 000	37 500 000	50
1 000 001	2 000 000	50 000 000	35
2 000 001	—	—	—

在计算不同限额条件下的有限期望赔款时，应尽可能使用最大量的数据，从而减少由于截尾造成的偏差。事实上，在计算最低限额保单的有限期望赔款时，可以使用所有的保单数据。譬如，我们可以根据表 6－15、表 6－16 和表 6－17 的数据计算限额为 200 000 元的有限期望赔款：

$$\frac{(30\ 800\ 000)+(18\ 000\ 000+141\times 200\ 000)+(30\ 000\ 000+235\times 200\ 000)}{194+291+485}$$

$$=158\ 763(\text{元})$$

在上述计算中，我们使用了 3 类限额保单的全部信息。

进一步应用表 6－16 和表 6－17 的赔款数据可以计算从 200 000 元到 1 000 000 元这个区间的有限期望赔款，然后将其与限额为 200 000 元的有限期望赔款相加，即可得到限额为 1 000 000 元的有限期望赔款。

在计算从 200 000 元到 1 000 000 元这个区间的有限期望赔款时，只能使用限额为 1 000 000 元的保单数据和限额为 2 000 000 元的保单数据。根据表 6－16 和表 6－17 的数据可以求得限额为 1 000 000 元的保单和限额为 2 000 000 元的保单在 200 000 元到 1 000 000 元区间的赔款，如表 6－18 和表 6－19 所示。

表 6－18　限额为 1 000 000 元的保单在 200 000 元到 1 000 000 元区间的赔款　金额单位：元

赔款下限	赔款上限	总赔款	事故次数	在 200 000 元到 1 000 000 元区间的赔款
1	200 000	18 000 000	150	—
200 001	500 000	27 000 000	90	9 000 000
500 001	1 000 000	43 500 000	51	33 300 000

表 6－19　限额为 2 000 000 元的保单在 200 000 元到 1 000 000 元区间的赔款　金额单位：元

赔款下限	赔款上限	总赔款	事故次数	在 200 000 元到 1 000 000 元区间的赔款
1	200 000	30 000 000	250	—
200 001	500 000	45 000 000	150	15 000 000
500 001	1 000 000	37 500 000	50	27 500 000
1 000 001	2 000 000	50 000 000	35	28 000 000

在表 6－18 中，首先从原始赔款中减去每笔赔款的前 200 000 元，这样，在限额为 1 000 000 元的条件下，可以算出落在 200 000 元到 1 000 000 元区间的赔款为：

27 000 000－90×200 000＝9 000 000(元)

43 500 000－51×200 000＝33 300 000(元)

同样，在表 6－19 中，在限额为 2 000 000 元的条件下，落在 200 000 元到 1 000 000 元区间的赔款为：

45 000 000－150×200 000＝15 000 000(元)

37 500 000－50×200 000＝27 500 000(元)

对于超过 1 000 000 元的赔款，每一笔落在 200 000 元到 1 000 000 元区间的金额均为 800 000 元，故总额为：

35×800 000＝28 000 000(元)

将上述结果加总，可以求得限额为 1 000 000 元的保单和限额为 2 000 000 元的保单落在 200 000 元到 1 000 000 元区间的总赔款为：

9 000 000＋33 300 000＋15 000 000＋27 500 000＋28 000 000
＝112 800 000(元)

而限额为 1 000 000 元的保单和限额为 2 000 000 元的保单发生的事故总次数为：

150＋90＋51＋250＋150＋50＋35＝776(次)

因此，每次事故落在 200 000 元到 1 000 000 元区间的平均赔款为：

112 800 000/776＝145 361(元)

由此可以计算出限额为 1 000 000 元时的有限期望赔款为下述两项之和：

(1) 限额为 200 000 元时的有限期望赔款；

(2) 落在 200 000 元到 1 000 000 元区间的平均赔款。

即为：

158 763＋145 361＝304 124(元)

用同样的方法可以计算落在 1 000 000 元到 2 000 000 元区间的赔款。此时，只能使用限额为 2 000 000 元的保单数据。由表 6－20 可知，落在 1 000 000 元到 2 000 000 元区间的赔款为：

50 000 000－35×1 000 000＝15 000 000(元)

用 15 000 000 元除以限额为 2 000 000 元的保单发生的事故总次数 485，可以求得每次事故落在 1 000 000 元到 2 000 000 元区间的平均赔款为：

15 000 000/485＝30 928(元)

由此可以求得限额为 2 000 000 元时的有限期望赔款为下述三项之和：

(1) 限额为 200 000 元时的有限期望赔款；

(2) 落在 200 000 元到 1 000 000 元区间的平均赔款；

(3) 落在 1 000 000 元到 2 000 000 元区间的平均赔款。

即为：

158 763＋145 361＋30 928＝335 052(元)

表 6-20　限额为 2 000 000 元的保单在 1 000 000 元到 2 000 000 元区间的赔款 金额单位：元

赔款下限	赔款上限	总赔款	事故次数	在 200 000 元到 1 000 000 元区间的赔款
1	200 000	30 000 000	250	—
200 001	500 000	45 000 000	150	—
500 001	1 000 000	37 500 000	50	—
1 000 001	2 000 000	50 000 000	35	15 000 000

在前面的例子中，我们基于经验赔款数据讨论了有限期望赔款的计算。如果经验赔款数据服从某种连续型分布，就可以使用连续型分布计算有限期望赔款。

如果损失随机变量 X 服从连续型分布，分布函数为 $F(x)$，密度函数为 $f(x)$，则当限额为 u 时，有限期望赔款可以表示为：

$$E(X \wedge u)=\int_0^u xf(x)\,\mathrm{d}x+u[1-F(u)]$$

式中，第一项包括所有小于等于 u 的赔款，第二项表示大于 u 的赔款都按 u 计算。

譬如，假设损失金额服从形状参数为 2、尺度参数为 1 000 的伽马分布，保单的基本限额为 2 000 元，则限额为 3 000 元和 5 000 元的增限因子分别为 1.2 和 1.34。应用 R 语言计算有限期望赔款和增限因子的程序代码如下。

```
#定义伽马分布的分布函数 F (x)
Fx = function (x)   pgamma (x, shape = 2, scale = 1000)

#定义 x * f (x), 其中 f (x) 是伽马分布的密度函数
xfx = function (x)   x * dgamma (x, shape = 2, scale = 1000)

#计算有限期望赔款的函数 LE
LE = function (u) integrate (xfx, 0, u) $ value + u* (1 - Fx (u))

#计算限额为 2000 元的有限期望赔款
```

```
LE (2000)
## [1] 1458.659

#计算限额为 3000 元的有限期望赔款
LE (3000)
## [1] 1751.065

#计算限额为 5000 元的有限期望赔款
LE (5000)
## [1] 1952.834

#计算限额为 3000 元的增限因子
LE (3000) /LE (2000)
## [1] 1.200462

#计算限额为 5000 元的增限因子
LE (5000) /LE (2000)
## [1] 1.338788
```

6.2.3　通货膨胀的杠杆效应

如果由于通货膨胀的影响，所有赔款都增长了相同的百分比，那么低限额层比高限额层的赔款增长幅度要小，这种现象通常称为“通货膨胀的杠杆效应”。

假设原始的赔款数据如表 6－21 所示，如果所有赔款都增长了 10%，则相应的赔款如该表的第二栏所示。显然，总赔款也增长了 10%。这是在没有赔偿限额情况下的结果。如果进一步假设保单的赔偿限额分别为 200 000 元、1 000 000 元和 2 000 000 元，则 10%的赔款增长趋势对总赔款的影响是不同的，如表 6－21 所示。

表 6－21　　10%的通货膨胀率对不同限额赔款的影响　　金额单位：元

完整的损失金额		限额为 200 000 元		限额为 1 000 000 元		限额为 2 000 000 元	
通货膨胀前	通货膨胀后	通货膨胀前	通货膨胀后	通货膨胀前	通货膨胀后	通货膨胀前	通货膨胀后
100 000	110 000	100 000	110 000	100 000	110 000	100 000	110 000
300 000	330 000	200 000	200 000	300 000	330 000	300 000	330 000
970 000	1 067 000	200 000	200 000	970 000	1 000 000	970 000	1 067 000
1 200 000	1 320 000	200 000	200 000	1 000 000	1 000 000	1 200 000	1 320 000
1 980 000	2 178 000	200 000	200 000	1 000 000	1 000 000	1 980 000	2 000 000
2 100 000	2 310 000	200 000	200 000	1 000 000	1 000 000	2 000 000	2 000 000
合计		1 100 000	1 110 000	4 370 000	4 440 000	6 550 000	6 827 000
赔款增长幅度		0.91%		1.6%		4.23%	

可以看出，限额越低，通货膨胀的影响越小，限额越高，通货膨胀的影响越大。这是因为，当赔款随通货膨胀增长时，责任限额并没有增加。因此，当一笔赔款在通货膨胀前已经达到责任限额时，赔款就不能再增加了。在表 6－21 中，200 000 元限额下的赔款增长幅度为 0.91%，1 000 000 元限额下的赔款增长幅度为 1.6%，2 000 000 元限额下的赔款增长幅度为 4.23%，都小于 10%的通货膨胀率。

当责任限额也随着通货膨胀进行调整时，限额赔款的增长幅度将等于通货膨胀率。譬如在上例中，如果把 200 000 元的限额在 10%的通货膨胀后调整到 220 000 元，则通货膨胀调整后的限额赔款就变为 1 210 000 元，正好比通货膨胀前增加了 10%。

对于超额赔款层（即从某个起赔点开始到赔偿限额的赔款层），讨论通货膨胀的杠杆效应时需要考虑两方面的影响：

（1）在通货膨胀前的赔款数据中不会包含小于起赔点的数据。这部分赔款在通货膨胀后有可能进入赔款层，从而产生通货膨胀的杠杆效应。

（2）有些赔款在通货膨胀前就已经达到或超出了赔偿限额，这部分赔款会降低通货膨胀的影响。

下面仍然通过一个数值例子来说明通货膨胀对超额赔款层的影响。假设赔款数据如表 6－22 所示，通货膨胀率为 10%。

表 6－22　10%的通胀率对赔款数据的影响　金额单位：元

完整的损失金额		起赔点 300 000 元 限额 700 000 元		起赔点 1 000 000 元 限额 1 000 000 元		起赔点 2 000 000 元 限额 2 000 000 元	
通货膨胀前	通货膨胀后	通货膨胀前	通货膨胀后	通货膨胀前	通货膨胀后	通货膨胀前	通货膨胀后
100 000	110 000	—	—	—	—	—	—
300 000	330 000	—	30 000	—	—	—	—
970 000	1 067 000	670 000	700 000	—	67 000	—	—
1 200 000	1 320 000	700 000	700 000	200 000	320 000	—	—
1 980 000	2 178 000	700 000	700 000	980 000	1 000 000	—	178 000
2 100 000	2 310 000	700 000	700 000	1 000 000	1 000 000	100 000	310 000
合计		2 770 000	2 830 000	2 180 000	2 387 000	100 000	488 000
增长幅度		2.17%		9.5%		388%	

在表 6－22 中，对于超过 300 000 元以后的限额为 700 000 元的超额赔款层，当通货膨胀率为 10%时，100 000 元的赔款变为 110 000 元，没有进入超额赔款层。300 000 元的赔款变为 330 000 元，有 30 000 元进入了超额赔款层。970 000 元的赔款变为 1 067 000 元，有 700 000 元进入了超额赔款层。以后的赔款也都有 700 000 元进入超额赔款层。该超额赔款层的实际增长幅度为 2.17%，远低于无限额条件下的增长幅度 10%。

对于超过 1 000 000 元以后的限额为 1 000 000 元的超额赔款层，可以看到类似的结论，实际增长幅度为 9.5%，略低于无限额条件下的增长幅度 10%。

对于超过 2 000 000 元以后的限额为 2 000 000 元的超额赔款层，实际增长幅度为 388%，远远高于无限额条件下的增长幅度 10%。

如果超额赔款层的上下限与赔款的增长幅度一致，则超额赔款层的实际增长幅度也将为 10%。例如，在表 6 - 22 中，对于超过 1 000 000 元以后的限额为 1 000 000 元的超额赔款层，经过 10% 的通货膨胀调整以后，起赔点变为 1 100 000 元，赔偿限额变为 1 100 000 元，总赔款变为 2 398 000 元，正好比通货膨胀前的总赔款（2 180 000 元）增加了 10%。计算过程如表 6 - 23 所示。

表 6 - 23　　10%的通胀率对赔款数据的影响　　单位：元

完整的损失金额		通货膨胀前的起赔点 1 000 000 元 通货膨胀前的限额 1 000 000 元	通货膨胀后的起赔点 1 100 000 元 通货膨胀后的限额 1 100 000 元
通货膨胀前	通货膨胀后	通货膨胀前的赔款	通货膨胀后的赔款
100 000	110 000	—	—
300 000	330 000	—	—
970 000	1 067 000	—	—
1 200 000	1 320 000	200 000	220 000
1 980 000	2 178 000	980 000	1 078 000
2 100 000	2 310 000	1 000 000	1 100 000
合计		2 180 000	2 398 000

□ 习　题

6.1　根据下表中的数据，计算免赔额从 250 元变为 500 元时的赔款消减率（loss elimination ratio）。

单位：元

免赔额	已报案赔款	应用免赔额 250 元后的赔款	应用免赔额 500 元后的赔款
0	680 000	590 000	525 000
250	2 900 000	2 900 000	2 600 000
500	5 200 000	N/A	5 200 000

6.2　根据下表中的数据，计算免赔额从 750 元变为 1 000 元时的赔款消减率。

单位：元

免赔额	已报告索赔次数	已报案赔款净额	免赔额为 750 元时的赔款净额	免赔额为 1 000 元时的赔款净额
0	990	1 347 000	772 000	605 000
250	2 770	5 167 000	4 024 000	3 505 000
500	4 360	9 198 000	8 244 000	7 345 000

续前表

免赔额	已报告索赔次数	已报案赔款净额	免赔额为750元时的赔款净额	免赔额为1 000元时的赔款净额
750	1 350	3 230 000	3 230 000	2 926 000
1 000	500	1 692 000	未知	1 692 000
合计	9 970	20 634 000		

6.3 某商业责任保险单的有关信息如下表所示。保险公司将赔付所有的索赔案件，包括免赔额以下的案件，并向被保险人追偿免赔额以下的部分。免赔额只作用于赔款支出。所有的直接理赔费用都由保险公司支付。计算该免赔额保单的保费。

金额单位：元

每次事故的免赔额	250 000
免赔额为250 000元时的赔款消减率	80%
直接理赔费用占无免赔赔款的比例	10%
无免赔额条件下的期望赔款	2 000 000
固定费用	100 000
可变费用占保费的比例	12%
承保利润占保费的比例	3%
处理免赔额案件而增加的费用占赔款消减额的比例	5%
无法收回的期望免赔额占赔款消减额的比例	2%
应用免赔额增加的风险附加占期望超额赔款的比例	8%

6.4 已知损失分布如下表所示。假设基本限额为250 000元，计算限额为500 000元的增限因子。

金额单位：元

赔款上限	赔款下限	总赔款	事故次数
1	10 000	500 000	100
10 001	250 000	16 000 000	80
250 001	500 000	17 500 000	50
500 001	1 000 000	11 500 000	20

6.5 基本限额为100 000元，根据下表中的数据，计算限额为300 000元的增限因子。

赔款	不同限额下的索赔次数		
	限额100 000元	限额300 000元	限额500 000元
50 000元	30	25	80
100 000元	150	60	120
300 000元		35	50
50 000元			30
合计	180	120	280

6.6　假设基本限额为 100 000 元，根据下表中的数据，计算限额为 250 000 元的增限因子。

金额单位：元

超赔层	限额为 100 000 元的保单赔款		限额为 250 000 元的保单赔款		限额为 500 000 元的保单赔款	
0～100 000	事故次数	赔款	事故次数	赔款	事故次数	赔款
100 000～250 000	100	8 000 000	35	1 800 000	35	1 800 000
250 000～500 000			40	7 400 000	25	3 900 000
					15	5 200 000

第 7 章

Chapter 7

未决赔款准备金

对于经营非寿险业务的保险公司来说，非寿险准备金是资产负债表上金额最大的负债项目。对非寿险准备金的合理评估，一方面能够保证产品定价准确，提高保险公司的市场竞争力；另一方面可以增强保险公司的偿付能力，降低经营风险，提高风险管理水平。

保险公司的非寿险业务包括财产损失保险、责任保险、信用保险、短期健康保险和意外伤害保险业务以及上述业务的再保险业务。所以，简单来说，非寿险准备金就是指经营非寿险业务的保险公司根据保险合同用于支付未来赔付所应预留或准备的资金。

非寿险准备金主要包括三类，即未决赔款准备金、未到期责任准备金和理赔费用准备金，本章主要介绍未决赔款准备金及其评估方法。

未决赔款准备金是保险公司为了支付未来将要发生的赔款而预留的资金准备。譬如，一份保单的有效期是从 2018 年 9 月 1 日开始，到 2019 年 8 月 31 日期满结束。2018 年 10 月 20 日，该保单发生了保险事故。到了 2018 年 12 月 31 日，如果发生的保险事故没有及时报告，或虽然及时报告了，但保险公司由于各种原因在年末没有及时赔付，那么，保险公司此时就必须预留准备金，用来赔付这“未决的赔款”，此即所谓的未决赔款准备金。

在每个会计年度末，保险公司都会有一定数量的未决赔案。发生未决赔案的原因是在保险事故的发生、报告和理赔之间存在时间延迟。这种延迟可分为报案延迟和理赔延迟两种主要形式，延迟时间少则几天，多则数年。具体来说，未决赔款主要包括下述两方面的内容：

（1）被保险人已经提出索赔，且保险公司经过调查已经确定应该赔付，但在年终结算时尚未支付的赔款；或被保险人已经提出索赔，但保险公司尚未做出理赔结论的赔案。理赔延迟的原因可能是索赔人和保险公司对于赔案的责任范围或赔付金额存有争议，或是赔案在接近年终时才发生而来不及调查和定损。

（2）已经发生但尚未报告的赔案。由于没有任何信息，因此对这类赔案的估计最为困难。

综上所述，未决赔款准备金是指在会计年度末，已经发生的赔案由于尚未处理（包括尚未报告）或赔付而必须提存的责任准备金。由于当年发生的一些赔案要经历较长的时间才能结清，因此有必要从案发当年的收入中提存适当的准备金，以保证将来有足够的资金支付这些赔款。

本章介绍最常用的未决赔款准备金评估方法，包括链梯法、案均赔款法、准备金进展法、B-F 法以及广义线性模型。

7.1 流量三角形

在非寿险未决赔款准备金评估中，通常需要将赔款数据整理成流量三角形的形式。流量三角形（run-off triangle）是一种将赔款数据按照事故发生年和赔款支出年交叉分组形成的数据表格，是各种准备金评估方法最基本的数据组织形式。下面通过一个简例来说明流量三角形的构造过程。

【例 7 - 1】

已知保险公司在 2018 年对某项非寿险业务的赔款支出数据如表 7 - 1 所示。

表 7 - 1　　保险公司在 2018 年的赔款支出数据　　单位：千元

事故发生年度	2018	2017	2016	2015	2014	2013	2012
2018 年的赔款支出	4 522	4 890	3 182	2 060	1 180	466	286

在表 7 - 1 中，4 522 表示事故发生在 2018 年，即保险公司在 2018 年当年赔付的金额；4 890 表示事故发生在 2017 年，延迟 1 年后于 2018 年赔付的金额；同理类推，466 表示事故发生在 2013 年，延迟 5 年后于 2018 年赔付的金额；286 表示事故发生在 2012 年，延迟 6 年后于 2018 年赔付的金额。

由于每年都有类似的赔款支出数据，因此可以将表 7 - 1 的数据按表 7 - 2 的形式进行记录，将赔付支出数据依次对应到表 7 - 2 的一条对角线上。这样就容易看出事故发生年度和延迟年数的情况。表 7 - 2 的形式简单明了，信息量丰富，便于进行数据分析。例如，如果想知道 2018 年的总赔款，只需将这条对角线上的所有元素相加即可。

表 7 - 2　　保险公司在 2018 年的赔款支出数据　　单位：千元

事故年	进展年						
	0	1	2	3	4	5	6+
2012							**286**
2013						**466**	
2014					**1 180**		
2015				**2 060**			

续前表

事故年	进展年						
	0	1	2	3	4	5	6+
2016			**3 182**				
2017		**4 890**					
2018	**4 522**						

如果保险公司的历史赔款数据记录完整，则对于每个年份，我们都可以在相应的对角线上填入数据，形成表 7－3，这就是保险公司的已付赔款流量三角形。

表 7－3　　　　已付赔款流量三角形　　　　单位：千元

事故年	进展年						
	0	1	2	3	4	5	6+
2007						29	14
2008					200	78	154
2009				568	226	186	22
2010			700	620	314	82	204
2011		1 172	756	700	290	202	182
2012	1 310	1 566	1 170	504	336	308	**286**
2013	1 264	1 380	1 160	1 282	818	**466**	
2014	1 090	1 362	1 184	1 510	**1 180**		
2015	1 382	1 452	1 976	**2 060**			
2016	2 246	2 752	**3 182**				
2017	3 428	**4 890**					
2018	**4 522**						

在流量三角形中，列表示事故发生年（accident year）；行表示进展年（development year），即事故发生年至赔款支出年的延迟（进展）年数；表中交叉项的元素表示在第 i 事故年发生的赔案到第 j 进展年的赔款，流量三角形从左下角到右上角的对角线上的元素代表在每一日历年的赔款。

在精算实务中，流量三角形的进展时间也可以用月份表示，这时只需将“进展年”变成“进展月”，分别用 12，24，36，…表示即可。有时也可以将事故发生年的时间单位改为季度，以事故发生季度为标准构造流量三角形。

在表 7－3 中，假设当进展年在 0 年，1 年，…，5 年时，可以取得每个年份的赔款数据，而进展至第 6 年以后，只能获得以后所有年份的累积赔款数据。这些累积赔款数据称作数据的尾部，如表 7－3 的最后一栏所示，用 6+表示。

在大多数基于流量三角形的未决赔款准备金评估方法中，通常只使用表 7－3 中从 2012 事故年开始以后年份的数据（见表 7－4），因为这些年份的数据比较完整。在表 7－4 中，每个事故年和进展年所对应的赔款数据为增量的形式，所以称这种流量三角形为增量已付赔款流量三角形（incremental run-off triangle）。

表 7-4 增量已付赔款流量三角形 单位：千元

事故年	进展年						
	0	1	2	3	4	5	6+
2012	1 310	1 566	1 170	504	336	308	**286**
2013	1 264	1 380	1 160	1 282	818	**466**	
2014	1 090	1 362	1 184	1 510	**1 180**		
2015	1 382	1 452	1 976	**2 060**			
2016	2 246	2 752	**3 182**				
2017	3 428	**4 890**					
2018	**4 522**						

以表 7-4 的第 1 列（即第 0 进展年）为基础，将第 1 列（第 0 进展年）对应的数据加到第 2 列（第 1 进展年）对应的数据之上，可得第 2 列（第 1 进展年）的累积数据；再将第 2 列的累积数据加到第 3 列（第 2 进展年）对应的数据之上，可得第 3 列（第 2 进展年）的累积数据；从前往后，依次类推，以第 1 行（2012 年）的计算为例：1 310＋1 566＝2 876；2 876＋1 170＝4 046……可得表 7-5。因为这时每个事故年和进展年所对应的已付赔款数据为累积的形式，所以称表 7-5 中的流量三角形为累积已付赔款流量三角形（cumulative run-off triangle）。

表 7-5 累积已付赔款流量三角形 单位：千元

事故年	进展年						
	0	1	2	3	4	5	6+
2012	1 310	2 876	4 046	4 550	4 886	5 194	**5 480**
2013	1 264	2 644	3 804	5 086	5 904	**6 370**	
2014	1 090	2 452	3 636	5 146	**6 326**		
2015	1 382	2 834	4 810	**6 870**			
2016	2 246	4 998	**8 180**				
2017	3 428	**8 318**					
2018	**4 522**						

上述流量三角形是以保险公司的已付赔款（paid claims）为例进行说明的。实际上，还可以用其他数据组成流量三角形，如已报案赔款（reported claim）、已发生已报案未决赔款准备金（case reserve）、已报案案件数（number reported）、已结案案件数（number settled）、案均赔款（average payments）等。将这些数据按照保险事故发生的年度和赔款支出的年度进行交叉排列可以构成各种类型的流量三角形。在下面的计算中，流量三角形的数据又可以按增量（incremental）和累积（cumulative）的形式，组成增量流量三角形和累积流量三角形。

基于流量三角形数据的未决赔款准备金评估方法要在已知数据的基础上，估计出流量三角形右下角的数据。换言之，准备金评估就是一个“从三角形到长方形”的过程。

7.2 链梯法

链梯法（chain-ladder method）是应用最为广泛的未决赔款准备金评估方法之一。链梯法具有“平均”和“稳定”的基本思想，它依据流量三角形中各列的比例关系来外推未来的赔款数据。

链梯法的重要假设是保险公司的赔款支出具有稳定的延迟（进展）模式。链梯法通常采用的数据是累积数据。下面通过一个示例来说明链梯法的具体计算步骤。

【例7-2】

已知保险公司累积已付赔款流量三角形的历史数据如表7-5所示，下面利用链梯法，对保险公司截至2018年年末的未决赔款准备金进行估计。

用链梯法评估未决赔款准备金可分为以下四个步骤。

步骤1：计算逐年进展因子。

在累积已付赔款流量三角形中，将第2列（第1进展年）的数据除以第1列（第0进展年）对应的数据，可得表7-6第1列“0～1”的逐年进展因子，称为“第0进展年到第1进展年的逐年进展因子”，简记为“0～1”逐年进展因子。

类似地，将第3列（第2进展年）的数据除以第2列（第1进展年）对应的数据，可得第2列“1～2”逐年进展因子。以此类推，最终计算的逐年进展因子如表7-6所示。

表7-6　逐年进展因子

事故年	逐年进展因子					
	0～1	1～2	2～3	3～4	4～5	5～6+
2012	2.195 4	1.406 8	1.124 6	1.073 8	1.063 0	1.055 1
2013	2.091 8	1.438 7	1.337 0	1.160 8	1.078 9	
2014	2.249 5	1.482 9	1.415 3	1.229 3		
2015	2.050 7	1.697 2	1.428 3			
2016	2.225 3	1.636 7				
2017	2.426 5					
平均值	2.206 5	1.532 5	1.326 3	1.154 6	1.071	1.055 1

步骤 2：计算逐年进展因子的平均值。

从表 7－6 可以看出，第 1 列“0～1”逐年进展因子共有 6 个不同的值，但都处于一个比较小的区间［2.0，2.5］之内，其他列的情形也类似。所以可以假定各进展年之间具有稳定的延迟模式，进展具有相似的规律，从而可以确定一个逐年进展因子的平均值，通过这个平均值来对未来的赔款进行预测。先假设我们已计算出的逐年进展因子的平均值如表 7－6 的最后一行所示。

下一步是将这些平均值作为衡量相邻两个进展年已付赔款的比率关系的标准，用来预测累积已付赔款流量三角形中下三角部分的数值。

步骤 3：预测流量三角形中下三角部分的数值。

下面以表 7－5 中最后一行（2018 事故年所在行）未知数值的预测为例说明具体的计算过程。该表最后一行一共有 7 个数，第一个数已知为 4 522，后面 6 个数均未知。

先估计第 1 个未知数值（最后一行第 2 个元素），因为“0～1”逐年进展因子的平均值为 2.206 5，这就表示 4 522 到这个“未知数值”的进展因子也为 2.206 5，所以第 1 个未知数值的预测值为 4 522×2.206 5＝9 978。

又由于“1～2”逐年进展因子的平均值为 1.532 5，因此第 2 个未知数值（最后一行第 3 个元素）为 9 978×1.532 5＝1 5291；这等价于以 4 522 为标准，连乘两个进展因子的结果：4 522×2.206 5×1.532 5＝15 291；以此类推，其他计算结果如表 7－7 所示。

表 7－7　　累积已付赔款的预测值　　单位：千元

事故年	进展年						
	0	1	2	3	4	5	6＋
2012	1 310	2 876	4 046	4 550	4 886	5 194	**5 480**
2013	1 264	2 644	3 804	5 086	5 904	**6 370**	6 721
2014	1 090	2 452	3 636	5 146	**6 326**	6 775	7 148
2015	1 382	2 834	4 810	**6 870**	7 932	8 495	8 963
2016	2 246	4 998	**8 180**	10 849	12 527	13 416	14 155
2017	3 428	**8 318**	12 747	16 906	19 521	20 906	22 058
2018	**4 522**	9 978	15 291	20 280	23 416	25 078	26 459

步骤 4：估计未决赔款准备金。

表 7－7 的最后一列是对应每个事故年的最终赔款估计值，2018 年对应的主对角线（表 7－7 中的黑体数字）为截至评估日的累积已付赔款。未决赔款准备金可以根据每个事故年的最终赔款估计值减去截至评估日的累积已付赔款进行估计。应用前述的赔款数据，未决赔款准备金的估计结果如表 7－8 所示。

表7-8　　未决赔款准备金的估计值　　单位：千元

事故年	最终赔款	已付赔款	未决赔款准备金
	(1)	(2)	(3)=(1)-(2)
2012	5 480	5 480	0
2013	6 721	6 370	351
2014	7 148	6 326	822
2015	8 963	6 870	2 093
2016	14 155	8 180	5 975
2017	22 058	8 318	13 740
2018	26 459	4 522	21 937
合计	90 984	46 066	44 918

从以上计算过程可以看出，计算逐年进展因子的估计值是链梯法的关键，因为它确定了逐年进展因子的大小，它的微小变动可能给未决赔款准备金的估计值带来很大的影响。

计算逐年进展因子的估计值可以采取不同的方法，如简单平均、加权平均和几何平均等，也可以采用最近若干个事故年的简单平均或加权平均，还可以使用中位数。在实际应用时，可以根据保险业务的实际情况，并结合经验判断选择计算合适的平均值。表7-9是根据表7-6的逐年进展因子计算的一些平均值。

表7-9　　逐年进展因子的平均值

事故年	进展年					
	0～1	1～2	2～3	3～4	4～5	5～6+
2012	2.195 4	1.406 8	1.124 6	1.073 8	1.063 0	1.055 1
2013	2.091 8	1.438 7	1.337 0	1.160 8	1.078 9	
2014	2.249 5	1.482 9	1.415 3	1.229 3		
2015	2.050 7	1.697 2	1.428 3			
2016	2.225 3	1.636 7				
2017	2.426 5					
简单平均	2.206 5	1.532 5	1.326 3	1.154 6	1.071 0	1.055 1
几何平均	2.203 3	1.528 3	1.320 4	1.152 9	1.070 9	1.055 1
加权平均	2.250 2	1.548 7	1.328 7	1.157 9	1.071 7	1.055 1
中位数	2.210 4	1.482 9	1.376 2	1.160 8	1.071 0	1.055 1

以“0～1”进展因子为例，各种平均值的计算过程如下。

简单平均：

$$(2.1954+2.0918+2.2495+2.0507+2.2253+2.4265)/6=2.2065$$

几何平均：

$$(2.1954\times 2.0918\times 2.2495\times 2.0507\times 2.2253\times 2.4265)^{1/6}=2.2033$$

加权平均：

$$\frac{2.1954\times 1310+2.0918\times 1264+\cdots+2.4265\times 3428}{1310+1264+1090+1382+2246+3428}=2.2502$$

在计算加权平均值时，可以采取下述更简单的方法：

$$\frac{2876+2644+2452+2834+4998+8318}{1310+1264+1090+1382+2246+3428}=2.2502$$

上式实际上就是第 1 进展年的赔款之和除以第 0 进展年对应的赔款之和。注意，分母上删除了 2018 事故年的赔款 4 522。

7.3 案均赔款法

前述的链梯法只考虑了赔款金额信息，而忽略了案件数的信息，所以还存在一些不足。在实际中，除了赔款之外，案件数也会对未决赔款准备金的估计产生重要影响，所以应在未决赔款准备金的估计中充分考虑案件数的信息。本节介绍的案均赔款法就可以将案件数考虑在内，同时兼顾赔款额和案件数两种信息。

案均赔款是赔款与案件数的比率。案件数和赔款类似，根据是否已经结案，可以有两种不同的统计口径：

（1）如果案件数是指已经报案的索赔，那么相应的案均赔款称作已报案案均赔款（payments per claim incurred，PPCI）。

（2）如果案件数是指已经结案的索赔，那么相应的案均赔款称作已结案案均赔款（payments per claim finalized，PPCF）。

下面分别介绍基于以上两种统计口径的案均赔款法。

7.3.1 已报案案均赔款法

下面通过一个具体例子来说明已报案案均赔款法的计算步骤。

【例 7－3】

已知保险公司某业务累积已报案赔款流量三角形如表 7－10 所示，与之相对应的累积已报案案件数流量三角形如表 7－11 所示。下面采用已报案案均赔款法，对保险公司截至 2018 年年末的未决赔款准备金进行估计。

表 7-10　　累积已报案赔款　　单位：千元

事故年	进展年						
	0	1	2	3	4	5	6+
2012	1 361	2 837	4 044	4 934	5 783	6 190	**6 305**
2013	1 268	2 654	3 803	4 747	5 318	**5 824**	
2014	1 095	2 285	3 236	4 164	**4 928**		
2015	1 388	2 837	4 214	**5 326**			
2016	2 264	4 583	**6 837**				
2017	3 472	**7 116**					
2018	**4 592**						

表 7-11　　累积已报案案件数　　单位：件

事故年	进展年						
	0	1	2	3	4	5	6+
2012	175	353	498	595	693	731	**742**
2013	149	307	433	537	597	**644**	
2014	117	239	336	430	**498**		
2015	144	292	427	**537**			
2016	219	438	**643**				
2017	328	**658**					
2018	**413**						

应用已报案案均赔款法的步骤如下。

步骤 1：计算已报案案均赔款。

将累积已报案赔款与累积已报案案件数相除，可得到已报案案均赔款流量三角形，如表 7-12 所示。

表 7-12　　已报案案均赔款　　单位：千元/件

事故年	进展年						
	0	1	2	3	4	5	6+
2012	7.777	8.037	8.120	8.292	8.345	8.468	**8.497**
2013	8.510	8.645	8.783	8.840	8.908	**9.043**	
2014	9.359	9.561	9.631	9.684	**9.896**		
2015	9.639	9.716	9.869	**9.918**			
2016	10.338	10.463	**10.633**				
2017	10.585	**10.815**					
2018	**11.119**						

步骤 2：计算已报案案均赔款的逐年进展因子及其平均值。

对于表 7－12 的已报案案均赔款流量三角形，将后一列数据除以前一列对应数据，可得逐年进展因子，如表 7－13 所示。假设利用简单算术平均法计算逐年进展因子的平均值，结果如表 7－13 的最后一行所示。

表 7－13　　已报案案均赔款的逐年进展因子

事故年	进展年					
	0～1	1～2	2～3	3～4	4～5	5～6＋
2012	1.033 4	1.010 3	1.021 2	1.006 4	1.014 7	1.003 4
2013	1.015 9	1.016 0	1.006 5	1.007 7	1.015 2	
2014	1.021 6	1.007 3	1.005 5	1.021 9		
2015	1.008 0	1.015 7	1.005 0			
2016	1.012 1	1.016 2				
2017	1.021 7					
平均值	1.018 8	1.013 1	1.009 6	1.012 0	1.015 0	1.003 4

步骤 3：预测已报案案均赔款流量三角形的下三角部分。

与链梯法类似，根据进展因子的平均值，就可以计算已报案案均赔款流量三角形中未知的下三角部分。计算结果如表 7－14 的下三角形所示，其中最后一列就是各个事故年的最终案均赔款。

表 7－14　　已报案案均赔款的预测值　　单位：千元/件

事故年	进展年						
	0	1	2	3	4	5	6＋
2012	7.777	8.037	8.120	8.292	8.345	8.468	**8.497**
2013	8.510	8.645	8.783	8.840	8.908	**9.043**	9.074
2014	9.359	9.561	9.631	9.684	**9.896**	10.044	10.078
2015	9.639	9.716	9.869	**9.918**	10.037	10.187	10.222
2016	10.338	10.463	**10.633**	10.735	10.863	11.026	11.063
2017	10.585	**10.815**	10.957	11.061	11.194	11.361	11.400
2018	**11.119**	11.328	11.476	11.586	11.725	11.900	11.941

步骤 4：预测最终案件数。

对累积已报案案件数流量三角形应用链梯法，可以预测各个事故年的最终案件数。累积已报案案件数的逐年进展因子及其简单平均值如表 7－15 所示。应用该表的平均进展因子，可以求得案件数的预测值，如表 7－16 的下三角形所示，其中最后一列就是各个事故年的最终案件数。

表 7-15　　累积已报案案件数的逐年进展因子

事故年	进展年					
	0～1	1～2	2～3	3～4	4～5	5～6+
2012	2.017 1	1.410 8	1.194 8	1.164 7	1.054 8	1.015 0
2013	2.060 4	1.410 4	1.240 2	1.111 7	1.078 7	
2014	2.042 7	1.405 9	1.279 8	1.158 1		
2015	2.027 8	1.462 3	1.257 6			
2016	2.000 0	1.468 0				
2017	2.006 1					
平均值	2.025 7	1.431 5	1.243 1	1.144 8	1.066 8	1.015 0

表 7-16　　累积已报案案件数的预测值　　单位：件

事故年	进展年						
	0	1	2	3	4	5	6+
2012	175	353	498	595	693	731	**742**
2013	149	307	433	537	597	**644**	654
2014	117	239	336	430	**498**	531	539
2015	144	292	427	**537**	615	656	666
2016	219	438	**643**	799	915	976	991
2017	328	**658**	942	1 171	1 340	1 430	1 451
2018	**413**	837	1 198	1 489	1 704	1 818	1 845

步骤5：估计未决赔款准备金。

表7-14的最后一列是最终案均赔款的预测值（构成表7-17的第1列），表7-16的最后一列是最终案件数的预测值（构成表7-17的第2列），这两列对应元素相乘，即可得到最终赔款的预测值（表7-17的第3列）。未决赔款准备金等于最终赔款的预测值减去已付赔款，结果如表7-17第5列所示。所以，截至2018年年末，保险公司未决赔款准备金的估计值为33 086 000元。

表 7-17　　未决赔款准备金的估计值　　金额单位：千元

事故年	最终案均赔款	最终案件数	最终赔款	已付赔款	未决赔款准备金
	(1)	(2)	(3)=(1)×(2)	(4)	(5)=(3)-(4)
2012	8.497	742	6 305	6 305	0
2013	9.074	654	5 934	5 824	110
2014	10.078	539	5 432	4 928	504
2015	10.222	666	6 808	5 326	1 482
2016	11.063	991	10 963	6 837	4 126

续前表

事故年	最终案均赔款	最终案件数	最终赔款	已付赔款	未决赔款准备金
	(1)	(2)	(3)＝(1)×(2)	(4)	(5)＝(3)－(4)
2017	11.400	1 451	16 541	7 116	9 425
2018	11.941	1 845	22 031	4 592	17 439
合计	72.275	6 888	74 014	40 928	33 086

在链梯法中，我们假设不同进展年的赔款之间具有相对稳定的比例关系；而在案均赔款法中，我们假设不同事故年的案均赔款的比例关系是相对稳定的，且不存在诸如通货膨胀等外来因素的影响。

从技术上讲，案均赔款法事实上仍然是链梯模型的一种，只不过使用了赔款和案件数两种信息。

7.3.2　已结案案均赔款法

与已报案案均赔款法类似，已结案案均赔款法也有下述两种不同的形式：

一种是用累积已付赔款除以累积已结案案件数，得到已结案案均赔款流量三角形，对此流量三角形应用链梯法，即得最终的已结案案均赔款。再对已结案案件数流量三角形应用链梯法，估计最终的已结案案件数。用各个事故年的最终已结案案件数乘以最终已结案案均赔款，即得各个事故年的最终赔款。从各个事故年的最终赔款中减去已付赔款，即得未决赔款准备金。

另一种是用各个事故年的增量已付赔款除以增量已结案案件数，得到已结案案均赔款流量三角形，并在此基础上估计未决赔款准备金。下面通过一个例子来说明这种已结案案均赔款法的基本原理和计算步骤。

【例 7-4】

已知保险公司某业务已报案案件数如表 7-18 所示，未结案案件数如表 7-19 所示，已付赔款如表 7-20 所示。下面采用已结案案均赔款法，对保险公司截至 2018 年年末的未决赔款准备金进行估计。

表 7-18　　**已报案案件数**　　单位：件

事故年	进展年						
	0	1	2	3	4	5	6+
2012	8 902	1 710	145	115	75	25	40
2013	8 527	1 800	185	80	65	40	
2014	7 577	1 820	140	85	40		
2015	7 007	1 480	155	60			
2016	9 542	1 955	185				
2017	10 517	2 250					
2018	11 547						

表 7-19　　未结案案件数　　单位：件

事故年	进展年						
	0	1	2	3	4	5	6+
2012	1 663	814	486	458	309	128	79
2013	2 183	1 254	782	608	362	203	
2014	2 348	1 024	592	268	137		
2015	1 223	739	412	238			
2016	3 368	1 314	797				
2017	3 178	2 129					
2018	3 828						

表 7-20　　已付赔款　　单位：千元

事故年	进展年						
	0	1	2	3	4	5	6+
2012	56 298	20 567	3 841	1 186	1 869	1 744	756
2013	53 987	23 592	5 770	2 245	2 770	1 800	
2014	48 938	30 060	5 509	3 961	1 692		
2015	55 752	19 082	4 757	2 321			
2016	63 827	41 946	7 464				
2017	77 683	35 679					
2018	54 952						

步骤 1：预测最终已报案案件数。

注意到表 7-18 是已报案案件数的增量表，所以在计算逐年进展因子之前，需要将其转换为累积表的形式，结果如表 7-21 所示。

表 7-21　　累积已报案案件数　　单位：件

事故年	进展年						
	0	1	2	3	4	5	6+
2012	8 902	10 612	10 757	10 872	10 947	10 972	11 012
2013	8 527	10 327	10 512	10 592	10 657	10 697	
2014	7 577	9 397	9 537	9 622	9 662		
2015	7 007	8 487	8 642	8 702			
2016	9 542	11 497	11 682				
2017	10 517	12 767					
2018	11 547						

应用链梯法，计算逐年进展因子及其平均值，结果如表 7-22 所示，然后预

测下三角部分，预测的最终案件数如表 7－23 所示，该表最后一列数据表示各事故年最终已报案案件数的预测值。

表 7－22　累积已报案案件数的逐年进展因子

事故年	进展年					
	0～1	1～2	2～3	3～4	4～5	5～6＋
2012	1.192 1	1.013 7	1.010 7	1.006 9	1.002 3	1.003 6
2013	1.211 1	1.017 9	1.007 6	1.006 1	1.003 8	
2014	1.240 2	1.014 9	1.008 9	1.004 2		
2015	1.211 2	1.018 3	1.006 9			
2016	1.204 9	1.016 1				
2017	1.213 9					
平均值	1.212 2	1.016 2	1.008 5	1.005 7	1.003 1	1.003 6

表 7－23　累积已报案案件数的预测值　单位：件

事故年	进展年						
	0	1	2	3	4	5	6＋
2012	8 902	10 612	10 757	10 872	10 947	10 972	11 012
2013	8 527	10 327	10 512	10 592	10 657	10 697	10 736
2014	7 577	9 397	9 537	9 622	9 662	9 692	9 727
2015	7 007	8 487	8 642	8 702	8 752	8 779	8 810
2016	9 542	11 497	11 682	11 781	11 848	11 885	11 928
2017	10 517	12 767	12 974	13 084	13 159	13 199	13 247
2018	11 547	13 997	14 224	14 345	14 427	14 471	14 524

步骤 2：计算已结案案件数。

从累积已报案案件数中减去未结案案件数，可得累积已结案案件数，如表 7－24 所示。

表 7－24　累积已结案案件数　单位：件

事故年	进展年						
	0	1	2	3	4	5	6＋
2012	7 239	9 798	10 271	10 414	10 638	10 844	10 933
2013	6 344	9 073	9 730	9 984	10 295	10 494	
2014	5 229	8 373	8 945	9 354	9 525		
2015	5 784	7 748	8 230	8 464			
2016	6 174	10 183	10 885				
2017	7 339	10 638					
2018	7 719						

步骤3：预测未来的已结案案件数。

根据表7-24，可以应用链梯法预测未来已结案案件数。但是，如果逐年进展因子变化不稳定，我们可以换一种思路，以各事故年已报案总案件数的预测值作为参照标准，先根据历史数据计算出各进展年的结案率，然后选定各列结案率的估计值，再分别与已报案总案件数的预测值相乘，可得未来已结案案件数的预测值。具体计算过程如下：

（1）计算结案率及其平均值。结案率是指累积已结案案件数在已报案总案件数中占的比例，即在每个进展年年末，累积已结案案件数除以已报案总案件数所得的比值。例如，表7-24中，10 638是2017年发生的保险事故在第1进展年年末的累积已结案案件数；表7-23中，13 247是2017年发生的保险事故总案件数。于是，2017年发生的保险事故，在第1进展年年末的结案率为10 638÷13 247=0.803 0，以此类推，结案率的计算结果如表7-25所示。

表7-25 结案率

事故年	进展年						
	0	1	2	3	4	5	6+
2012	0.657 4	0.889 8	0.932 7	0.945 7	0.966 0	0.984 7	0.992 8
2013	0.590 9	0.845 1	0.906 3	0.930 0	0.958 9	0.977 5	
2014	0.537 6	0.860 8	0.919 6	0.961 7	0.979 2		
2015	0.656 5	0.879 5	0.934 2	0.960 7			
2016	0.517 6	0.853 7	0.912 6				
2017	0.554 0	0.803 0					
2018	0.531 5						
平均值	—	0.855 3	0.921 1	0.949 5	0.968 0	0.981 1	1.000 0

一般而言，随着进展年的增加，结案率也会增加。在本例中，由于案件数较大，因此结案率的递增过程比较平滑。但当案件数较小时，结案率的波动可能较大。特别地，当保险公司由于某种原因将某些索赔案件提前匆匆结案，随后又重新立案时，就有可能出现随着进展年的增加结案率反而降低的情况。此时就需要对结案率的变化过程进行平滑处理。

将各列的结案率与逐年进展因子作同样处理，可以用不同的方法计算各列结案率的平均值，这里我们使用简单平均值（如表7-25中最后一行所示），其中假设尾部的结案率为1.000 0。

（2）预测未来已结案案件数。在表7-26中，最后一行表示选定的结案率，最后一列表示最终已报案总案件数，以最后一列的值为标准，从后往前，分别与结案率的估计值依次相乘，即得各个进展年的累积已结案案件数。以2018事故年为例，各个进展年年末的累积已结案案件数分别如下所示。

第6进展年：

$$14\,524\times1.000\,0=14\,524(\text{件})$$

第 5 进展年：

$$14\ 524\times 0.981\ 1=14\ 249(\text{件})$$

第 4 进展年：

$$14\ 524\times 0.968\ 0=14\ 059(\text{件})$$

以此类推，所有计算结果如表 7－26 所示。

表 7－26　累积已结案案件数的预测值　单位：件

事故年	进展年							最终已报案总案件数
	0	1	2	3	4	5	6+	
2012	7 239	9 798	10 271	10 414	10 638	10 844	10 933	11 012
2013	6 344	9 073	9 730	9 984	10 295	10 494	10 736	10 736
2014	5 229	8 373	8 945	9 354	9 525	9 543	9 727	9 727
2015	5 784	7 748	8 230	8 464	8 528	8 643	8 810	8 810
2016	6 174	10 183	10 885	11 326	11 546	11 703	11 928	11 928
2017	7 339	10 638	12 202	12 578	12 823	12 997	13 247	13 247
2018	7 719	12 422	13 378	13 791	14 059	14 249	14 524	14 524
结案率	—	0.855 3	0.921 1	0.949 5	0.968 0	0.981 1	1.000 0	

将表 7－26 的累积数据转化成增量数据：从最后一列开始，从后往前，用后一个进展年的累积已结案案件数减去前一个进展年的累积已结案案件数，可以得到在每个进展年的增量已结案案件数。例如，2012 年发生的保险事故，进展至第 5 年年末的累积已结案案件数为 10 844，进展至第 4 年年末的累积已结案案件数为 10 638，这两个数相减即得在第 5 进展年的已结案案件数，即 10 844－10 638＝206（表 7－27 中的黑体字）。所有计算结果如表 7－27 所示。

表 7－27　增量已结案案件数的预测值　单位：件

事故年	进展年						
	0	1	2	3	4	5	6+
2012	7 239	2 559	473	143	224	**206**	89
2013	6 344	2 729	657	254	**311**	199	242
2014	5 229	3 144	572	**409**	171	18	184
2015	5 784	1 964	**482**	234	64	115	167
2016	6 174	**4 009**	702	441	220	157	225
2017	**7 339**	3 299	1 564	376	245	174	250
2018	7 719	4 703	956	413	268	190	275

步骤 4：计算案均赔款。

将表 7－20 中的已付赔款与表 7－27 已结案案件数的预测值相除，可得到已结案案均赔款，如表 7－28 所示。

表 7-28　　已结案案均赔款　　单位：千元/件

事故年	进展年						
	0	1	2	3	4	5	6+
2012	7.777	8.037	8.121	8.294	8.344	8.466	8.494
2013	8.510	8.645	8.782	8.839	8.907	9.045	
2014	9.359	9.561	9.631	9.685	9.895		
2015	9.639	9.716	9.869	9.919			
2016	10.338	10.463	10.632				
2017	10.585	10.815					
2018	7.119						
简单平均		9.540	9.407	9.184	9.049	8.756	8.494

步骤5：预测未来各年的赔款。

根据已结案案均赔款，可以计算出各个进展年案均赔款的平均值，如表7-28的最后一行所示，这里采用了简单平均法。

将这组平均值作为未来各年的已结案案均赔款，分别与表7-27中下三角的未来已结案案件数的预测值相乘，可以求得未来各年的赔款额预测值，如表7-29所示。

表 7-29　　未来各年赔款的预测值　　单位：千元

事故年	进展年						
	0	1	2	3	4	5	6+
2012							
2013							2 056
2014						158	1 563
2015					579	1 007	1 418
2016				4 050	1 991	1 375	1 911
2017			14 713	3 453	2 217	1 523	2 124
2018		44 867	8 993	3 793	2 425	1 664	2 336

以2018事故年为例，2018年发生的保险事故，在第1进展年的已结案案件数预测值为4 703，在第2进展年的已结案案件数预测值为956，而第1进展年和第2进展年的案均赔款分别为9.540和9.407，所以，2018事故年在第1进展年的赔款为9.540×4 703=44 867；在第2进展年的赔款为9.407×956=8 993；以此类推。

步骤6：估计未决赔款准备金。

将表7-29中的所有数据相加，即得未决赔款准备金的估计值。截至2018年年末，未决赔款准备金的估计值为104 216。

最后需要说明的是，案均赔款法有几种不同的变形，这主要是由案均赔款的不同计算方式导致的。概括地讲，案均赔款是赔款与案件数之比，但在实际应用时，赔款可以采取累积赔款或增量赔款、已报案赔款或已付赔款等不同的形式，而案件数也可以有已报案案件数和已结案案件数之分。因此，本节并没有介绍所有可行的案均赔款法，读者可以根据本节的基本原理，设计出其他的案均赔款法。无论是哪种形式的案均赔款法，其基本技术都是基于链梯法的，只是根据案均赔款的不同含义，在某些计算环节采用不同的处理方法。

7.4 准备金进展法

链梯法主要以赔款数据为基础，案均赔款法不仅考虑了赔款数据，同时兼顾了案件数信息。但链梯法和案均赔款法都没有考虑已付赔款和已报案未决赔款准备金两者之间的关系。本节将要介绍的准备金进展法，通过分析已付赔款与已报案未决赔款准备金之间的关系，对未决赔款准备金进行估计。准备金进展法也称作逐案估计预测法（projected case estimate）。

准备金进展法中用到的两个重要概念是准备金支付率和准备金结转率。

7.4.1 准备金支付率

准备金支付率是指已付赔款占已报案未决赔款准备金的比率。

假设 $c_{i,j+1}$ 表示事故年 i 发生的赔案在第 $j+1$ 进展年支付的赔款，$a_{i,j}$ 表示事故年 i 发生的赔案在第 j 进展年年末提取的已报案未决赔款准备金，则准备金支付率是事故年 i 发生的赔案在第 $j+1$ 进展年的已付赔款与第 j 进展年的已报案未决赔款准备金的比值。用公式表示为：

$$\text{准备金支付率}=\frac{c_{i,j+1}}{a_{i,j}}$$

对于某一事故年而言，在一个进展年年末预留的准备金是为了支付在以后各进展年的赔款。在理想状态下，在每个年末预留的准备金应等于下一年支付的赔款与下一年末应提取的已报案未决赔款准备金之和，即

$$a_{i,j}=c_{i,j+1}+a_{i,j+1}$$

但在实际中，以上等式往往不成立，经常会出现年末提取的准备金少于或多于未来赔款准备金的情况。为此，我们引入准备金结转率的概念。

7.4.2 准备金结转率

准备金结转率是事故年 i 发生的赔案在第 $j+1$ 进展年的已报案未决赔款准备金与第 j 进展年的已报案未决赔款准备金的比值，即已报案未决赔款准备金的逐年进展因子。用公式表示为：

$$准备金结转率=\frac{a_{i,j+1}}{a_{i,j}}$$

7.4.3 准备金进展法的基本原理

准备金进展法的核心内容是估计准备金支付率和准备金结转率。在准备金支付率和准备金结转率的基础上，可以得到类似于链梯模型中的两条链——准备金支付率链和准备金结转率链。准备金进展法沿着这两条链进行，首先由结转率链得到已报案未决赔款准备金的估计值，然后由支付率链得到已付赔款的预测值，最后得到最终赔款和未决赔款准备金的估计值。

下面通过一个例子来说明准备金进展法的具体方法与步骤。

【例7-5】

假设保险公司某业务的已付赔款如表7-30所示，已报案未决赔款准备金如表7-31所示。下面用准备金进展法对保险公司截至2018年年末的未决赔款准备金进行估计。

表7-30 已付赔款 单位：千元

事故年	进展年						
	0	1	2	3	4	5	6+
2012	1 045	983	845	698	639	502	456
2013	1 164	1 017	731	728	510	311	
2014	1 276	1 153	834	811	585		
2015	1 428	1 331	963	907			
2016	1 653	1 546	1 170				
2017	1 888	1 699					
2018	2 052						

表7-31 已报案未决赔款准备金 单位：千元

事故年	进展年						
	0	1	2	3	4	5	6+
2012	2 068	1 891	1 681	1 370	1 164	823	631
2013	2 187	1 925	1 567	1 400	1 035	632	
2014	2 299	2 061	1 670	1 483	1 110		
2015	2 451	2 239	1 799	1 579			
2016	2 676	2 454	2 006				
2017	2 911	2 607					
2018	3 075						

步骤1：计算准备金支付率及其平均值。

按照准备金支付率的定义，可以按照以下方法计算已付赔款占已报案未决赔款准备金的比率，即将第 $j+1$ 进展年的已付赔款除以第 j 进展年的已报案未决赔款准备金。譬如，对于同一事故年，将表7-30的第2列（第1进展年）的数据除以表7-31的第1列（第0进展年）的对应数据，如983/2 068=0.475 3，1 017/2 187=0.465 0，1 153/2 299=0.501 5，可得准备金支付率，如表7-32所示。

表7-32 准备金支付率

事故年	进展年					
	0～1	1～2	2～3	3～4	4～5	5～6+
2012	0.475 3	0.446 9	0.415 2	0.466 4	0.431 3	0.554 1
2013	0.465 0	0.379 7	0.464 6	0.364 3	0.300 5	
2014	0.501 5	0.404 7	0.485 6	0.394 5		
2015	0.543 0	0.430 1	0.504 2			
2016	0.577 7	0.476 8				
2017	0.583 6					
平均值	0.524 4	0.427 6	0.467 4	0.408 4	0.365 9	0.554 1

步骤2：计算准备金结转率及其平均值。

根据准备金结转率的定义，对于同一个事故年，用第 $j+1$ 进展年的已报案未决赔款准备金除以第 j 进展年的已报案未决赔款准备金，即可得到各事故年的准备金结转率。例如，对于同一事故年，用表7-31的第2列（第1进展年）除以第1列（第0进展年），如1 891/ 2 068=0.914 4，1 925/2 187=0.880 2，则可得到准备金结转率，如表7-33所示。准备金结转率事实上就是已报案未决赔款准备金的逐年进展因子（增量形式）。

表7-33 准备金结转率

事故年	进展年					
	0～1	1～2	2～3	3～4	4～5	5～6+
2012	0.914 4	0.888 9	0.815 0	0.849 6	0.707 0	0.766 7
2013	0.880 2	0.814 0	0.893 4	0.739 3	0.610 6	
2014	0.896 5	0.810 3	0.888 0	0.748 5		
2015	0.913 5	0.803 5	0.877 7			
2016	0.917 0	0.817 4				
2017	0.895 6					
平均值	0.902 9	0.826 8	0.86845	0.779 1	0.658 8	0.766 7

将准备金结转率与准备金支付率相加，其值若等于1，则表明进展年年初的已报案未决赔款准备金用于支付本年赔款之后，剩余部分恰好全部转为本年年末的已报案未决赔款准备金；其值若小于1，则表明年初准备金过多，除了应对本年赔款支出和转入年末准备金外，还有剩余；其值若大于1，则表明年初准备金不够充足。

步骤3：估计已报案未决赔款准备金。

用表7－33中准备金结转率的平均值，依次乘以表7－31中前一个进展年的已报案未决赔款准备金，即可得到下一个进展年的已报案未决赔款准备金。例如：3 075×0.902 9＝2 776，2 776×0.826 8＝2 296……其他结果如表7－34所示。

表7－34　已报案未决赔款准备金的估计值　单位：千元

事故年	进展年						
	0	1	2	3	4	5	6＋
2012							**631**
2013						**632**	485
2014					**1 110**	731	561
2015				**1 579**	1 230	810	621
2016			**2 006**	1 742	1 357	894	686
2017		**2 607**	2 155	1 872	1 458	961	737
2018	**3 075**	2 776	2 296	1 994	1 553	1 023	785
进展因子		0.902 9	0.826 8	0.868 5	0.779 1	0.658 8	0.766 7

步骤4：估计未决赔款准备金。

用准备金支付率的平均值，逐个与表7－34中已报案未决赔款准备金的数值相乘，即可估计未来的已付赔款。

例如，2018事故年在第0进展年的已报案未决赔款准备金为3 075，而对应的准备金支付率为0.524 4，因此2018事故年在第1进展年的已付赔款的预测值为3 075×0.524 4＝1 613。

2018事故年在第1进展年的已报案未决赔款准备金为2 776，而对应的准备金支付率为0.427 6，因此2018事故年在第2进展年的已付赔款的预测值为2 776×0 427 6＝1 187……2018事故年在第6进展年的已付赔款的预测值为1 023×0.554 1＝567。其他结果如表7－35所示。

表7－35　已付赔款的预测值　单位：千元

事故年	进展年						
	0	1	2	3	4	5	6＋
2012							
2013							350
2014						406	405
2015					645	450	449
2016				938	711	497	495
2017			1 115	1 007	765	533	532
2018		1 613	1 187	1 073	814	568	567
支付率		0.524 4	0.427 6	0.467 4	0.408 4	0.365 9	0.554 1

将表7－35中的已付赔款预测值按行相加即得各个事故年的未决赔款准备

金，如表 7 - 36 所示。可见，保险公司在 2012—2018 年发生的保险事故，截至 2018 年年末，未决赔款准备金的估计值为 15 120 000 元。

表 7 - 36　未决赔款准备金的估计值　单位：千元

事故年	未决赔款准备金
2012	0
2013	350
2014	811
2015	1 544
2016	2 641
2017	3 952
2018	5 822
合计	15 120

7.5　B-F 法

未决赔款准备金的评估方法，从定量与定性的角度看可以分成两大类。一类评估方法偏重于定量，以数据、方法和模型为主，前面介绍的几种准备金评估方法都属于这种类型，在索赔数据充足且具有统计稳定性的条件下，可以应用这类评估方法对未来赔付责任做出比较合理的估计。

另一类评估方法偏重于定性，它更多依赖精算师的经验判断。赔付率法是这类方法的一个代表。赔付率法是一种根据历史赔付率，结合精算师的经验确定最终赔付率，从而估计最终赔款准备金的评估方法。在精算实务中，除了科学的定量评估模型，精算师的从业经验同样具有不可替代的重要作用。尽管实际中的赔付率具有不确定性，精算师也不可能完全把握未来的赔付率信息，但是，承保人和定价精算师基于历史数据而确定的预期赔付率对未来赔款的估计仍然具有很大帮助。

1972 年，鲍休特尔（Bornhuetter）和弗格森（Ferguson）将这两类方法进行了融合，这种方法以他们的名字首字母命名，称作 B-F 法（也称作预算 IBNR 法）。

B-F 法的基本原理是将链梯法和赔付率法结合。应用 B-F 法估计未决赔款准备金的基本步骤如下：

（1）计算期望最终赔款。在计算期望最终赔款前，首先要估计期望最终赔付率，它可以根据行业平均水平、本公司的赔付率进展趋势等因素进行估计。如果本公司的数据比较有限，应根据其可信度对结果进行调整。用期望最终赔付率的估计值乘以事故年的已赚保费，即可求得期望最终赔款的一个估计值。

（2）对上述期望最终赔款进行修正。根据已付赔款（或已报案赔款）流量三角形，对上述期望最终赔款的估计值进行修正，修正方法如下：

$$修正后的最终赔款=已付赔款+期望最终赔款\times\left(1-\frac{1}{f}\right)$$

式中，f 为已付赔款的累积进展因子，即

$$已付赔款\times f=最终赔款$$

由此可见，$1/f$ 表示已付赔款在最终赔款中所占的比例，而（$1-1/f$）表示未付赔款在最终赔款中所占的比例。

修正后的最终赔款还可以表示为：

$$\begin{aligned}\begin{matrix}修正后的\\最终赔款\end{matrix}&=已付赔款+期望最终赔款\times\left(1-\frac{1}{f}\right)\\&=已付赔款\times f\times\frac{1}{f}+期望最终赔款\times\left(1-\frac{1}{f}\right)\\&=链梯法估计的最终赔款\times\frac{1}{f}+期望最终赔款\times\left(1-\frac{1}{f}\right)\end{aligned}$$

由此可见，修正的最终赔款是两种最终赔款估计值的加权平均，一种是基于链梯法估计的最终赔款，另一种是基于期望赔付率估计的最终赔款。

在应用已报案赔款流量三角形的情况下，上述的 f 应为已报案赔款的累积进展因子，即根据已报案赔款，并应用链梯法估计上式中的第一个最终赔款。

（3）从修正后的最终赔款中减去累积已付赔款，即得未决赔款准备金。从前述公式中不难看出，任何一个事故年的未决赔款准备金都可以表示为：

$$\begin{aligned}未决赔款准备金&=期望最终赔款\times未付赔款比例\\&=已赚保费\times期望赔付率\times\left(1-\frac{1}{f}\right)\end{aligned}$$

下面通过一个例子说明 B-F 法的计算步骤。

【例 7-6】

假设保险公司各个事故年的累积已报案赔款及其进展因子如表 7-37 和表 7-38 所示。下面用 B-F 法估计未决赔款准备金。

表 7-37　　累积已报案赔款　　单位：千元

事故年	进展年						
	0	1	2	3	4	5	6
2012	3 937	4 745	4 876	4 901	5 045	5 119	**5 124**
2013	4 192	4 981	5 189	4 275	5 413	**5 375**	
2014	3 594	4 418	4 496	4 491	**4 517**		
2015	3 012	4 405	4 762	**4 903**			
2016	3 795	5 021	**5 403**				
2017	3 178	**3 885**					
2018	**2 445**						

表 7 - 38 累积已报案赔款进展因子

事故年	进展年							累积进展因子
	0～1	1～2	2～3	3～4	4～5	5～6	6～最终	
2012	1.205	1.028	1.005	1.029	1.015	1.001	1.010	1.010
2013	1.188	1.042	0.824	1.266	0.993	1.000	1.010	1.010
2014	1.229	1.018	0.999	1.006	1.000	1.000	1.010	1.010
2015	1.462	1.081	1.030	1.020	1.000	1.000	1.010	1.030
2016	1.323	1.076	1.020	1.020	1.000	1.000	1.010	1.051
2017	1.222	1.095	1.020	1.020	1.000	1.000	1.010	1.151
2018	1.350	1.095	1.020	1.020	1.000	1.000	1.010	1.553

表 7 - 39 给出了应用 B-F 法对未决赔款准备金进行估计的过程。在该表中，已赚保费、期望赔付率和累积已付赔款是假设值。已报案赔款的累积进展因子的倒数就是已报案赔款在最终赔款中所占的比例，即

$$已报案赔款\times f=最终赔款$$

上式经变形即得

$$已报案赔款/最终赔款=1/f$$

由此可见，累积进展因子的倒数就是已报案赔款在最终赔款中所占的比例，1 减去累积进展因子的倒数就是未报案赔款在最终赔款中所占的比例。

表 7 - 39 **B-F 法对未决赔款准备金的估计值** 金额单位：千元

事故年	已赚保费	期望赔付率	期望最终赔款	已报案赔款的累积进展因子	未报案赔款在最终赔款中所占比例
	(1)	(2)	(3)=(1)×(2)	(4)	(5)=1−1/(4)
2012	6 106	80%	4 885	1.010	0.99%
2013	6 589	80%	5 271	1.010	1.0%
2014	5 983	80%	4 786	1.010	1.0%
2015	6 134	78%	4 785	1.030	2.91%
2016	6 336	78%	4 942	1.051	4.85%
2017	5 235	78%	4 083	1.151	13.12%
2018	3 876	78%	3 023	1.553	35.61%

事故年	期望未报案赔款	累积已报案赔款	修正的最终赔款	累积已付赔款	未决赔款准备金
	(6)=(5)×(3)	(7)	(8)=(6)+(7)	(9)	(10)=(8)−(9)
2012	48	5 124	5 172	4 967	205
2013	52	5 375	5 427	5 065	362
2014	47	4 517	4 564	4 321	243
2015	139	4 903	5 043	4 323	720
2016	240	5 403	5 642	4 123	1 519
2017	536	3 885	4 420	2 989	1 431
2018	1 077	2 445	3 522	1 998	1 524
合计					6 005

B-F 法的一个主要优点是不易受到异常损失的影响。譬如，假设 2018 事故年的累积已报案赔款不是 2 445 而是 3 000，那么用已报案赔款链梯法对最终赔款的估计值将是 3 000×1.55 3=4 659，这个值远远超过了期望最终赔款 3 023。可见已报案赔款链梯法容易受到异常损失的影响。但是，如果 2018 事故年的已报案赔款变为 3 000，用 B-F 法得到的最终赔款的估计值受异常值的影响则相对较小，这是因为，B-F 法对最终赔款的估计值是链梯法的估计值和期望最终赔款的一种加权平均数，权数就是累积进展因子的倒数。仍以 2018 事故年为例，B-F 法对最终赔款的估计值为：

$$4\,659\times(1/1.553)+3\,023\times(1-1/1.553)=4\,076$$

式中，4 659 是链梯法的估计值；3 023 是期望最终赔款。从上式可以看出，B-F 法对期望最终赔款的权数随着累积进展因子的增大而增大，而事故年越靠近当前时期，累积进展因子就越大。这就意味着，事故年越靠近当前时期，B-F 法对期望最终赔款赋予的权数越大，而对链梯法的估计值赋予的权数则越小。

7.6 广义线性模型

非寿险未决赔款准备金的评估模型可以分为两大类：确定性模型和随机性模型。常见的确定性模型有链梯法、案均赔款法、准备金进展法和 B-F 法等。这些模型原理简单，思想直观，因此在保险实务中得到广泛应用。但是，确定性模型的缺陷之一是只能给出一个点估计值（即未来赔款的期望值），而且假设不明确，很难对准备金的预测结果进行统计检验。

与确定性模型相比，随机性模型具有两个明显的优点：首先，随机性模型不仅可以给出准备金的期望值，而且可以给出其置信区间；其次，随机性模型的假设是明确的，而且在不同的假设下可以得到不同的随机模型，可以对准备金的评估结果进行统计检验。准备金评估的随机性模型近年来受到了越来越多的关注。

在随机性模型的假设中，最为重要的就是关于赔款的分布假设。通常假设赔款数据服从指数型分布族中的分布，如正态分布、泊松分布、伽马分布等，这样就可以构造出一类特殊的随机性模型，即广义线性模型。

由于指数型分布族可以比较有效地描述实际赔款数据，因此下面简要介绍如何将传统的链梯法扩展到广义线性模型中。

在标准的链梯法中，流量三角形中的数据通常是累积赔款，但在随机性模型中，通常使用增量赔款数据。下面用随机变量 Y_{ij} 表示流量三角形中第 i 年发生的保险事故在第 j 年的增量赔款，用 a_i 表示流量三角形中的行效应，即不同事故年的效应，用 b_j 表示列效应，即不同进展年的效应，则准备金评估模型可以表示为：

$$E(Y_{ij})=\mu_{ij}=\mu\alpha_i\beta_j,\quad i,j=1,2,\cdots,n$$

式中，可以令 μ 表示第 1 事故年和第 1 进展年对应的增量赔款，此时，$\alpha_1=\beta_1=1$。

可见，对准备金的评估过程就是对参数 α_i 和 β_j 进行估计的过程。在上述模型中，两边取对数即可将其表示为具有对数连接函数的广义线性模型的形式，即

$$\ln[E(Y_{ij})]=\ln(\mu_{ij})=\ln(\mu)+\ln(\alpha_i)+\ln(\beta_j),\quad i,j=1,2,\cdots,n$$

在此广义线性模型中，给每一个行效应和列效应都赋予了一个参数（类似于链梯法），这容易导致模型出现过拟合，即模型参数过多。为此，可以考虑行效应和列效应均按指数方式变化的模型，即

$$E(Y_{ij})=\mu_{ij}=\mu\alpha^{i-1}\beta^{j-1},\quad i,j=1,2,\cdots,n$$

这个模型中只有三个参数，模型的参数大为减少。当然，还可以建立其他中间形式的模型，如给每一个列效应分别确定一个参数，而行效应按指数形式变化，即

$$E(Y_{ij})=\mu_{ij}=\mu\alpha^{i-1}\beta_j,\quad i,j=1,2,\cdots,n$$

或者给每一个行效应分别确定一个参数，而列效应按指数形式变化，即

$$E(Y_{ij})=\mu_{ij}=\mu\alpha_i\beta^{j-1},\quad i,j=1,2,\cdots,n$$

此外，如果赔款支出模式很特别，如第 1 进展年的赔款支出模式完全不同于其他进展年，还可以给第 1 进展年赋予一个独立的参数。不过，无论采取哪种具体形式，都可以将其转化为广义线性模型的一般形式。

如果假设赔款服从正态分布，则其方差是常数，与均值无关，方差函数为 $V(\mu)=1$，最大似然估计等价于最小二乘估计，对应的偏差函数为：

$$D_0=\sum_{i,j}(y_{ij}-\mu_{ij})^2$$

在泊松分布假设下，赔款的方差等于其均值，方差函数为 $V(\mu)=m$，偏差函数为：

$$D_1=2\sum_{i,j}\{y_{ij}[\ln(y_{ij})-\ln(\mu_{ij})]-y_{ij}+\mu_{ij}\}$$

在伽马分布假设下，赔款的变异系数为常数，方差函数为 $V(\mu)=\mu^2$，偏差函数为：

$$D_2=2\sum_{i,j}\left\{\frac{y_{ij}}{\mu_{ij}}-[\ln(y_{ij})-\ln(\mu_{ij})]-1\right\}$$

在上述偏差函数中，y_{ij} 表示实际观察值；μ_{ij} 表示估计值。根据不同的分布假设和模型形式，在最小化上述偏差函数的条件下即可得到参数的极大似然估计

值。具体实现过程可以在Excel中完成，也可以应用R语言编写广义线性模型的程序代码。

【例7-7】

已付赔款数据如表7-40所示，假设在第10进展年以后，保险公司将不再有赔款支出。下面在泊松分布假设下预测未决赔款准备金。

表7-40 增量已付赔款 单位：千元

事故年	进展年									
	1	2	3	4	5	6	7	8	9	10
1	358	767	611	483	527	574	146	140	227	68
2	352	884	934	1 183	446	321	528	266	425	
3	291	1 002	926	1 017	751	147	496	280		
4	311	1 108	776	1 562	272	352	206			
5	443	693	992	769	505	471				
6	396	937	847	805	706					
7	441	848	1 131	1 063						
8	359	1 062	1 443							
9	377	987								
10	344									

对于表7-40的赔款数据，我们首先建立一个较为复杂的广义线性模型，即给每一个事故年和进展年分别赋予一个参数：

$$E(Y_{ij})=\mu\alpha_i\beta_j,\quad i,j=1,2,\cdots,n;\ \alpha_1=\beta_1=1$$

该模型有19个待估参数，而观察数据有55个，故自由度为36。如果假设赔款数据服从泊松分布，并最小化相应的偏差函数，即可得到相应的准备金预测值。

链梯法对准备金的预测结果等于泊松分布假设下广义线性模型的预测结果。事实上可以证明，在链梯法中，如果使用加权平均法计算进展因子的平均值，则链梯法对未决赔款准备金的预测结果等价于泊松回归模型的预测结果。

如果假设增量赔款服从泊松分布，则 $\ln\mu=5.5988$，其他有关参数的估计值如表7-41所示。

表7-41 泊松分布假设下的参数估计

$\ln\hat{\alpha}$	$\ln\hat{\beta}$
0.331 4	0.912 5
0.321 4	0.958 6
0.305 8	1.025 7

续前表

$\ln\hat{\alpha}$	$\ln\hat{\beta}$
0.219 3	0.435 1
0.269 9	0.079 9
0.372 2	−0.006 9
0.553 2	−0.395 5
0.369 4	0.008 7
0.241 9	−1.379 2

在泊松分布假设下，模型 $E(Y_{ij})=\mu\alpha_i\beta_j$ 的未决赔款准备金预测结果如表 7－42 所示。

表 7－42　　泊松分布假设下的未决赔款准备金　　单位：千元

事故年	进展年									准备金
	2	3	4	5	6	7	8	9	10	
2									95	95
3								376	94	470
4							247	370	92	709
5						334	226	339	85	984
6					383	351	238	357	89	1 419
7				606	424	389	264	395	99	2 177
8			1 310	726	509	466	316	474	118	3 919
9		1 019	1 090	604	423	388	263	394	98	4 280
10	857	897	959	532	373	342	232	347	87	4 624
合计										18 677

对于本例的增量赔款数据，应用 R 语言建立泊松回归模型并计算准备金预测值的程序代码和输出结果如下。

```
#事故年用 a 表示
a = rep (1：10，each = 10)

#进展年用 b 表示
b = rep (1：10，10)

#日历年用 c 表示
c = a + b

#事故年、进展年和日历年构成的数据集
dt = data. frame (a，b，c)
```

```
#建模的数据集dt1，即日历年小于11的数据
dt1 = subset (dt, c <= 11)

#预测准备金的数据集dt2，即日历年大于11的数据
dt2 = subset (dt, c > 11)

#增量赔款数据
y = c (358, 767, 611, 483, 527, 574, 146, 140, 227, 68,
       352, 884, 934, 1183, 446, 321, 528, 266, 425,
       291, 1002, 926, 1017, 751, 147, 496, 280,
       311, 1108, 776, 1562, 272, 352, 206,
       443, 693, 992, 769, 505, 471,
       396, 937, 847, 805, 706,
       441, 848, 1131, 1063,
       359, 1062, 1443,
       377, 987,
       344)
#在建模的数据集中，补充增量已付赔款
dt1 = cbind (dt1, y)

#建立泊松回归模型
mod = glm (y ~ factor (a) + factor (b), family = poisson, data = dt1)

#输出泊松回归模型的参数估计值
summary (mod1)
##
## Call:
## glm (formula = y ~ factor (a) + factor (b), family = poisson,
data = dt1)
##
## Coefficients:
##                 Estimate  Std. Error  z value  Pr (>|z|)
## (Intercept)     5.59882   0.02384     234.83   <2e-16 ***
## factor (a) 2    0.33139   0.02117     15.65    < 2e-16 ***
## factor (a) 3    0.32137   0.02175     14.78    < 2e-16 ***
## factor (a) 4    0.30575   0.02216     13.79    < 2e-16 ***
## factor (a) 5    0.21928   0.02316     9.47     < 2e-16 ***
```

```
## factor (a) 6     0.26992    0.02355    11.46     < 2e-16 ***
## factor (a) 7     0.37221    0.02405    15.47     < 2e-16 ***
## factor (a) 8     0.55315    0.02572    21.51     < 2e-16 ***
## factor (a) 9     0.36935    0.03297    11.20     < 2e-16 ***
## factor (a) 10    0.24182    0.05895    4.10      4.1e-05 ***
## factor (b) 2     0.91244    0.02052    44.46     < 2e-16 ***
## factor (b) 3     0.95855    0.02104    45.57     < 2e-16 ***
## factor (b) 4     1.02567    0.02163    47.42     < 2e-16 ***
## factor (b) 5     0.43505    0.02536    17.16     < 2e-16 ***
## factor (b) 6     0.07986    0.02961    2.70        0.007 **
## factor (b) 7    -0.00690    0.03286   -0.21        0.834
## factor (b) 8    -0.39552    0.04279   -9.24     < 2e-16 ***
## factor (b) 9     0.00872    0.04416    0.20        0.844
## factor (b) 10   -1.37931    0.12359  -11.16     < 2e-16 ***
## ---
## Signif. codes:  0 '***' 0.001 '**' 0.01 '*' 0.05 '.' 0.1 ' ' 1
##
## (Dispersion parameter for poisson family taken to be 1)
##
##     Null deviance: 10699.4  on 54  degrees of freedom
## Residual deviance: 1903.2   on 36  degrees of freedom
## AIC: 2386
##
## Number of Fisher Scoring iterations: 4

#基于模型 mod 和数据集 dt2 计算下三角的预测值
pred = predict (mod, newdata = dt2, type = 'response')

#将下三角的预测值相加，计算未决赔款准备金的估计值
reserve = sum (pred)
reserve
## [1] 18677
```

如前所述，如果给每一个事故年和进展年分别赋予一个参数，就有可能出现过拟合的现象，为此我们对上述广义线性模型进行简化，考虑赔款支出随事故年和进展年按几何级数变化的模型，即

$$E(Y_{ij})=\mu\alpha^{i-1}\beta^{j-1}, \quad i,j=1,2,\cdots,n$$

该模型有 3 个待估参数，故自由度为 52。

在模型 $E(Y_{ij})=\mu\alpha^{i-1}\beta^{j-1}$ 中，如果假设损失服从泊松分布，则有关参数的估计值为：$\ln\hat{\mu}=6.5751$，$\ln\hat{\alpha}=0.0338$，$\ln\hat{\beta}=-0.0751$，未决赔款准备金的估计值如下表 7-43 所示。

表 7-43　泊松分布假设下的准备金估计值　单位：千元

事故年	进展年									准备金
	2	3	4	5	6	7	8	9	10	
2									362	362
3								404	375	778
4							450	418	387	1 255
5						502	466	432	401	1 800
6					560	519	482	447	415	2 422
7				624	579	537	498	462	429	3 130
8			696	646	599	556	515	478	444	3 933
9		776	720	668	620	575	533	495	459	4 845
10	865	803	745	691	641	594	551	512	475	5 878
合计										24 403

在泊松分布假设下，应用 R 语言建立模型 $\mu_{ij}=\mu\alpha^{i-1}\beta^{j-1}$ 并计算准备金预测值的程序代码和输出结果如下。

```
#建立泊松回归模型
mod = glm (y ~ a + b, family = poisson, data = dt1)

#输出泊松回归模型的参数估计值
summary (mod)
##
## Call:
## glm (formula = y ~ a + b, family = poisson, data = dt1)
##
## Coefficients:
##                Estimate  Std. Error  z value  Pr (>|z|)
## (Intercept)    6.5751     0.0181     363.6     <2e-16 ***
## a              0.0338     0.0024      14.1     <2e-16 ***
## b             -0.0751     0.0027     -27.8     <2e-16 ***
## ---
## Signif. codes:   0 '***' 0.001 '**' 0.01 '*' 0.05 '.' 0.1 ' ' 1
##
```

```
## (Dispersion parameter for poisson family taken to be 1)
##
##     Null deviance: 10699.4  on 54  degrees of freedom
## Residual deviance:  8896.5  on 52  degrees of freedom
## AIC: 9348
##
## Number of Fisher Scoring iterations: 4

#基于模型 mod 和数据集dt2 计算下三角的估计值
pred = predict (mod, newdata = dt2, type = 'response')

#将下三角的预测值相加，计算未决赔款准备金的估计值
reserve = sum (pred)
reserve
## [1] 24403
```

对于模型 $\mu_{ij}=\mu\alpha^{i-1}\beta_j$，在泊松分布假设下，估计模型参数和计算未决赔款准备金的R程序代码和输出结果如下。

```
#建立泊松回归模型
mod = glm (y ~ a + factor (b), family = poisson, data = dt1)

#输出泊松回归模型的参数估计值
summary (mod)
##
## Call:
## glm (formula = y ~ a + factor (b), family = poisson, data = dt1)
##
## Deviance Residuals:
##     Min      1Q  Median      3Q     Max
## -14.75   -4.30    0.00    2.77   17.07
##
## Coefficients:
##               Estimate  Std. Error z value  Pr (>|z|)
## (Intercept)    5.70942     0.02172  262.89   < 2e-16 ***
## a              0.03482     0.00244   14.27   < 2e-16 ***
## factor (b) 2   0.93780     0.01987   47.20   < 2e-16 ***
## factor (b) 3   0.99505     0.02025   49.13   < 2e-16 ***
```

```
## factor (b) 4     1.03964   0.02083    49.92   < 2e-16 ***
## factor (b) 5     0.44829   0.02475    18.11   < 2e-16 ***
## factor (b) 6     0.10649   0.02920     3.65   0.00026 ***
## factor (b) 7     0.04342   0.03258     1.33   0.18266
## factor (b) 8    -0.34719   0.04260    -8.15   3.6e-16 ***
## factor (b) 9     0.02510   0.04376     0.57   0.56628
## factor (b) 10   -1.52473   0.12294   -12.40   < 2e-16 ***
## ---
## Signif. codes:  0 '***' 0.001 '**' 0.01 '*' 0.05 '.' 0.1 ' ' 1
##
## (Dispersion parameter for poisson family taken to be 1)
##
##     Null deviance: 10699.4  on 54  degrees of freedom
## Residual deviance: 2270.1  on 44  degrees of freedom
## AIC: 2737
##
## Number of Fisher Scoring iterations: 4

#基于模型mod1和数据集dt2计算下三角的预测值
pred = predict (mod, newdata = dt2, type = 'response')

#将下三角的预测值相加，计算未决赔款准备金的估计值
reserve = sum (pred)
reserve
## [1] 19841
```

可见，对于模型 $\mu_{ij}=\mu\alpha^{i-1}\beta_j$，参数估计值为：$\ln\hat{\mu}=5.709\,4$，$\ln\hat{\alpha}=0.034\,82$，$\ln\hat{\beta}_2=0.937\,8$，…，$\ln\hat{\beta}_{10}=-1.524\,7$。未决赔款准备金的预测值为19 841 000元。

□习　题

7.1　设某险种各事故年的增量已付赔款如下表所示。计算：

（1）赔款进展因子；

（2）各个事故年的最终赔款；

（3）未决赔款准备金。

增量已付赔款　　单位：千元

事故年	进展年				
	0	1	2	3	4+
2014	52	28	9	7	6
2015	62	36	11	8	
2016	72	41	13		
2017	86	42			
2018	97				

7.2　某险种在各个事故年的增量索赔次数如下表所示。计算：

（1）索赔次数的进展因子；

（2）各个事故年的最终索赔次数。

增量索赔次数

事故年	进展年				
	0	1	2	3	4+
2014	101	102	98	53	32
2015	113	122	87	65	
2016	112	135	89		
2017	119	140			
2018	112				

7.3　假设某险种的已付赔款和已报案索赔次数流量三角形数据如下表所示。用案均赔款法预测该险种在 2018 年年末的未决赔款准备金。

增量已付赔款　　单位：千元

事故年	进展年				
	0	1	2	3	4+
2014	525	287	91	78	48
2015	622	362	116	82	
2016	721	411	110		
2017	861	412			
2018	970				

已报案索赔次数

事故年	进展年				
	0	1	2	3	4+
2014	387	81	6	3	1
2015	361	66	7	2	
2016	475	88	8		
2017	519	101			
2018	565				

7.4　2018 年发生的保险事故在第 2 进展年年末的未决赔款是 1 500 万元，

而在第2进展年年末的已付赔款是最终赔款的20%，在第3进展年年末已付赔款是最终赔款的50%，在第4进展年年末已付赔款是最终赔款的70%。计算2018年发生的保险事故在第4进展年的赔款支出。

7.5 已知各年的增量已付赔款和已发生已报案未决赔款准备金如下表所示。用准备金进展法预测：

（1）未来各年年末的已发生已报案未决赔款准备金；

（2）未来各年的赔款支出；

（3）2018年年末的未决赔款准备金。

增量已付赔款 单位：千元

事故年	进展年				
	0	1	2	3	4+
2014	862	664	330	250	453
2015	769	659	520	488	
2016	760	671	534		
2017	805	1 067			
2018	1 455				

已发生已报案未决赔款准备金 单位：千元

事故年	进展年			
	0	1	2	3
2014	795	607	527	465
2015	799	658	557	540
2016	770	692	500	
2017	1 400	1 250		
2018	1 865			

7.6 下表是某业务2015—2018年已付赔款的部分信息，各年的预期赔付率均为80%。用链梯法和B-F法分别估计2018年年末的未决赔款准备金。

已付赔款 单位：元

发生年	已赚保费	2014年	2015年	2016年	2017年
2015	25 000	10 000	5 000	2 000	0
2016	30 000		12 000	6 000	2 400
2017	33 000			14 000	7 000
2018	38 000				17 000

第 8 章 未到期责任准备金和理赔费用准备金

Chapter 8

8.1 未到期责任准备金

未到期责任准备金是指当年承保的业务在会计年度末尚未到期，在下一年度仍然有效的保险合同按照未到期的时间提存的准备金。从财务会计的角度看，在年内承保时收取的保费，只能叫作入账保费，它针对承保风险的全部责任。事实上，在会计年度末，当年承保的保单可能还有一部分未到期，保险公司还负有保险赔偿责任，因此需要在入账保费中对这一部分未了责任划出一部分保费，留待以后年度支付未到期的保单可能发生的索赔。这部分保费称为保费准备金，也就是未到期责任准备金。譬如，保险公司签发了一份一年期的保单，保费为 1 200 元，保单从 2018 年 9 月 1 日开始生效，2019 年 8 月 31 日期满结束。2018 年 12 月 31 日是保险公司的会计评估日。因为评估日正好处于保单有效期之内，所以不能将这张保单的全部保费都确认为当年的收入。按照会计核算的权责发生制原则，可将这张保单的保费分为两部分，一部分覆盖从保单生效日到评估日这 4 个月的时间，计为已赚保费，为 400 元；另一部分覆盖从评估日至保单到期日这段时间，称为未赚保费，为 800 元；将未赚保费作为对保单持有人的负债入账，称为责任准备金。这 800 元责任准备金的作用，就是用来承担未来 8 个月内一旦发生保险事故，保险公司所要承担的保险责任。

未到期责任准备金针对保险合同期未经历部分的保费，意味着保险公司可根据保险期未经历部分的比例计算保单的准备金。例如，保单有 20%的风险在评估日前，有 80%的风险在评估日后，那么在评估日就有 80%的保费未被赚取，这张保单的未到期责任准备金为 80%×保费。未到期责任准备金的评估方法有两种：比例法和风险分布法。在保费收取、风险分布均匀的假设下，可以采用比例法；在不满足均匀假设的情况下，可以采用风险分布法。

8.1.1 比例法

比例法的假设条件为：保费收入在一年（季、月）中是均匀流入的，与之相对应的风险在保险期内也是均匀分布的，从而未到期责任准备金与尚未经历的保险合同期的长度成正比。比例法根据假设的不同，具体可分为年比例法（1/2法）、季比例法（1/8法）、月比例法（1/24法）和日比例法（1/365法）。在计算技术比较落后或者公司数据库信息不完善的情况下，可以采用年比例法（1/2法）、季比例法（1/8法）或月比例法（1/24法）。目前，保险公司在实务中应用比较普遍的是日比例法（1/365法）。下面简要介绍月比例法和日比例法。

1. 月比例法（1/24法）

月比例法也称为1/24法，应用该法评估未到期责任准备金时，假设在保险期内各月份承保的业务均匀分布，这样可以近似地认为所有保单都从月中开始生效，即每张保单在承保当月只能赚得半月的保费，一年被分为24个半月，所以承保当月只能赚得年保费的1/24。

例如，对于1月生效的保单，在年末的未赚保费（即未到期责任准备金）是保费收入的1/24；对于2月生效的保单，在年末的未赚保费是保费收入的3/24……对于12月生效的保单，在年末的未赚保费是保费收入的23/24。

1/24法是评估未到期责任准备金比较常用的一种方法，但当保险业务集中于每月的某一时段时（如月初或月末），其评估结果的准确性会受到较大质疑。

2. 日比例法（1/365法）

日比例法也称作1/365法，是根据实际业务的承保期限逐单对未到期责任准备金进行评估的一种方法。在逐单评估时，以其未满期日数占保险期限的比例来计算未到期责任准备金。日比例法的计算公式如下：

$$\text{未到期责任准备金}=\frac{\text{保单到期日}-\text{准备金评估日}}{\text{保单到期日}-\text{保单生效日}}\times\text{保费收入}$$

式中，(保险到期日－准备金评估日)/(保单到期日－保单生效日)为该保单未赚保费的比例，乘以保费收入即是该保单的未到期责任准备金。

年比例法、季比例法和月比例法均要假设保费收入均匀分布。年比例法、季比例法和月比例法所要求的假设条件依次更为宽松。相比之下，日比例法没有保费收入均匀分布的假设，能更真实地反映现实，因而评估结果的精确性最高。当然，日比例法的计算量最大，同时对公司的IT系统要求较高，它需要数据系统及时记录并更新保单的各项信息。

8.1.2 风险分布法

当风险在整个保险期间的分布较为均匀时，可根据时间比例估计未到期责任准备金。但在实际中，并非所有的险种都能近似满足均匀分布的假设。这时如果采用时间比例法，未到期责任准备金的评估结果就会很不准确。所以需要对风险分布的实际情况进行分析，做出合理的分布假设，并以风险分布为基础，对未到期责任准备金进行评估。下面主要介绍流量预期法、七十八法则和逆七十八法则。

1. 流量预期法

流量预期法是根据承保业务的历史损失数据估计未来预期的风险分布状况，并以风险比例来确定未到期责任准备金的一种方法。

假设精算师根据历史经验数据，估计出某险种未来的风险分布及未到期风险比例的分布，如表 8－1 所示。

表 8－1　　未来的风险分布及未到期风险比例的分布

时间	0 月	2 月	4 月	6 月	8 月	10 月	12 月
预期损失分布	0%	2%	3%	10%	30%	30%	25%
未到期风险比例的分布	100%	98%	95%	85%	55%	25%	0%

如果根据风险比例评估未到期责任准备金，则相应的未赚保费比例如表 8－2 所示。

表 8－2　　未赚保费比例

时间	0 月	2 月	4 月	6 月	8 月	10 月	12 月
已赚保费比例	0%	2%	5%	15%	45%	75%	100%
未赚保费比例	100%	98%	95%	85%	55%	25%	0%

流量预期法在公司内部数据的支持下，适用于风险分布不均匀的趸缴或定期缴费的险种。但该方法依赖于经验数据和精算假设，带有较强的主观性，会增加监管难度。

2. 七十八法则和逆七十八法则

从 1 月到 12 月，所有月份 1，2，…，11，12 的数字之和为 78。七十八法则和逆七十八法是对流量预期法的一种简化。七十八法则在评估未到期责任准备金时，假设自保单生效日开始，风险分布呈逐月递减的趋势，在第 1 个月，第 2 个月，第 3 个月，…，第 12 个月分别为 12，11，10，…，1。而对于逆七十八法则，则假设自保单生效日开始，风险呈现以 1，2，3，…，12 逐月递增的分布，如表 8－3 所示。

表 8－3　　七十八法则和逆七十八法则的已赚保费

保险生效后的第 X 个月	每月已赚保费	
	七十八法则	逆七十八法则
1	12/78	1/78
2	11/78	2/78
3	10/78	3/78

续前表

保险生效后的第 X 个月	每月已赚保费	
	七十八法则	逆七十八法则
4	9/78	4/78
5	8/78	5/78
6	7/78	6/78
7	6/78	7/78
8	5/78	8/78
9	4/78	9/78
10	3/78	10/78
11	2/78	11/78
12	1/78	12/78

在实务中，七十八法则还可以应用于长期保单，这时只需要将分母变为保单所有月份之和即可。例如，对于两年期保单，分母为 1，2，…，23，24 之和（即为 300），对应每个月的已赚保费为 24/300，23/300，…，2/300，1/300。

【例 8－1】

保险公司承保的业务均为一年期业务，1 月和 2 月保费收入分别为 5 000 万元和 8 000 万元，应用七十八法则计算这两个月的保险业务在 12 月末的未到期责任准备金。

假设每月的保费收入发生在月中。1 月的保费收入在 12 月末时经历了 11.5 个月，还剩余 0.5 个月。根据七十八法则，最后一个月的已赚保费比例为 1/78，所以 12 月末时剩余 0.5 个月对应的未到期保费比例为 0.5/78，相应地，未到期责任准备金为：

$$5\,000\times 0.5/78=32.05(\text{万元})$$

2 月的保费收入在 12 月末时经历了 10.5 个月，还剩余 1.5 个月。根据七十八法则，最后两个月的已赚保费比例分别为 2/78 和 1/78，所以 12 月末时剩余 1.5 个月对应的未到期保费比例为 $(2\times 0.5+1)/78$，相应地，未到期责任准备金为：

$$8\,000\times(2\times 0.5+1)/78=205.13(\text{万元})$$

未到期责任准备金是对保单未到期风险所可能导致的赔款的一种估计，但未来赔付支出受到各种外部环境因素的影响。譬如，索赔膨胀和费用增加都可能导致按比例法或风险分布法计提的未到期责任准备金不能应付未来负债。因此，在提取未到期责任准备金后，还需要进行保费充足性测试，以判断是否需要提取保费补足准备金。

8.2 理赔费用准备金

理赔费用准备金是指针对尚未结案的赔案可能发生的费用提取的准备金。对于保险事故，保险公司除应支付给被保险人按照合同约定的赔款外，还应支付结案过程中发生的理赔费用。所以，保险公司在提取赔款准备金的同时，也要提取理赔费用准备金。

理赔费用准备金一般分为两种：直接理赔费用准备金和间接理赔费用准备金。直接理赔费用是指与具体案件的理赔直接相关的费用，如专家勘查费、诉讼费和独立理算人的理算费用等；间接理赔费用是指理赔部门的整体运营费用，包括理赔部门的薪金、办公费用和数据处理费用等，与具体的赔案没有一一对应关系。

8.2.1 直接理赔费用准备金

评估直接理赔费用准备金的常用方法可以分成两种：一种是将直接理赔费用并入未决赔款准备金中，用未决赔款准备金的评估方法进行估计；另一种是对直接理赔费用准备金单独进行评估，常用的方法是链梯法和比率法。

一般来说，保险公司对每件赔案都会有详细的记录，如保险事故发生时间、发生地点、赔付金额和赔付时间等。当理赔费用模式与赔款支付模式具有相同的规律时，适用于未决赔款准备金的评估方法同样也可用来评估直接理赔费用准备金。具体做法是将理赔费用与赔款合并，即未决赔款准备金的评估结果就包含直接理赔费用准备金的评估结果。

当理赔费用的延迟模式与赔款的延迟模式存在较大差别时，就需要对理赔费用进行单独评估。

评估直接理赔费用准备金的链梯法，是以已付直接理赔费用流量三角形为基础，通过链梯法，对未来直接理赔费用准备金进行估计。链梯法的优点在于简单、直观，适用于各事故年前期直接理赔费用准备金的评估；不足之处在于早期费用的剧烈波动会对评估结果的准确性造成较大影响。

评估直接理赔费用准备金的另一方法是比率法，该方法综合考虑直接理赔费用和赔款之间的关系，假设已付直接理赔费用与相应的已付赔款之间存在一种相对稳定的比率关系，而且该比率关系的发展规律在过去和未来是一致的。由此可以得到直接理赔费用与赔款之间的最终比率关系，将此比率应用于最终赔款的估计值，即可求得直接理赔费用准备金的估计值。

下面通过一个例子来说明评估直接理赔费用准备金的比率法。

【例8-2】

假设某保险公司按事故年统计的累积已付赔款和累积已付直接理赔费用如表表8-4和表8-5所示。

表8-4 累积已付赔款 单位：千元

事故年	进展年						
	0	1	2	3	4	5	6
2012	1 130	2 003	2 715	3 206	3 563	3 798	3 911
2013	1 103	2 199	2 937	3 592	3 904	4 064	
2014	1 008	1 957	2 566	3 021	3 320		
2015	965	1 868	2 520	3 117			
2016	1 028	2 145	3 142				
2017	850	1 678					
2018	567						

表8-5 累积已付直接理赔费用 单位：千元

事故年	进展年						
	0	1	2	3	4	5	6
2012	28	56	106	162	211	209	271
2013	24	62	113	179	228	260	
2014	22	55	99	149	189		
2015	20	48	90	145			
2016	19	51	108				
2017	18	42					
2018	11						

用表8-5中的累积已付直接理赔费用除以表8-4中对应的累积已付赔款，即可求得它们之间的比率关系，如表8-6所示。

表8-6 累积已付直接理赔费用与累积已付赔款的比率（%）

事故年	进展年						
	0	1	2	3	4	5	6
2012	2.48	2.80	3.90	5.05	5.92	5.50	6.93
2013	2.18	2.82	3.85	4.98	5.84	6.40	
2014	2.18	2.81	3.86	4.93	5.69		
2015	2.07	2.57	3.57	4.65			
2016	1.85	2.38	3.44				
2017	2.12	2.50					
2018	1.94						

根据表 8－6 的比率关系可以计算出该比率的进展因子及其平均值，如表 8－7 所示。

表 8－7　　**累积直接理赔费用与累积已付赔款之比的进展因子**

事故年	进展年						
	0～1	1～2	2～3	3～4	4～5	5～6	6～7+
2012	1.129 0	1.392 9	1.294 9	1.172 3	0.929 1	1.260 0	
2013	1.293 6	1.365 2	1.293 5	1.172 7	1.095 9		
2014	1.289 0	1.373 7	1.277 2	1.154 2			
2015	1.241 5	1.389 1	1.302 5				
2016	1.286 5	1.445 4					
2017	1.179 2						
平均值	1.236 5	1.393 3	1.292 0	1.166 4	1.012 5	1.260 0	
选定值	1.300	1.400	1.295	1.160	1.025	1.010	1.010

假设精算师根据表 8－7 中的平均值，结合自己的经验判断和行业数据，选择的进展因子如该表的最后一行所示。将进展因子选定值应用于表 8－4 的已付赔款，即可求得表 8－8 所示的每 100 元已付赔款的已付直接理赔费用。

表 8－8　　**每 100 元已付赔款的已付直接理赔费用**　　单位：元

事故年	进展年							
	0	1	2	3	4	5	6	7+
2012	2.48	2.80	3.90	5.05	5.92	5.50	6.93	7.00
2013	2.18	2.82	3.85	4.98	5.84	6.40	6.46	6.53
2014	2.18	2.81	3.86	4.93	5.69	5.84	5.89	5.95
2015	2.07	2.57	3.57	4.65	5.40	5.53	5.59	5.64
2016	1.85	2.38	3.44	4.45	5.16	5.29	5.35	5.40
2017	2.12	2.50	3.50	4.54	5.26	5.40	5.45	5.50
2018	1.94	2.52	3.53	4.57	5.30	5.44	5.49	5.55

直接理赔费用准备金的估计过程如表 8－9 所示，其中最终赔款可以根据表 8－4 中的累积已付赔款数据求得。

表 8－9　　**直接理赔费用准备金**

事故年	每 100 元已付赔款的最终直接理赔费用（元）	最终赔款（千元）	最终直接理赔费用（千元）	已付直接理赔费用（千元）	直接理赔费用准备金（千元）
	(1)	(2)	(3)＝(1)×(2)÷100	(4)	(5)＝(3)－(4)
2012	7.00	4 160	291	271	20
2013	6.53	4 414	288	260	28

续前表

事故年	每 100 元已付赔款的最终直接理赔费用（元）	最终赔款（千元）	最终直接理赔费用（千元）	已付直接理赔费用（千元）	直接理赔费用准备金（千元）
	(1)	(2)	(3)=(1)×(2)÷100	(4)	(5)=(3)−(4)
2014	5.95	3 537	210	189	21
2015	5.64	4 015	226	145	81
2016	5.40	4 621	250	108	142
2017	5.50	3 311	182	42	140
2018	5.55	2 237	124	11	113
合计					546

8.2.2 间接理赔费用准备金

间接理赔费用与保险公司的业务流程联系密切，所以在对间接理赔费用准备金进行评估时，精算师必须熟悉保险公司的业务流程。在特定情况下，需要分业务类型来评估间接理赔费用准备金，譬如根据各险种的业务规模加权评估间接理赔费用准备金。

一般而言，保险公司对间接理赔费用的记录不如对直接理赔费用的记录详细，需要通过一定的方法将其分配给各个险种。当然，在间接理赔费用的分配过程中，应该考虑导致费用发生的各种因素，如各险种在当年发生的案件数、已决案件数、未决案件数、赔款支付次数等。精算师应该熟悉间接理赔费用在各个险种之间的分配方式及其变化情况。当间接理赔费用分配到各险种以后，就可以进行准备金的评估工作。

假设某险种以前几个日历年的已付间接理赔费用和已付赔款数据如表 8－10 所示。

表 8－10　　已付间接理赔费用

日历年	已付间接理赔费用（千元）	已付赔款（千元）	每 100 元已付赔款的已付间接理赔费用（元）
	(1)	(2)	(3)=(1)÷(2)
2012	617	4 598	13.42
2013	691	5 029	13.74
2014	774	5 577	13.88
2015	867	6 535	13.27
2016	971	7 294	13.31
2017	1 088	8 203	13.26
2018	1 218	8 570	14.21
合计（或平均）	6 226	45 806	13.59

从表 8-10 可以看出，每发生 100 元的已付赔款平均对应着 13.59 元的间接理赔费用支出，即间接理赔费用占已付赔款的经验比率为 0.135 9。需要注意的是，每个日历年的已付赔款和间接理赔费用，是由当年新赔案和往年未决赔案共同引发的。

不难理解，间接理赔费用在赔案的整个理赔期间都会发生。但是，在间接理赔费用准备金的评估过程中，一种常用的简单假设是，间接理赔费用在立案时发生 50%，其余 50%在剩余的理赔过程中发生。按照上述假设，就可以根据下述公式估计间接理赔费用准备金：

$$\begin{array}{c}\text{间接理赔费用}\\\text{准备金}\end{array}=\left(\begin{array}{c}\text{已发生已报案}\\\text{未决赔款准备金}\end{array}\times 50\%+\begin{array}{c}\text{IBNR}\\\text{准备金}\end{array}\right)\times\begin{array}{c}\text{间接理赔费用占}\\\text{已付赔款的百分比}\end{array}$$

在上式中，之所以对已发生已报案未决赔款准备金乘以 50%，是因为假设在立案时已经发生了 50%的间接理赔费用，还剩余 50%的间接理赔费用会在未来发生。

在实际评估间接理赔费用准备金时，应该对上述假设的合理性在理赔部门进行验证。如果验证的结果表明，40%的间接理赔费用在立案时发生，而其余的 60%在后面的理赔过程中发生，则可以根据下述公式估计间接理赔费用准备金：

$$\begin{array}{c}\text{间接理赔费用}\\\text{准备金}\end{array}=\left(\begin{array}{c}\text{已发生已报案}\\\text{未决赔款准备金}\end{array}\times 60\%+\begin{array}{c}\text{IBNR}\\\text{准备金}\end{array}\right)\times\begin{array}{c}\text{间接理赔费用占}\\\text{已付赔款的百分比}\end{array}$$

上述方法假设赔案发生的时间不影响间接理赔费用与已付赔款之间的比率关系，同时假设间接理赔费用与赔款支付的时间和速度基本相同。如果保险公司的大多数业务已经稳定经营了多年，且通货膨胀率较小，则该方法的适用性还是比较好的。

为了提高上述评估方法的准确性，还可以考虑将上述公式中的“IBNR 准备金”改为“纯 IBNR 准备金”。纯 IBNR 准备金是指已经发生但尚未报告赔案的准备金，不包括诸如重立案件或对已发生已报案未决赔款准备金的调整。对于纯 IBNR 准备金，因为未曾立案，没有进行任何理赔工作，所以在提取准备金时无须乘以任何系数（如同前述公式中对 IBNR 准备金的处理）；而对于其他的 IBNR 准备金，因为事实上已经进行了一部分理赔工作，所以应该与已发生已报案未决赔款准备金做同样的处理，即通过一个系数进行调整。此时，间接理赔费用准备金的评估公式将为：

$$\begin{array}{c}\text{间接理赔费用}\\\text{准备金}\end{array}=\left[\left(\begin{array}{c}\text{已发生已报案}\\\text{未决赔款准备金}\end{array}+\begin{array}{c}\text{其他 IBNR}\\\text{准备金}\end{array}\right)\times 50\%+\begin{array}{c}\text{纯 IBNR}\\\text{准备金}\end{array}\right]$$

$$\times \begin{matrix}\text{间接理赔费用占}\\ \text{已付赔款的百分比}\end{matrix}$$

上式假设立案时发生了50%的间接理赔费用。

□习　题

8.1　假设某公司2018年四个季度财产保险的保费收入依次为500万元、230万元、320万元、100万元，假定保费收入是均匀分布的。分别按照下列方法计提2018年年末的未到期责任准备金。

(1) 按季平均法（1/8法）；

(2) 按年平均法（1/2法）。

8.2　保险公司承保的业务均为一年期业务，11月和12月的保费收入分别为6 000万元和9 000万元，假设保费收入发生在月中，应用七十八法则计算这两个月的保险业务在12月末的未到期责任准备金。

8.3　某险种的已报案赔款准备金为200万元，IBNR准备金为520万元，假设间接理赔费用在立案时发生40%，且每100元已付赔款平均需要12元间接理赔费用。估计该险种的间接理赔费用准备金。

8.4　已知某业务的累积已付赔款和累积已付直接理赔费用如下表所示，评估2018年12月31日的直接理赔费用准备金。

累积已付赔款　　单位：千元

事故年	进展年				
	0	1	2	3	最终值
2014		9 200	9 300	9 300	9 300
2015	8 000	8 900	9 060	9 060	9 060
2016	9 200	9 900	9 980		9 980
2017	8 300	9 400			9 520
2018	9 500				10 680

累积已付直接理赔费用　　单位：千元

事故年	进展年				
	0	1	2	3	最终值
2014		690	753	764	764
2015	500	760	853	861	
2016	550	650	710		
2017	555	770			
2018	630				

第 9 章 再保险

Chapter 9

9.1 再保险概述

再保险是保险人在原保险合同的基础上，通过签订分保合同，将其承担的部分风险和责任向其他保险人进行转移的行为。通俗地讲，也就是对保险人的保险。

在再保险交易中，分出业务的保险公司称为原保险人，接受再保险业务的公司称为再保险人。如果再保险人又将接受的业务分保给另一家保险公司，这种做法称为转分保。

按照责任限制方式，再保险可以分为比例再保险和非比例再保险。

比例再保险以保险金额为基础确定每一风险的自留额和分保额，原保险人的自留额和分入公司的分保额均可表示为保险金额的一定比例，该比例也是双方分配保费和分摊赔款的依据。比例再保险又可细分为成数再保险和溢额再保险。成数再保险按照保险金额的一定比例作为自留额和分保额；溢额再保险则先将保险金额的一定金额作为自留额，余下的部分作为分保额。

在成数再保险中，原保险人将每一风险的保险金额按约定比例向再保险人投保。在成数再保险中，不论原保险人承保的每一风险的保额大小，只要是在合同规定的范围之内，都按双方约定的比例分担责任，每一风险的保费和赔款也按双方约定的比例进行分摊。

在溢额再保险中，原保险人根据自身情况确定自留额，以自留额的一定线数（即倍数）作为分保额，并分别按照自留额和分保额占保险金额的比例来分配保费和分摊赔款。溢额再保险也以保险金额为基础确定分保关系，但它与成数再保险不同的是，原保险人并非必须分出它所接受的每一个风险，只有当保险金额超出它的自留额时，才将溢额分给再保险人。也就是说，溢额再保险的自留额是确定的，不随保险金额的大小变动；而成数再保险的自留额表现为保险金额的固定百分比，随保险金额的大小变动。譬如，某保险人的自留额为40万元，现有三笔保险业务，保险金额分别为40万元、50万元和100万元。由于第一笔业务的保险金额在自留额之内，因此无须分保；第二笔业务自留40万元，分出10万元；第三笔业务自留40万元，分出60万元。溢额（分保额）与保险金额的比例即为分保比例。如第二笔业务的分保比例为20%，第三笔业务的分保比例为60%。

非比例再保险以赔款金额确定原保险人的自负额和再保险人的分赔额。非比例再保险主要有超额赔款再保险和赔付率超赔再保险，其中超额赔款再保险包括险位超赔再保险和事故超赔再保险。

险位超赔再保险以每一风险实际所发生的赔款来计算原保险人和再保险人分别应该承担的赔款。在险位超赔再保险中，如果损失金额不超过原保险人应该承担的自负额，全部损失由原保险人赔付；如果总赔款金额超过了自负额，则超过部分由再保险人赔付。譬如，原保险人的自负额为500万元，再保险人承担超过500万元以后的400万元，如果实际损失为900万元，则原保险人承担500万元的赔款，再保险人承担400万元的赔款；如果实际损失为350万元，则全部由原保险人承担。险位超赔再保险可以显著削减原保险人承担赔款的变异性。

事故超赔再保险以一次巨灾事故造成的许多保单发生的赔款总和计算原保险人和再保险人分别应该承担的赔款。在事故超赔再保险中，一次事故的划分至关重要。譬如，可以规定台风、飓风、暴风连续48小时为一次事故，地震、洪水连续72小时为一次事故，其他巨灾连续168小时为一次事故。从精算的角度看，事故超赔再保险与险位超赔再保险没有本质区别。一次巨灾事故会导致大量保单同时索赔，因此事故超赔再保险要求再保险人具有应付高额赔款的能力。以每次保险事故为基础计算的赔款往往具有右偏的分布函数。因此，在事故超赔再保险中，原保险人支出的每一单位的再保费，对其自负赔款变异性的削减比险位超赔再保险来得显著。

赔付率超赔再保险是以赔付率确定原保险人和再保险人各自承担赔款的一种非比例再保险，也称作停止损失再保险或止损再保险。所谓赔付率，是指保险公司已付赔款与已赚保费之比。在某一特定时期（通常为一年），当原保险人的赔付率超过事先约定的标准时，超过该部分的所有赔款由再保险人负责。在赔付率超赔再保险中，再保险人的责任通常有一个以赔付率表示的最高限额，同时还有一个以金额表示的最高限额。譬如，再保险人负责赔付率在80%～120%之间赔款，但最高不超过500万元，两者以先达到者为准。因此，赔付率在120%以上的部分，以及赔付率虽在80%～120%之间，但金额超过500万元以上的部分，仍归原保险人负责。赔付率超赔再保险可以将原保险人在某一年度的赔付率控制在一定的限度之内，因此得名。

9.2　再保险定价

与原保险相比，再保险的定价面临更大的不确定性，这主要是因为：首先，再保险大多数是个性化保单，而非标准化保单；其次，再保险公司的损失数据来自原保险人，因此有可能存在扭曲，不能反映损失的实际情况；再次，再保险公司承保的风险大多数是低频高额损失，即损失发生的可能性较小，而损失一旦发生，损失金额都会比较高；最后，再保险的赔付延迟时间较长，可能需要经过多年以后才能确定最终损失金额。

与原保险一样，再保险的保费也由纯保费和附加保费构成，只不过在再保险的保费构成中，附加保费所占比重更高。下面首先介绍再保险期望赔款的计算方法，然后讨论如何在此基础上计算再保险的总保费。

9.2.1　再保险期望赔款

如前所述，再保险的类型较多，本节仅以非比例再保险中的险位超赔再保险为例说明再保险期望赔款的计算过程。

在已知损失分布的情况下，再保险期望赔款的计算比较容易。假设在某个事故超赔再保险合同中，损失金额 X 的分布函数为 $F(x)$，密度函数为 $f(x)$，原保险人的自负额为 r。假设 X_N 是原保险人承担的赔款，X_R 是再保险人承担的赔款，则原保险人承担的期望赔款为：

$$E(X_N)=\int_0^r xf(x)\mathrm{d}x+r[1-F(r)]$$

再保险人对每次事故承担的期望赔款（包含零赔款在内）为：

$$E(X_R)=\int_r^{\infty}(x-r)f(x)\mathrm{d}x=\int_r^{\infty}xf(x)\mathrm{d}x-r[1-F(r)]$$

【例 9-1】

假设某项保险业务的索赔频率为 0.05。原保险人的赔款金额服从均值为 1 000 万元、标准差为 1 500 万元的帕累托分布 Pareto(α, θ)。帕累托分布的密度函数和分布函数分别为：

$$f(x)=\frac{\alpha\theta^{\alpha}}{(\theta+x)^{\alpha+1}}$$

$$F(x)=1-\left(\frac{\theta}{\theta+x}\right)^{\alpha},\quad x,\alpha,\theta>0$$

帕累托分布的均值和方差分别为：

$$E(X)=\frac{\theta}{\alpha-1}=1\ 000$$

$$\mathrm{Var}(X)=\frac{\alpha\theta^2}{(\alpha-1)^2(\alpha-2)}=1\ 500^2$$

由上述两个方程可以解得帕累托分布的参数估计值为 $\alpha=3.6$，$\theta=2\ 600$。

如果事故超赔再保险合同规定，再保险公司承担损失超过 2 000 万元的赔付责任，则再保险人对每次事故承担的期望赔款为：

$$\begin{aligned}E(X_R)&=\int_r^{\infty}xf(x)\mathrm{d}x-r[1-F(r)]\\&=\int_{2\ 000}^{\infty}x\frac{3.6\times2\ 600^{3.6}}{(2\ 600+x)^{3.6+1}}\mathrm{d}x-2\ 000\left(\frac{2\ 600}{2\ 600+2\ 000}\right)^{3.6}\\&=226.86(\text{万元})\end{aligned}$$

由于索赔频率为 0.05，所以再保险公司的期望赔款为 $226.86\times0.05=11.34$ 万元。

在上述例子中，假设损失分布是已知的参数分布。在某些情况下，可能无法得到参数分布模型，此时就需要根据经验数据估计再保险的期望赔款。根据经验数据估计再保险的期望赔款，可以采用所谓的劳合社比例法，这种方法比较适合短尾的财产保险业务。

在劳合社比例法中，事故超赔再保险的期望赔款表示为原保费的 k 倍，其中 k 是再保险期望赔款在原保费中所占的百分比，可以通过下述公式计算：

$$k=\text{超额赔款因子}\times\text{原保险人的平均赔付率}\times\text{修正因子}$$

式中，超额赔款因子是再保险人的超额赔款在总损失金额中所占的百分比；修正因子是再保险人为弥补原保险人的费率不足而设定的附加因子。譬如，如果再保险人认为原保险人的保费偏低，可以将修正因子确定为 1.05，即把原保费提高 5%，并在此基础上计算再保费。

从上式不难看出，应用劳合社比例法计算再保险期望赔款的关键是计算超额赔款因子。

【例 9-2】

假设某保险公司火灾保险的损失数据如表 9-1 所示。计算不同起赔点条件下的超额赔款因子。如果假定原保险人的平均赔付率为 60%，修正因子为 1.05，计算再保险期望赔款占原保费的百分比。

表 9-1　　火灾保险的损失数据

赔款金额（元）	赔款金额总计（元）	赔案件数	平均赔款金额（元）
0～5 000	640 900	754	850
5 000～10 000	876 000	120	7 300

续前表

赔款金额（元）	赔款金额总计（元）	赔案件数	平均赔款金额（元）
10 000～15 000	810 000	60	13 500
15 000～25 000	440 000	20	22 000
25 000～35 000	155 000	5	31 000
35 000～50 000	40 000	1	40 000
总计	2 961 900	960	3 085

可以用于计算超额赔款因子的起赔点如表 9－2 的第 1 列所示。起赔点是指当损失达到该点所表示的金额时，再保险人开始支付赔款。根据不同的起赔点，可以计算出不同起赔点条件下的超额赔款，如表 9－2 的第 5 列所示。譬如，如果起赔点为 5 000 元，则原保险人的自负赔款被分为两部分：5 000 元以内的部分为 640 900 元，超过 5 000 元的部分为 5 000×206＝1 030 000 元，其中 206 是赔款超过 5 000 元的赔案件数，即为 120＋60＋20＋5＋1＝206。因此，原保险人的自负赔款为 1 670 900 元。从总赔款中减去原保险人的自负赔款，即得到再保险人的超额赔款为 2 961 900－1 670 900＝1 291 000 元。表 9－2 的最后一列是超额赔款在总赔款中所占的百分比。

表 9－2　　超额赔款

起赔点（元）	总赔款金额（元）	赔案件数	原保险人的自负赔款（元）	再保险人的超额赔款（元）	超额赔款占总赔款的百分比（%）
0	2 961 900	960	0	2 961 900	100.00
5 000	2 321 000	206	1 670 900	1 291 000	43.59
10 000	1 445 000	86	2 376 900	585 000	19.75
15 000	635 000	26	2 716 900	245 000	8.27
25 000	195 000	6	2 916 900	45 000	1.52
35 000	40 000	1	2 956 900	5 000	0.17

根据表 9－2 最后一列的数据，可以很容易地计算出超额赔款因子，如表 9－3 所示，其中 M＝5 000 元。譬如，如果再保险人的起赔点为 $3M$，再保险人的赔款最多不超过 $2M$（即再保险赔偿限额为 $2M$），则止赔点为 $5M$（止赔点是指对于超过该点的损失，再保险人不负责赔偿）。那么当损失超过止赔点 $5M$ 时，再保险人只负责赔偿 $2M$，因此，超额赔款因子为 8.27%－1.52%＝6.75%。其中 8.27% 是超过 $3M$ 的赔款在总赔款中所占的比例，1.52%是超过 $5M$ 的赔款在总赔款中所占的比例，它们的差就是（$3M$，$5M$）之间的赔款在总赔款中所占的比例。

表 9－3　　超额赔款因子（%）

起赔点	止赔点					
	$1M$	$2M$	$3M$	$5M$	$7M$	无限制
$0M$	56.41	80.25	91.73	98.48	99.83	100.00
$1M$		23.84	35.32	42.07	43.42	43.59

续前表

起赔点	止赔点					
	1M	2M	3M	5M	7M	无限制
2M			11.48	18.23	19.58	19.75
3M				6.75	8.10	8.27
5M					1.35	1.52
7M						0.17

如果假设原保险人的平均赔付率为60%，为弥补原保费率的不足而设定的修正因子为1.05，则再保险期望赔款占原保费的百分比为：

$$k=\text{超额赔款因子}\times 60\%\times 1.05$$

譬如，当起赔点为3M，再保险赔偿限额为2M时，再保险人承担的赔款在（3M，5M）之间，是总赔款金额的6.75%，因此

$$\begin{aligned}k&=\text{超额赔款因子}\times\text{原保险人的平均赔付率}\times\text{修正因子}\\&=6.75\%\times 60\%\times 1.05=4.25\%\end{aligned}$$

即再保险期望赔款为原保费的4.25%。其他计算结果如表9-4所示。

表9-4　再保险期望赔款在原保费中所占的百分比（%）

起赔点	止赔点					
	1M	2M	3M	5M	7M	无限制
0M	35.54	50.56	57.79	62.04	62.89	63.00
1M		15.02	22.25	26.50	27.35	27.46
2M			7.23	11.48	12.34	12.44
3M				4.25	5.10	5.21
5M					0.85	0.96
7M						0.11

9.2.2 再保费

在求得再保险期望赔款的基础上，可以应用下述公式计算再保费：

$$\text{再保费}=\frac{\text{再保险期望赔款的现值}}{(1-\text{分保佣金率}-\text{经纪人佣金率})\times(1-\text{内部费用率})\times(1-\text{利润附加率})}$$

上式包含许多概念，下面逐一进行说明。

再保险期望赔款的现值是再保险人在未来赔款的期望现值，对于短尾业务，可以不必计算现值。

分保佣金是再保险公司支付给原保险人的费用，属于外部费用，根据再保费

的一定比例计算。分保佣金并不是必需的，譬如在事故超赔再保险中，就没有分保佣金。

经纪人佣金也属于再保险的外部费用，根据再保费的一定比例计算，支付给再保险的中介机构。

由于分保佣金和经纪人佣金根据再保费计算，故

$$\text{再保险人的实际现金保费收入}=\text{再保费}\times(1-\text{分保佣金率}-\text{经纪人佣金率})$$

内部费用根据再保险公司实际收到的现金保费的一定比例计算，随着再保险业务变化而变化。其计算公式为：

$$\text{内部费用}=\text{再保费}\times(1-\text{分保佣金率}-\text{经纪人佣金率})\times\text{内部费用率}$$

利润附加率表示为再保险纯保费的一定比例，其大小取决于再保险公司的资本收益率和再保险业务的相对风险。

再保险纯保费是再保险人用于支付赔款、获取利润的保费。注意，这里关于再保险纯保费的定义与原保险的纯保费略有不同，其中包含利润附加。再保险纯保费可以通过下述两个公式计算：

$$\text{再保险纯保费}=\text{再保费}\times(1-\text{分保佣金率}-\text{经纪人佣金率})\times(1-\text{内部费用率})$$

$$\text{再保险纯保费}=\text{再保险期望赔款的现值}/(1-\text{利润附加率})$$

不难证明，上述两个公式是等价的。

【例9-3】

假设再保险人的期望赔款为100 000元，再保险利润附加率为20%，再保险公司的内部费用率为10%，分保佣金率为25%，经纪人佣金率为5%。计算再保费。

应用前述再保费的计算公式：

$$\begin{aligned}\text{再保费}&=\frac{\text{再保险期望赔款}}{(1-\text{分保佣金率}-\text{经纪人佣金率})\times(1-\text{内部费用率})\times(1-\text{利润附加率})}\\&=\frac{100\,000}{(1-25\%-5\%)\times(1-10\%)\times(1-20\%)}\\&=198\,413(\text{元})\end{aligned}$$

在实际应用中，再保费通常表现为原保费的一定比例。譬如，如果假设本例的原保费为5 000 000元，则再保费可以近似表示为原保费的4%。此时，实际的再保费将为200 000元，略大于前面的计算结果198 413元。如果实际收取的再保费为200 000元，则再保费扣除外部费用后的余额（即实际现金保费收入）为200 000×(1－25%－5%)＝140 000元，再保险人的利润附加将为：

$$\text{再保险利润附加}=\text{实际现金保费收入}-\text{内部费用}-\text{再保险期望赔款}$$

$=140\ 000-198\ 413\times 10\%-100\ 000$
$=20\ 159$(元)

【例9-4】

根据非比例再保险合同的下述信息计算再保费：

(1) 原保险人收取的保费为 100 000 元。

(2) 原保险人的期望赔付率为 65%。

(3) 费率修正因子为 1.05，即再保险人认为原保费提高 5%才是充足的。

(4) 分保佣金率为 30%。

(5) 没有经纪人参与，故经纪人佣金率为 0。

(6) 再保险人的内部费用率为 15%。

(7) 被保险财产的最大可能损失为 10 000 000 元。

(8) 原保险人的自负额（即再保险的起赔点）为 1 000 000 元。

(9) 再保险合同的赔偿限额为 4 000 000 元，这是再保险人对每次事故的最大赔偿金额。

(10) 再保险人的目标利润附加率为 10%。

根据前述信息可知，在再保险人看来，上述保险的期望损失应为：

期望损失＝原保险人的保费×原保险人的赔付率×费率修正因子
$=100\ 000\times 0.65\times 1.05$
$=68\ 250$(元)

将每次事故的损失表示为最大可能损失的百分比，记为 X，且假设其服从帕累托分布，分布函数为：

$$F(x)=1-\left(\frac{\theta}{\theta+x}\right)^{\alpha}$$

式中，$\alpha=2$，$\theta=0.1$。

如果把再保险的赔偿限额规定为最大可能损失的 c 倍，则再保险的期望赔款为：

$$E[X\wedge c]=\left\{\frac{\theta}{\alpha-1}\right\}\times\left\{1-\left(\frac{\theta}{\theta+c}\right)^{\alpha-1}\right\}$$

每次事故的期望损失为：

$$E[X\wedge 1]=\left\{\frac{\theta}{\alpha-1}\right\}\times\left\{1-\left(\frac{\theta}{\theta+1}\right)^{\alpha-1}\right\}=\left\{\frac{0.1}{2-1}\right\}\times\left\{1-\left(\frac{0.1}{1.1}\right)^{1}\right\}$$
$$=0.1\times(1-0.91)=0.090\ 9$$

将上述比例损失转化为绝对数的形式，则平均每次事故的期望损失为 $0.090\ 9\times 10\ 000\ 000=909\ 000$ 元。

类似地，当起赔点为 0，再保险的最大赔偿限额为 1 000 000 元时（相当于最大可能损失的 10%)，百分比形式的再保险期望赔款为 0.05，绝对数形式的再保险期望赔款为 0.05×10 000 000=500 000 元。

当起赔点为 0，再保险赔偿限额为 5 000 000 元（相当于最大可能损失的 50%）时，百分比形式的再保险期望赔款为 0.083 3，绝对数形式的再保险期望赔款为 833 000 元。

在本例中，起赔点是最大可能损失的 0.1 倍，再保险赔偿限额是最大可能损失的 0.4 倍，因此有

$$\begin{aligned}\text{超额赔款因子}&=\frac{E[X\wedge 0.5]-E[X\wedge 0.1]}{E[X\wedge 1]}\\&=\frac{0.083\,3-0.05}{0.090\,9}\\&=0.366\end{aligned}$$

$$\begin{aligned}\text{再保险期望赔款}&=\text{超额赔款因子}\times\text{期望损失}\\&=0.366\times 68\,250\\&=24\,980(\text{元})\end{aligned}$$

$$\begin{aligned}\text{再保费}&=\frac{\text{再保险期望赔款}}{(1-\text{分保佣金率}-\text{经纪人佣金率})\times(1-\text{内部费用率})\times(1-\text{利润附加率})}\\&=\frac{24\,980}{(1-30\%)\times(1-15\%)\times(1-10\%)}\\&=46\,648(\text{元})\end{aligned}$$

前面只是给出了再保险定价的一个理论公式，下面从实务的角度简要介绍再保险定价的完整过程。再保险定价的完整过程由下述 13 个基本步骤构成：

（1）收集原保险人在不同风险类别的风险单位数、费用和价格信息。

（2）计算每个风险单位的期望赔款（或赔付率）。

（3）收集原保险人不同风险类别的赔款数据。

（4）从赔款数据中过滤掉巨灾损失。

（5）将赔款数据调整到定价日期的水平（如进行通货膨胀调整）。

（6）预测最终赔款。

（7）估计潜在的巨灾损失。

（8）将历史风险单位数调整到定价日期的水平。

（9）根据经验数据估计再保险人的期望赔款（或赔付率）。

（10）估计信度加权的期望赔款（或赔付率）。

（11）估计再保险累积赔款的分布。

（12）确定分保佣金率、再保险内部费用率、利润附加率。

（13）与原保险人进行谈判和交流，最后定价。

在前述 13 个定价步骤中，事实上包含两种定价过程，一种是基于风险暴露的定价过程（exposure rating），由第（1）、（2）和（12）步构成；另一种是基于损失经验的定价过程（experience rating），由第（3）～（9）步和第（12）步构

成。第（10）～（13）步才是最后的定价过程，即在综合前述两种定价过程的基础上，确定最后的再保险价格。

下面通过一个例子说明再保险定价的13个步骤是如何进行的。

【例9-5】

假设需要对某个成数再保险合同定价，定价期为2018年，分保比例为25%，原保险人承保保费的估计值为10 000 000元，再保险人对每次事故的赔偿限额为7 500 000元，再保险人预付的分保佣金率为35%，没有再保险经纪人佣金。下面讨论如何应用前述的13个步骤对再保险合同进行定价。

步骤1：收集原保险人在不同风险类别的风险单位数、费用和价格信息。

关于风险类别，可以是原保险人年度报表中的业务类别，也可以进一步细化。风险基础可以用原保险人的承保保费表示。在本例中，需要收集2012年至2017年6月30日的承保保费，以及2017年和2018年承保保费的估计值。

步骤2：计算每个风险单位的期望赔款（或赔付率）。

计算每个风险单位的期望赔款（或赔付率），事实上就是对原保险费率的充足性进行评估。此时，可以把原保险人的费率与其他保险人的费率进行比较，或者应用再保险人的经验数据进行评估。假设经过分析，我们根据风险单位数求得原保险人的期望赔付率为65%。在本例中，原保险人的期望赔付率也就是再保险人的期望赔付率，因为成数再保险的保费和赔款都是按比例分摊的。

步骤3：收集原保险人不同风险类别的赔款数据。

赔款数据应该包括过去5～10个保单年的累积赔款数据，每次巨灾损失的明细数据，以及直接理赔费用数据。在本例中，应该收集不同业务类别2012—2017保单年的累积赔款数据，以及每次巨灾损失的明细数据。

步骤4：从赔款数据中过滤掉巨灾损失。

这可以保证在分析赔款数据时免受巨灾损失的影响。

步骤5：将赔款数据调整到定价日期的水平。

这主要是为了进行通货膨胀调整，因为在通货膨胀较为严重的情况下，相同保险事故在不同年度的赔款可能差别很大。

步骤6：预测最终赔款。

由于报告延迟或理赔延迟的影响，已知的赔款数据是不完全的，因此需要应用损失进展法，根据已知赔款预测最终赔款。

步骤7：估计潜在的巨灾损失。

巨灾损失数据十分有限，估计潜在损失的难度也就很大。譬如，原保险公司在过去可能没有遭受到飓风、“9·11”事故等造成的损失，但这并不意味着该公司在今后仍然不会遇到类似损失。假设在本例中，期望巨灾损失赔付率是12%，即期望巨灾损失赔款是原保险人保费的12%。

步骤8：将历史风险单位数调整到定价日期的水平。

在本例中，用承保保费表示风险单位数。由于各年的费率水平可能存在差异，因此需要将各年的承保保费调整到统一的费率水平上，即计算等水平已赚保费。通常采用的方法是平行四边形方法。

步骤 9：根据经验数据估计再保险人的期望赔款（或赔付率）。

估计过程如表 9－5 所示。从此表可以看出，过滤掉巨灾损失后的赔付率为 19 277/40 000≈48%，由于前面假设巨灾损失赔付率为 12%，故再保险的经验赔付率为 48%＋12%＝60%。

表 9－5　经验赔付率的估计　金额单位：元

保单年	原保险人的等水平已赚保费	已付赔款	巨灾损失赔款	过滤掉巨灾损失后的赔款	赔款进展因子	最终赔款	赔付率
(1)	(2)	(3)	(4)	(5)	(6)	(7)＝(5)×(6)	(8)＝(7)/(2)
2012	7 000	3 472	512	2 960	1	2 960	42%
2013	7 500	4 116	403	3 713	1	3 713	50%
2014	8 000	4 772	188	4 584	1.01	4 630	58%
2015	8 500	4 855	1 286	3 569	1.05	3 747	44%
2016	9 000	4 144	622	3 522	1.2	4 227	47%
2017	4 750	1 000	75	925	n. a.	n. a.	n. a.
合计	40 000	21 359	3 011	18 348	n. a.	19 277	48%

说明：第（3）～（5）栏是在 2017 年 6 月 30 日的评估值。

步骤 10：估计信度加权的期望赔款（或赔付率）。

根据前面的假设和计算可知，经验赔付率为 60%，而根据风险单位数计算的赔付率为 65%（参见步骤 2），把这两个赔付率加权平均（权数取决于经验数据的可信度），即可求得最终赔付率的估计值。不妨假设计算结果为 62%。

步骤 11：估计再保险累积赔款的分布。

这一步是否必要，取决于下一步的分析结果。

步骤 12：确定分保佣金率、再保险内部费用率、利润附加率。

上述两个步骤可以交替进行。假设经过分析，原保险人提出了 33%的分保佣金率，再保险人是否可以接受？这要看再保险的利润是否满足再保险人的要求。如果分保佣金率为 33%，则再保险人实际收到的现金保费收入为：

$$(1-\text{分保佣金率})\times\text{再保费}=0.67\times 2\,500\,000=1\,675\,000(\text{元})$$

如果再保险人的内部费用为 50 000 元，则再保险人的期望利润为：

$$\begin{aligned}\text{再保险期望利润}&=\text{再保费}\times(1-\text{分保佣金率}-\text{赔付率})-\text{内部费用}\\&=2\,500\,000\times(1-33\%-62\%)-50\,000\\&=75\,000(\text{元})\end{aligned}$$

如果上述再保险安排不能满足再保险人的目标利润要求，则可以考虑浮动佣金率是否可行，即再保险人可以要求分保佣金率与再保险人的赔付率挂钩。在浮动佣金条件下，再保险人首先向原保险人预付一部分佣金。当再保险利润达到一定程度时，再保险人将支付追加佣金；而当再保险人在此业务上亏损时，原保险人将退还部分预付佣金。此时，

$$\frac{分保}{佣金率}=\frac{预付}{佣金率}-\frac{浮动}{比例}\times\left[\frac{再保险赔款}{再保险保费}-\left(1-\frac{预付}{佣金率}-\frac{再保险}{附加}\right)\right]$$

式中，再保险附加是指在再保险期望赔款、分保佣金和经纪人佣金基础上的附加，通常表示为再保费的一定比例。

在实施浮动佣金的条件下，通常还会规定佣金的浮动范围，即最终的分保佣金不能超过事先规定的最高佣金，也不能低于事先规定的最低佣金。

在应用浮动佣金率的条件下，需要估计再保险赔付率的分布。在本例中，过滤掉巨灾损失以后，赔付率的标准差为6%。假设巨灾损失赔付率的标准差为14%，且两种损失相互独立，则有

$$\begin{aligned}\text{Var}[再保险赔付率]&=\text{Var}[过滤掉巨灾损失后的赔付率]\\&\quad+\text{Var}[巨灾损失赔付率]\\&=(6\%)^2+(14\%)^2\\&=2.32\%\end{aligned}$$

如果进一步假设再保险赔付率服从伽马分布，均值为62%，方差为2.32%，则由下述方程组可以求得再保险赔付率的完整分布：

$$\begin{cases}\alpha/\beta=0.62\\ \alpha/\beta^2=0.0232\end{cases}$$

此即参数为（16.569 0，26.723 7）的伽马分布。表9-6给出了经离散化处理之后的赔付率分布。由于赔付率超过152.5%和小于17.5%的概率都非常小，故略去不予考虑。

如果假设预付佣金率为33%，浮动比例为50%，再保险人的利润附加率为5%，最低佣金率为25%，最高佣金率为35%，则再保险人的利润如表9-6最后一列所示。

表9-6　　再保险赔付率的分布以及与其相对应的利润

赔付率区间（%）	赔付率中位数（%）	概率（%）	分保佣金率（%）	再保险利润（元）
17.5～22.5	20	0.027 1	35.00	1 075 000
22.5～27.5	25	0.205 0	35.00	950 000
27.5～32.5	30	0.872 5	35.00	825 000
32.5～37.5	35	2.459 5	35.00	700 000
37.5～42.5	40	5.097 3	35.00	575 000
42.5～47.5	45	8.326 2	35.00	450 000
47.5～52.5	50	11.253 3	35.00	325 000

续前表

赔付率区间 (%)	赔付率中位数 (%)	概率 (%)	分保佣金率 (%)	再保险利润 (元)
52.5～57.5	55	13.035 7	35.00	200 000
57.5～62.5	60	13.287 4	34.00	100 000
62.5～67.5	65	12.160 4	31.50	37 500
67.5～72.5	70	10.151 1	29.00	−25 000
72.5～77.5	75	7.826 8	26.50	−87 500
77.5～82.5	80	5.630 9	25.00	−175 000
82.5～87.5	85	3.811 7	25.00	−300 000
87.5～92.5	90	2.444 6	25.00	−425 000
92.5～97.5	95	1.494 1	25.00	−550 000
97.5～102.5	100	0.874 5	25.00	−675 000
102.5～107.5	105	0.492 3	25.00	−800 000
107.5～112.5	110	0.267 4	25.00	−925 000
112.5～117.5	115	0.140 7	25.00	−1 050 000
117.5～122.5	120	0.071 8	25.00	−1 175 000
122.5～127.5	125	0.035 7	25.00	−1 300 000
127.5～132.5	130	0.017 3	25.00	−1 425 000
132.5～137.5	135	0.008 2	25.00	−1 550 000
137.5～142.5	140	0.003 8	25.00	−1 675 000
142.5～147.5	145	0.001 7	25.00	−1 800 000
147.5～152.5	150	0.000 8	25.00	−1 925 000
期望利润				109 056

在计算分保佣金率、内部费用率和再保险利润时，我们使用了赔付率的中位数。以第一个赔付率区间（17.5%，22.5%）为例，赔付率落在此区间的概率为 $G(22.5\%)-G(17.5\%)=0.027\,1\%$，其中 G 表示参数为（16.569 0，26.723 7）的伽马分布的累积分布函数。因此，分保佣金率为：

$$33\%-50\%\times[20\%-(1-33\%-5\%)]=54\%$$

由于合同规定的最高佣金率为 35%，故实际佣金率为 35%。由此可得再保险利润为：

$$\begin{aligned}\text{再保险利润}&=\text{再保费}\times(1-\text{分保佣金率})-\text{内部费用}-\text{再保费}\times\text{再保险赔付率}\\&=2\,500\,000\times(1-0.35)-50\,000-2\,500\,000\times20\%\\&=1\,075\,000(\text{元})\end{aligned}$$

式中，再保险赔付率是赔付率区间（17.5%，22.5%）的中位数。

根据上述假设，再保险人的期望利润为：

$$\sum \text{概率} \times \text{再保险利润} = 109\ 056(\text{元})$$

步骤 13：与原保险人进行谈判和交流，最后定价。

最后需要说明的一点是，再保险的定价方法非常灵活，本章只是介绍了再保险定价的一些基本方法。此外，由于再保险人所承担的损失异常复杂，因此对于特定的情况，很难说存在唯一正确的定价方法。在实际的再保险定价过程中，如果客观条件允许，应该尽可能尝试所有合理的定价方法，并在此基础上确定最终的再保险价格。

9.3 再保险准备金评估

一般而言，再保险公司提存的准备金种类与非寿险公司一致，即包括未决赔款准备金和未到期保费准备金。未决赔款准备金主要包括下述五个方面的内容：（1）原保险人已报案的未决赔款准备金；（2）对某些个案提存的额外准备金；（3）上述两种准备金的未来进展；（4）纯 IBNR 准备金；（5）不利偏差准备金。在实务中，由于数据系统的限制，许多再保险公司会把（3）和（4）合并处理，形成所谓的广义 IBNR 准备金。本节主要介绍再保险 IBNR 准备金的评估方法。

9.3.1 再保险准备金评估的特点

再保险 IBNR 准备金的评估过程较一般准备金评估更加复杂，这是由再保险业务的下述特点决定的。

1. 报案延迟时间较长

报案延迟是指从事故发生之日起到向再保险公司报告之日止的时间间隔。与原保险相比，再保险的报案延迟更加显著。譬如，对于一起工伤责任事故，如果当事人受伤十分严重，则可能需要经过很长的一段时间才会向保险公司提出索赔，而当保险公司接到索赔请求后，如果在责任认定过程中出现分歧，可能还会导致较长时期的法律诉讼。只有原保险公司最终认定了损失之后，才可以确定损失是否达到了再保险合同的起赔点。

2. 缺乏充足有效的数据

再保险准备金评估的另一个困难是缺乏充足有效的数据。这是由再保险业务本身的特点决定的。譬如：（1）大多数比例再保险合同只要求原保险人提供总的赔款信息，且数据是按日历年或保单年统计的，而没有按照事故年统计。（2）再保险人无法获得所有的损失信息，原保险人一般只报告超过起赔点的赔案信息。（3）再保险人承保的风险千差万别，很难获得大量同质的数据。这也使得再保险人很难使用行业统计数据。（4）再保险人与原保险人在 IT 系统上的兼容问题，也会使再保险人难以获得所需数据。

3. 受赔付膨胀的影响十分显著

对于财产保险，可能因物价上涨、工资上涨而引起赔付膨胀。对于人身伤害索赔，可能由于法律环境的变化、公众认识的变化以及医疗技术的进步等导致赔付膨胀。由于杠杆效应的存在，赔付膨胀对超额赔款再保险的影响更加明显。

4. 具有更大的不确定性

原保险人分出的主要是高风险的业务，因此相对于原保险人而言，再保险人承保的业务具有更大的波动性。不同类型的再保险合同所带来的波动性也是不同的。譬如，对于事故超赔再保险合同，尽管其发生索赔的可能性很小，但一旦发生，就是一次巨灾损失索赔，从而导致再保险公司的业绩出现大幅波动。

9.3.2　再保险准备金评估方法

再保险准备金评估方法的选择要考虑再保险业务的具体特点。一般而言，再保险业务根据其尾部特征可以划分为短尾业务、中尾业务和长尾业务。

短尾业务是指事故发生以后可以很快理赔结案的业务，大多数的财产再保险业务就属于短尾业务。对于短尾业务，可以根据已赚保费的某个百分比或应用赔付率方法估计准备金，无须采用复杂的评估方法。当然，对于短尾业务中的一些特殊情况，如最近发生的巨灾损失，应该给予特别关注，因为巨灾损失很难在短期内理赔完毕。

中尾业务是指那些平均索赔延迟在 2 年以内，且全部索赔可以在 5 年内处理完毕的再保险业务。典型的中尾业务有：赔偿限额很高的财产再保险，建筑安装工程再保险，忠诚保证再保险，海洋运输再保险等。对于中尾业务，可以采用链梯法评估准备金。

长尾业务的索赔延迟平均在 2 年以上，而且需要很长时间才能全部理赔结案。长尾再保险业务主要是一些责任保险业务，如石棉、污染等风险的再保险。这些类型的风险事故一旦发生，很有可能涉及法律诉讼程序，因此往往需要很多年才能处理完毕。对于长尾业务的准备金评估，由于最近年份的索赔数据有限，因此链梯法往往是不适用的。本节介绍一种比较适合长尾再保险业务的准备金评估方法，即 Stanard-Bühlmann 法（简称 S-B 法），也称作 Cape-Cod 法。

在 S-B 法中，保险公司在第 k 事故年的 IBNR 准备金为：

$$\text{第 } k \text{ 事故年的 IBNR} = \text{期望赔付率} \times \text{第 } k \text{ 事故年经调整的纯保费} \times (1 - \text{第 } k \text{ 事故年累积已报案赔款比例})$$

式中，累积已报案赔款比例是链梯法中累积进展因子的倒数。因为已报案赔款×累积进展因子＝最终赔款，故累积进展因子的倒数就是已报案赔款在最终赔款中所占的比例。纯保费是从再保费中扣除了分保佣金、经纪人佣金和再保险人的内部费用后的余额。在上式中，之所以对各个事故年的纯保费进行调整，是为了消除不同年度在费率方面的差异，使各个事故年具有相同的期望赔付率。这种调整类似于计算等水平已赚保费。当然，进行这种调整比较困难，而且结果不稳定，但这种调整又是必不可少的。

在上式中，由于对各个事故年的纯保费进行了调整，因此各个事故年的期望赔付率是相等的，但又是未知的，需要进行估计。

为了便于表述，定义下述符号：r 表示期望赔付率，P 表示经调整的已赚纯保费，F 表示已报案赔款比例，C 表示累积已报案赔款。于是，期望赔付率可以表示为：

$$r=\frac{\sum(C_k+\mathrm{IBNR}_k)}{\sum P_k}$$

式中，$\sum$ 表示对所有事故年求和。

第 k 事故年的 IBNR 可以表示为：

$$\mathrm{IBNR}_k=r\cdot P_k\cdot(1-F_k)$$

把此式代入前一式即得

$$r=\frac{\sum[C_k+r\cdot P_k\cdot(1-F_k)]}{\sum P_k}$$

对上式进行变形，即可从中求得期望赔付率的表达式为：

$$r=\frac{\sum C_k}{\sum P_kF_k}=\frac{\sum \text{第 }k\text{ 事故年累积已报案赔款}}{\sum \text{第 }k\text{ 事故年累积已报案赔款所对应的纯保费}}$$

【例 9-6】

假设某业务的有关数据如表 9-7 所示，且在第 6 年年末累积已报案赔款比例可以达到 100%。下面应用 S-B 法估计该业务的 IBNR 准备金。

表 9-7 S-B 方法的准备金评估及其与链梯法的比较 金额单位：元

事故年	已赚纯保费	经调整的已赚纯保费	累积已报案赔款	累积已报案赔款比例	已报案赔款对应的纯保费
(1)	(2)	(3)	(4)	(5)	(6)=(3)×(5)
2013	2 000	2 500	1 500	100%	2 500
2014	2 500	2 500	1 600	95%	2 375
2015	3 000	2 500	1 700	85%	2 125
2016	3 500	3 000	2 000	75%	2 250
2017	4 000	4 000	2 500	60%	2 400
2018	4 500	4 500	2 800	50%	2 250
合计	19 500	19 000	12 100		13 900

续前表

事故年	S-B 法的 IBNR	S-B 法的赔付率	链梯法的 IBNR	链梯法的赔付率
	(7)=r×(3)×[1−(5)]	(8)=[(4)+(7)]/(3)	(9)=(4)/(5)−(4)	(10)=[(4)+(9)]/(3)
2013	0	60%	0	60%
2014	109	68%	84	67%
2015	326	81%	300	80%
2016	653	88%	667	89%
2017	1 393	97%	1 667	104%
2018	1 959	106%	2 800	124%
合计	4 440	87%	5 518	93%

首先计算期望赔付率：

$$r=\frac{\sum C_k}{\sum P_k F_k}=\frac{\sum \text{第 } k \text{ 事故年累积已报案赔款}}{\sum \text{第 } k \text{ 事故年累积已报案赔款所对应的纯保费}}$$

$$=\frac{12\ 100}{13\ 900}=87\%$$

然后应用 S-B 法，即可求得各个事故年的 IBNR 估计值，如表 9－7 的第（7）栏所示。

表 9－7 也应用链梯法对各个事故年的 IBNR 准备金进行了估计，并对 S-B 法和链梯法估计的最终赔付率进行了比较。可以看出，链梯法对最近两个事故年的赔付率估计偏高，而 S-B 法的估计结果更加合理。事实上，对于尾部越长的保险业务，S-B 法的估计结果会越合理。

在某些情况下，如果对 S-B 法中的费率调整没有十足的把握，就可以应用加权平均的方法把链梯法和 S-B 法的估计结果综合起来使用，计算所谓的信度 IBNR。越是早期的事故年，累积已报案赔款的比例就越高，链梯法估计的结果就越准确。因此，在确定权重时，对于早期的事故年，应该给链梯法的评估结果赋予较大的权重；而对于近期的事故年，应该给 S-B 法的评估结果赋予较大的权重。譬如，在例 9－6 中，赋予链梯法的权重 Z 可以确定为累积已报案赔款的比例乘以一个系数（如 0.5）。此时，信度 IBNR 估计值可以表示为：

$$\text{信度 IBNR}=Z\times\text{链梯法的 IBNR}+(1-Z)\times\text{S-B 法的 IBNR}$$

譬如，对于 2014 年，累积已报案赔款比例为 95%，而链梯法的 IBNR 估计值为 84 元，S-B 法的 IBNR 估计值为 109 元，故信度 IBNR 估计值为：

$$\text{信度 IBNR}=0.5\times0.95\times84+(1-0.5\times0.95)\times109=97(\text{元})$$

其他各个事故年的信度 IBNR 估计值如表 9－8 所示。

表 9－8　信度 IBNR 的估计　金额单位：元

事故年	累积已报案赔款比例	S-B 法的 IBNR	链梯法的 IBNR	信度 IBNR
2013	100%	0	0	0
2014	95%	109	84	97
2015	85%	326	300	315
2016	75%	653	667	658
2017	60%	1 393	1 667	1 475
2018	50%	1 959	2 800	2 169
合计		4 440	5 518	4 714

□习　题

9.1　一家保险公司某险种的损失额 X 服从均值为 200 元的指数分布。当损失额为 $0\leqslant x\leqslant 2\,000$ 元时，免赔额是 400 元；当损失额为 2 000 元$\leqslant x<$6 000 元时，免赔额是 1 000 元；当损失额为 6 000 元$\leqslant x$ 时，免赔额是 2 000 元。求保险公司在该险种上的期望赔款。

9.2　根据再保险合同的规定，原保险人承担 2 000 元以内的赔款，再保险人承担超过 2 000 元的赔款，无最高限额。假设损失随机变量 X 服从均值为 5、标准差为 3 的对数正态分布。计算：

（1）原保险人支付赔款的均值。

（2）再保险人支付赔款的均值。

（3）再保险人支付的非零赔款的均值。

9.3　保险人与再保险人签订超赔分保合同，再保险人承担超过 1 000 元以上的赔款，最高限额为 1 000 元。假设损失随机变量 X 服从 0～3 000 元之间的均匀分布，计算再保险人的平均赔款。

9.4　已知原保险人与再保险人签订了以下再保险合同：

（1）当赔款 $x\leqslant 5$ 万元时，由原保险人承担。

（2）当赔款在 5 万元$<x\leqslant 10$ 万元时，超过 5 万元的赔款由再保险人承担。

（3）当赔款在 10 万元$<x\leqslant 35$ 万元时，赔款由双方各承担一半。

（4）当赔款 $x>35$ 万元时，再保险人承担 20 万元。

回答下述问题：

（1）求原保险人的赔付函数。

（2）求再保险人的赔付函数。

（3）如果损失 x 服从（0，50）上的均匀分布，计算再保险人支付赔款的概率及其平均赔款金额。

9.5　假设某保险业务的有关数据如下表所示，且在第 6 年年末，累积已报案赔款比例可以达到100%。应用S-B法和链梯法分别估计该业务的IBNR准备金。

保险业务数据　　金额单位：元

事故年	已赚纯保费	经调整的已赚纯保费	累积已报案赔款	累积已报案赔款比例
(1)	(2)	(3)	(4)	(5)
2013	400	500	300	100%
2014	500	500	320	95%
2015	600	500	340	85%
2016	700	600	400	75%
2017	800	800	500	60%
2018	900	900	560	50%

9.6　假设再保险人的期望赔款为500万元，再保险利润附加率为20%，再保险公司的内部费用率为10%，分保佣金率为25%，经纪人佣金率为5%，计算再保费。

9.7　假设某项原保险业务的索赔频率为10%，赔款金额服从均值为100万元、标准差为150万元的帕累托分布。如果事故超赔再保险合同规定，再保险公司承担损失超过200万元的赔付责任，计算再保险人对原保险人每次赔款应该承担的期望赔款。

9.8　假设每次事故的损失金额是最大可能损失的X倍，X服从参数为（2，0.1）的帕累托分布。根据比例再保险合同的下述信息计算再保费：

（1）原保险人收取的保费为100万元。

（2）原保险人的期望赔付率为60%。

（3）费率修正因子为1.1，即再保险人认为原保费提高10%才是充足的。

（4）分保佣金率为30%。

（5）没有经纪人参与，故经纪人佣金率为0。

（6）再保险人的内部费用率为15%。

（7）被保险财产的最大可能损失为10 000万元。

（8）原保险人的自负额（即再保险的起赔点）为1 000万元。

（9）再保险合同的赔偿限额为4 000万元，这是再保险人对每次事故的最大赔偿金额。

（10）再保险人的目标利润附加率为10%。

9.9　原保险人与再保险人签订溢额再保险合同，原保险人对每一风险单位的自留额为60万元，再保险人的分保额为240万元。假设发生以下赔案：风险A的保险金额为50万元，赔款30万元；风险B的保险金额为180万元，赔款90万元；风险C的保险金额为300万元，赔款120万元。计算再保险人在上述赔案中应支付的赔款。

9.10 原保险人与再保险人签订成数再保险合同，再保险人对每一风险的最高赔偿限额为100万元，再保险人的分保比例为30%。假设发生以下赔案：风险A的保险金额150万元，赔款为40万元；风险B的保险金额450万元，赔款为400万元。计算再保险人在上述两个赔案中应支付多少赔款。

习题参考答案

第 2 章　损失分布模型

2.1　首先将 2017 年和 2018 年的损失折现到 2016 年。

2017 年平均损失金额的折现值为：

$$1\,200\times(1+10\%)^{-1}=1\,090.9(\text{元})$$

2018 年平均损失金额的折现值为：

$$1\,500\times(1+10\%)^{-2}=1\,239.7(\text{元})$$

2016 年的平均损失金额为：

$$E(x)=\frac{1}{3}\times1\,090.9+\frac{2}{3}\times1\,239.7=1\,190.1(\text{元})$$

Pareto(α，λ)分布的期望是：

$$\mathrm{E}(x)=\lambda/(\alpha-1)$$

用损失次数进行加权，有

$$\frac{1}{3}\times1\,090.9+\frac{2}{3}\times1\,239.7=1\,190.1=\lambda/(3-1)$$

故

$$\lambda=2\,380.2$$

2.2　似然函数为：

$$f(x_1,x_2,\cdots,x_n;\lambda)=\lambda^n\mathrm{e}^{-\lambda\sum\limits_{i=1}^{n}x_i}$$

对数似然函数为：

$$L(x_1,x_2,\cdots,x_n;\lambda)=n\ln\lambda-\lambda\sum_{i=1}^{n}x_i$$

对 $L(x_1, x_2, \cdots, x_n; \lambda)$关于 λ 求偏导，并令其等于 0，即得 λ 的极大似然估计值为：

$$\hat{\lambda}=1/\bar{x}$$

2.3　$M(t)=E(\mathrm{e}^{tx})=\int_0^{\infty}\mathrm{e}^{tx}\sum\limits_{i=1}^{n}a_i\lambda_i\mathrm{e}^{-\lambda_i x}\mathrm{d}x=\sum\limits_{i=1}^{n}a_i(1-t/\lambda_i)^{-1}$

2.4　累积损失的期望和方差分别为：

$$E(S)=\lambda E(X)=20\times100=2\,000$$

$$\begin{aligned}\mathrm{Var}(S)&=\lambda\{\mathrm{Var}(X)+[E(X)]^2\}\\&=20\times(100^2+100^2)=400\ 000\end{aligned}$$

标准正态分布的99%分位数为2.326，所以累积损失的99%分位数近似为：

$$E(S)+2.326\times\sqrt{\mathrm{Var}(S)}=3\ 471$$

2.5 令保险人的赔款随机变量为：

$$Y=\begin{cases}0, & X\leqslant 20\\ X-20, & X>20\end{cases}$$

保险人的期望赔款为：

$$\begin{aligned}E(Y)&=E(X-20|X>20)\times Pr(X>20)+0\times Pr(X<20)\\&=\int_{20}^{\infty}(x-20)f(x\mid x>20)\mathrm{d}x\times Pr(X>20)\\&=\int_{20}^{\infty}(x-20)f(x)\mathrm{d}x\\&=\int_{20}^{\infty}(x-20)0.2\mathrm{e}^{-0.2x}\mathrm{d}x=5\mathrm{e}^{-4}\end{aligned}$$

2.6 累积损失的均值、方差和偏度系数分别为：

$$\mu=E(S)=\lambda E(X)=20\times100=2\ 000$$

$$\sigma^2=\lambda\{\mathrm{Var}(X)+[E(X)]^2\}=20(100^2+100^2)=400\ 000$$

$$\gamma=\frac{E[S-E(S)]^3}{\sigma^3}=\frac{\lambda E(X^3)}{\sigma^3}=\frac{12\times10^7}{400\ 000^{3/2}}=0.474$$

由此可得平移伽马分布的参数为：

$$\alpha=\frac{4}{\gamma^2}=17.778$$

$$\beta=\frac{2}{\gamma\sigma}=6.667\times10^{-3}$$

$$x_0=\mu-\frac{2\sigma}{\gamma}=-666.67$$

参数为（17.778，6.667×10^{-3}）的伽马分布的99%分位数为4 353.73，所以累积损失的99%分位数为4 353.73−666.67=3 687.06元。

2.7 假设一个货币单位为5 000元，则有$f_X(1)=0.8$，$f_X(2)=0.2$。

$$f_S(0)=\mathrm{e}^{-\lambda}=\mathrm{e}^{-0.2}=0.818\ 731$$

$$f_S(1)=\lambda f_X(1)f_S(0)=0.2\times0.8\times\mathrm{e}^{-0.2}=0.130\ 997$$

$$f_S(2)=\frac{\lambda}{2}[f_X(1)f_S(1)+2f_X(2)f_S(0)]=0.043\ 229$$

其他计算结果如下表所示。

x	$f_S(x)$	$F_S(x)$
0	0.818 731	0.818 731
1	0.130 997	0.949 728

续前表

x	$f_S(x)$	$F_S(x)$
2	0.043 229	0.992 957
3	0.005 799	0.998 756
4	0.001 097	0.999 853
5	0.000 128	0.999 981
6	0.000 018	0.999 999

2.8 设 $I=1$ 表示发生火灾，$I=0$ 表示不发生火灾。$q=P(I=1)=0.04$。对最高赔偿额为 A_i 的第 i 类保单，设 X_i 为其赔款总额，Y_j^i （$j=1, 2, \cdots, n_i$）为第 j 份保单的赔付额，则 $X_i=Y_1^i+Y_2^i+\cdots+Y_{n_i}^i$。对每个 i，Y_j^i 相互独立，且与 IB_i 服从相同的分布。由于 $B_i \sim U(0, A_i)$，$u_i=E(B_i)=A_i/2$，$\sigma_i^2=\operatorname{Var}(B_i)=A_i^2/12$，因此总赔付额 $S=X_1+X_2+\cdots+X_5$ 的均值和方差分别为：

$$E(S)=\sum_{i=1}^{5} n_i u_i q_i=\sum_{i=1}^{5} \frac{n_i A_i}{2} q_i$$

$$=\frac{0.04}{2}(80\times 10\,000+35\times 20\,000+25\times 30\,000+15\times 50\,000$$

$$+5\times 100\,000)=70\,000$$

$$\operatorname{Var}(S)=\sum_{i=1}^{5}\left[n_i u_i^2 q_i(1-q_i)+n_i\sigma_i^2 q_i\right]$$

$$=0.04\times 0.96\sum_{i=1}^{5}\frac{n_i A_i^2}{4}+0.04\sum_{i=1}^{5}\frac{n_i A_i^2}{12}$$

$$=1.707\,2\times 10^9$$

应用正态近似有

$$Pr[S<(1+\theta)E(S)]=99\%$$

$$\Rightarrow Pr\left[\frac{S-E(S)}{\sqrt{\operatorname{Var}(S)}}<\frac{\theta E(S)}{\sqrt{\operatorname{Var}(S)}}\right]=99\%$$

$$\Phi\left[\frac{\theta \mathrm{E}(S)}{\sqrt{\operatorname{Var}(S)}}\right]=99\% \Rightarrow \theta=\frac{2.325\sqrt{\operatorname{Var}(S)}}{E(S)}$$

$$=1.372\,4$$

2.9 X 的矩母函数为：

$$M_X(z)=\int_0^{\infty} \mathrm{e}^{zx}\,\frac{1}{\theta}\mathrm{e}^{-x/\theta}\mathrm{d}x=(1-\theta z)^{-1}, \quad z<\frac{1}{\theta}$$

N 的母函数为：

$$P_N(z)=[1-\beta(z-1)]^{-1}$$

S 的矩母函数为：

$$M_S(z)=P_N[M_S(z)]=\{1-\beta[(1-\theta z)^{-1}-1]\}^{-1}$$

$$=\frac{\beta}{1+\beta}[1-(1+\beta)\theta z]^{-1}+\frac{1}{1+\beta}$$

这是一个两点混合分布，密度函数和分布函数分别为：

$$f_S(x)=\begin{cases}\dfrac{1}{1+\beta}, & x=0\\ \dfrac{\beta}{\theta(1+\beta)^2}\exp\left(-\dfrac{x}{\theta(1+\beta)}\right), & x>0\end{cases}$$

$$F_S(x)=1-\frac{\beta}{1+\beta}\exp\left(-\frac{x}{\theta(1+\beta)}\right),\quad x\geqslant 0$$

2.10 设 N 表示下个月出行的航班数，$N\sim B(n_1,\ p_1)$，$n_1=70$，$p_1=0.98$。

$$E(N)=n_1p_1=68.6$$

$$\text{Var}(N)=n_1p_1(1-p_1)=70\times 0.98\times 0.02=1.372$$

用 P 表示飞机上的人员数，M 表示飞机上的乘客数，$M\sim B(n_2,\ p_2)$，$n_2=200$，$p_2=0.9$，故 $P=6+M$。

$$E(P)=6+200\times 0.9=186$$

$$\text{Var}(P)=200\times 0.9\times 0.1=18$$

令 K 表示发生事故的航班数，则

$$K=I_1+I_2+\cdots+I_N$$

$$I_j=\begin{cases}1, q=0.000\,01\\ 0, 1-q=0.999\,99\end{cases}\quad j=1,2,\cdots,N$$

$$E(K)=qE(N)=0.000\,01\times 68.6=0.000\,686$$

$$\begin{aligned}\text{Var}(K)&=E[\text{Var}(I\mid N)]+\text{Var}[E(I\mid N)]\\&=q(1-q)\times E(N)+q^2\times\text{Var}(N)\\&=0.000\,01\times 0.999\,99\times 68.6+0.000\,01^2\times 1.372\\&=0.000\,686\end{aligned}$$

令 $S=P_1+P_2+\cdots+P_K$ 表示下个月的事故死亡人数，则

$$E(S)=E(P)E(K)=186\times 0.000\,686=0.127\,6$$

$$\begin{aligned}\text{Var}(S)&=E(K)\text{Var}(P)+E(P)^2\text{Var}(K)\\&=0.000\,686\times 18+186^2\times 0.000\,686\\&=23.745\end{aligned}$$

第3章　费率厘定基础

3.1 赔付率＝赔款÷已赚保费＝125 000÷200 000
＝0.625

综合成本率＝赔付率×(1＋理赔费用率)＋承保费用率
＝0.625×(1＋0.14)＋0.25＝0.962 5

3.2 (1) 2018日历年，保单A的已赚风险单位数＝5×2×0.5＝5；保单B的已赚风险单位数＝10×2×0.5＝10；2018年总的已赚风险单位数＝5＋10＝15。

(2) 只剩保单A的已赚风险单位数＝5×2×0.5＝5。

（3）2017 日历年，保单 A 承保的风险单位数＝5×2＝10；保单 B 承保的风险单位数＝10×2＝20；承保的总风险单位数＝10＋20＝30。

3.3 应用最小二乘法，可以求得 $\ln a=6.6912$，$\ln b=0.0887$，故第 6 年的预测值为：$y=\exp(6.6912+0.0887\times 6)=1371.14$。

3.4 $Y=1.1X$

$$F(y)=Pr(Y<y)=Pr\left(x<\frac{y}{1.1}\right)=\int_0^{\frac{y}{1.1}}\frac{\lambda^\alpha}{\Gamma(\alpha)}x^{\alpha-1}e^{-\lambda x}dx$$

$$f(y)=\frac{(\lambda/1.1)^\alpha}{\Gamma(\alpha)}y^{\alpha-1}e^{-\frac{\lambda}{1.1}y}$$

故 Y 服从参数为 $(\alpha, \lambda/1.1)$ 的伽马分布。

3.5 把 2014 年 7 月 1 日生效的费率看作 1，则 2015 年 7 月 1 日生效的费率为 1.08，2016 年 7 月 1 日生效的费率为 1.08×1.1＝1.188。其他计算结果如下表所示。

年度	平均相对费率	等水平因子	保费	等水平保费
	(1)	(2)＝1.188/(1)	(3)	(4)＝(3)×(2)
2016	1.07＝1×0.125＋1.08×0.875	1.110 3	200	222.056 1
2017	1.093 5＝1.08×0.875＋1.188×0.125	1.086 4	250	271.604 9
2018	1.174 5＝1.08×0.125＋1.188×0.875	1.011 5	300	303.448 3
合计				797.1093

3.6 有关计算结果如下表所示。

525	812	903	981	1 029	1 060
622	984	1 100	1 182	1 235	1 272.21
721	1 132	1 242	1 327	1 388.96	1 430.81
861	1 273	1 383	1 487.42	1 556.87	1 603.77
970	1 504	1 656.87	1 781.97	1 865.17	1 921.36
1 289	1 988.036	2 190.11	2 355.46	2 465.45	2 539.72
进展因子（加权平均）	1.542 3	1.101 6	1.075 5	1.046 7	1.030 1

累积赔款

事故年	进展年					
	0	1	2	3	4	5
2014	525	812	903	981	1 029	1 060
2015	622	984	1 100	1 182	1 235	1 272.21
2016	721	1 132	1 242	1 327	1 389.22	1 431.07
2017	861	1 273	1 383	1 488.74	1 558.54	1 605.49
2018	970	1 504	1 659.49	1 786.37	1 870.12	1 926.46
2015	1 289	1 992.21	2 198.17	2 366.23	2 477.17	2 551.80
进展因子	1.545 5	1.103 4	1.076 5	1.046 9	1.030 1	

3.7 $R=\frac{P+F}{1-V-Q}=\frac{175+12.5}{1-17.5\%-5\%}=241.94$

3.8 如果把理赔费用作为纯保费的一部分，目标赔付率为 $1-15\%-2.25\%-5.6\%-6.8\%=70.35\%$。如果把理赔费用作为附加费用处理，则目标赔付率为：

$$\frac{1-15\%-2.25\%-5.6\%-6.8\%}{1+6.42\%}=66.11\%$$

3.9 由 X 的分布计算得到：

$$E(X)=\frac{1}{6}(1+2+3+4+5+6)\times 1\,000=\frac{21\,000}{6}$$

$$E(X\wedge 1\,500)=\frac{1}{6}\times 1\,000+\frac{5\times 1\,500}{6}=\frac{8\,500}{6}$$

$$E\left(X\wedge\frac{1\,500}{1.05}\right)=\frac{1}{6}\times 1\,000+\frac{5\times 1\,500}{6\times 1.05}$$

$$=\frac{8\,550}{6\times 1.05}$$

2017 年每次损失的实际赔付额为：

$$Y^*=\begin{cases}0, & X\leqslant 1500\\ X-1\,500, & X>1\,500\end{cases}$$

$$E(Y^*)=E(X)-E(X\wedge 1\,500)=\frac{21\,000-8\,500}{6}=\frac{12\,500}{6}$$

2018 年每次损失的实际赔付额为：

$$E(Y^*)=1.05\times\left[\mathrm{E}(X)-\mathrm{E}\left(X\wedge\frac{1\,500}{1.05}\right)\right]=\frac{13\,500}{6}$$

$$\frac{E(Y_1{}^*)}{E(Y^*)}=\frac{13\,500}{12\,500}=1.08$$

故增长率为 8%。

3.10 发生赔付的概率为：

$$v=Pr(X>50)=0.2+0.15+0.1+0.05=0.5$$

赔付次数 N^* 的母函数为：

$$P_{N^*}(z)=\{1-0.3[1+0.5(z-1)-1]\}^{10}=[1-0.15(z-1)]^{-10}$$

故赔付次数服从负二项分布，参数为 $\beta=0.15$，$r=10$。

3.11 2017 年签发的保单，其赔款平均在 2018 年 1 月 1 日支出。

2018 年签发的保单，其赔款平均在 2019 年 1 月 1 日支出。

2019 年 7 月 1 日签发的新保单，其赔款平均在 2020 年 7 月 1 日支出。

把 2017 保单年的最终赔款调整到 2020 年 7 月 1 日的水平：

$$1\,000\times 1.05^{2.5}=1\,129.73$$

把 2018 保单年的最终赔款调整到 2020 年 7 月 1 日的水平：

$$2\,000\times 1.05^{1.5}=2\,151.86$$

保单年	根据当前费率计算的保费	最终赔款	业务量占比	经趋势调整后的最终赔款	经验赔付率
2017	2 000	1 000	0.4	1 129.73	0.564 9
2018	3 000	2 000	0.6	2 151.86	0.717 3

平均经验赔付率＝0.564 9×0.4＋0.717 3×0.6＝0.656 3

当前费率应该上调的幅度＝0.656 3/0.6－1＝9.38%

第4章 分类费率

4.1 令地区的初始相对费率为：$\beta_1=\beta_2=\beta_3=1$，则第一次的迭代结果如下：

$$\alpha_1=\frac{19\ 020}{8\ 000\times1+5\ 200\times1+2\ 000\times1}=1.251\ 3$$

$$\alpha_2=\frac{29\ 130}{13\ 600\times1+6\ 000\times1+2\ 400\times1}=1.324\ 1$$

$$\alpha_3=\frac{22\ 290}{4\ 000\times1+8\ 000\times1+1\ 600\times1}=1.639\ 0$$

$$\beta_1=\frac{33\ 990}{8\ 000\times1.251\ 3+13\ 600\times1.324\ 1+4\ 000\times1.639\ 0}=0.983\ 1$$

$$\beta_2=\frac{25\ 620}{5\ 200\times1.251\ 3+6\ 000\times1.324\ 1+8\ 000\times1.639\ 0}=0.929\ 5$$

$$\beta_3=\frac{10\ 830}{2\ 000\times1.251\ 3+2\ 400\times1.324\ 1+1\ 600\times1.639\ 0}=1.304\ 4$$

其他各次的迭代结果如下表所示。

	第一次	第二次	第三次	第四次	第五次
车型 α_1	1.251 3	1.242 6	1.242 3	1.242 3	1.242 3
车型 α_2	1.324 1	1.319 4	1.318 8	1.318 7	1.318 7
车型 α_3	1.639 0	1.656 6	1.657 9	1.658 0	1.658 0
地区 β_1	0.983 1	0.984 9	0.985 1	0.985 1	0.985 1
地区 β_2	0.929 5	0.927 2	0.927 1	0.927 0	0.927 0
地区 β_3	1.304 4	1.304 5	1.304 4	1.304 4	1.304 4

因此“车型”和“地区”这两个分类变量的相对费率为如下：

车型：$\alpha_1=1.242\ 3$，$\alpha_2=1.317\ 8$，$\alpha_3=1.658\ 0$

地区：$\beta_1=0.985\ 1$，$\beta_2=0.927\ 0$，$\beta_3=1.304\ 4$

由此可得各风险类别的纯保费如下表所示。

类别	地区A	地区B	地区C
车型1	1.2238	1.1517	1.6205
车型2	1.2990	1.2225	1.7202
车型3	1.6333	1.5370	2.1628

4.2 应用边际总和法的预测结果如下表所示。

A	B	C	索赔次数观察值	索赔频率预测值	索赔次数预测值
A1	B1	C1	230	0.6276	282.4
A1	B1	C2	380	0.5114	393.7
A1	B2	C1	1050	0.3919	968.0
A1	B2	C2	760	0.3193	775.9
A2	B1	C1	180	0.3990	183.5
A2	B1	C2	190	0.3251	120.3
A2	B2	C1	390	0.2491	416.1
A2	B2	C2	240	0.2030	280.1

4.3 程序代码和输出结果如下。

```
A=c('A1','A1','A1','A1','A2','A2','A2','A2')
B=c('B1','B1','B2','B2','B1','B1','B2','B2')
C=c('C1','C2','C1','C2','C1','C2','C1','C2')
num=c(230, 380, 1050, 760, 180, 190, 390, 240)
ee=c(450, 770, 2470, 2430, 460, 370, 1670, 1380)
dat=data.frame(A, B, C, num, ee)
mod=glm(num ~ A+B+C+offset(log(ee)), family=poisson)

#计算预测值
pred=predict(mod, type='response')

#显示预测值，保留两位小数
round(pred, 2)
##1       2       3       4       5       6       7       8
##282.43  393.74  967.96  775.86  183.54  120.28  416.06  280.11
```

4.4 程序代码和输出结果如下。

```
library (insuranceData)
data (dataCar)
## 索赔频率模型
#索赔频率模型的参数估计值
mod1 = glm (numclaims ~ veh_age + gender + factor (agecat) + offset
(log (exposure) ), data = dataCar)
summary (mod1)
##
## Call:
## glm (formula = numclaims ~ veh_age + gender + factor (agecat) +
##     offset (log (exposure) ), data = dataCar)
##
## Deviance Residuals:
##     Min        1Q     Median      3Q      Max
## -1.2965   -0.7710   -0.2392   0.4517   5.7494
##
## Coefficients:
##                       Estimate Std.Error  t value Pr(>|t|)
## (Intercept)           1.335070  0.016805   79.447   <2e-16 ***
## veh_age              -0.037931  0.003723  -10.188   <2e-16 ***
## genderM              -0.015843  0.008031   -1.973  0.048521  *
## factor (agecat) 2    -0.018765  0.016404   -1.144  0.252659
## factor (agecat) 3    -0.061563  0.015935   -3.863  0.000112 ***
## factor (agecat) 4    -0.070059  0.015875   -4.413  1.02e-05 ***
## factor (agecat) 5    -0.114573  0.016894   -6.782  1.20e-11 ***
## factor (agecat) 6    -0.077906  0.018695   -4.167  3.09e-05 ***
## ---
## Signif. codes:  0 '***' 0.001 '**' 0.01 '*' 0.05 '.' 0.1 ' ' 1
##
## (Dispersion parameter for gaussian family taken to be 1.066656)
##
##     Null deviance: 72570  on 67855  degrees of freedom
## Residual deviance: 72370  on 67848  degrees of freedom
## AIC: 196956
##
## Number of Fisher Scoring iterations: 2
```

```
## 索赔强度模型
mod2 = glm (claimcst0 ~ veh_age + gender + factor (agecat) + offset
(log (numclaims) ), data = subset (dataCar, numclaims > 0) )

#索赔强度模型的参数估计值
summary (mod2)
##
## Call:
## glm (formula = claimcst0 ~ veh_age + gender + factor (agecat) +
## offset (log (numclaims) ), data = subset (dataCar, numclaims >
##     0) )
##
## Deviance Residuals:
##      Min       1Q   Median       3Q     Max
##    -2774    -1615    -1153      156   53634
##
## Coefficients:
##                     Estimate Std. Error  t value Pr(>|t|)
## (Intercept)          2254.94     205.12   10.993  < 2e-16 ***
## veh_age                87.26      49.74    1.754 0.079423
## genderM               369.60     105.58    3.501 0.000468 ***
## factor (agecat) 2    -510.61     196.71   -2.596 0.009469 **
## factor (agecat) 3    -710.35     191.22   -3.715 0.000206 ***
## factor (agecat) 4    -702.05     191.52   -3.666 0.000250 ***
## factor (agecat) 5    -928.74     213.63   -4.347 1.41e-05 ***
## factor (agecat) 6    -795.57     244.07   -3.260 0.001124 **
## ---
## Signif. codes:  0 '***' 0.001 '**' 0.01 '*' 0.05 '.' 0.1 ' ' 1
##
## (Dispersion parameter for gaussian family taken to be 12510073)
##
##     Null deviance: 5.8225e+10  on 4623  degrees of freedom
## Residual deviance: 5.7746e+10  on 4616  degrees of freedom
## AIC: 88698
##
## Number of Fisher Scoring iterations: 2

## 索赔发生概率模型
mod3 = glm (clm ~ veh_age + gender + factor (agecat), data = dataCar)
```

```
#索赔发生概率模型的参数估计值
summary(mod3)
##
## Call:
## glm(formula = clm ~ veh_age + gender + factor(agecat), data = dataCar)
##
## Deviance Residuals:
##      Min        1Q      Median       3Q       Max
## -0.09048  -0.07250  -0.06886  -0.05896  0.94773
##
## Coefficients:
##                   Estimate   Std.Error  t valuePr(>|t|)
##
(Intercept)         9.317e-02 4.098e-03 22.735 < 2e-16 ***
## veh_age         -2.685e-03 9.079e-04 -2.958 0.003102 **
## genderM         -4.597e-05 1.958e-03 -0.023 0.981274
## factor(agecat)2 -1.352e-02 4.000e-03 -3.379 0.000728 ***
## factor(agecat)3 -1.530e-02 3.886e-03 -3.936 8.29e-05 ***
## factor(agecat)4 -1.776e-02 3.871e-03 -4.588 4.48e-06 ***
## factor(agecat)5 -2.884e-02 4.120e-03 -6.999 2.59e-12 ***
## factor(agecat)6 -3.011e-02 4.559e-03 -6.604 4.03e-11 ***
## ---
## Signif. codes:  0'***'0.001'**'0.01'*'0.05'.'0.1''1
##
## (Dispersion parameter for gaussian family taken to be 0.06343318)
##
##     Null deviance: 4308.9  on 67855  degrees of freedom
## Residual deviance: 4303.8  on 67848  degrees of freedom
## AIC: 5445.9
##
## Number of Fisher Scoring iterations: 2
```

第5章　经验费率

5.1　完全可信度的期望索赔次数为1 082，所以0.5的信度因子对应的期望索赔次数为：

$$n_Z = Z^2 n_F = \left(\frac{1}{2}\right)^2 \times 1\,082 = 270.5$$

5.2　当$\alpha=10\%$，$r=10\%$时，索赔频率的完全可信度标准为271次索赔，因此索赔强度的完全可信度标准为$271\times 1^2=271$次索赔。

5.3　有关计算结果如下：

$$\bar{x} = \frac{73+80+65+70}{4} = 72$$

$$\bar{y} = \frac{65+65+63+75}{4} = 67$$

$$\hat{\mu} = \frac{72+67}{2} = 69.5$$

$$\hat{\sigma}_x = \frac{(73-72)^2+(80-72)^2+(65-72)^2+(70-72)^2}{4-1} = 39.333$$

$$\hat{\sigma}_y = \frac{(65-67)^2+(65-67)^2+(63-67)^2+(75-67)^2}{4-1} = 29.333$$

$$\hat{v} = \frac{\hat{\sigma}_x+\hat{\sigma}_y}{2} = \frac{39.333+29.333}{2} = 34.33$$

$$\hat{a} = \frac{(72-69.5)^2+(67-69.5)^2}{2-1} \times \frac{\hat{v}^2}{4} = 3.917\,5$$

$$\hat{Z} = \frac{4}{4+34.33/3.917\,5} = 0.313\,4$$

信度保费为：

$$0.313\,4\times 67+(1-0.313\,4)\times 69.5 = 68.72$$

5.4　有关计算结果如下：

A的期望损失：

$$E[X\mid\Theta=1]=450$$

B的期望损失：

$$E[X\mid\Theta=2]=480$$

风险集合的期望损失：

$$\begin{aligned}\mu &= E[X]=(2/3)\times E[X\mid\Theta=1]+(1/3)\times E[X\mid\Theta=2]\\ &=(2/3)\times 450+(1/3)\times 480=460\end{aligned}$$

假设均值的方差：

$a=(2/3)\times(^{4}60-450)2+(1/3)\times(^{4}60-480)2$

$=200$

$\mathrm{Var}[X|\Theta=1]=0.5\times(^{5}00-450)2+0.5\times(^{4}00-450)2=2\ 500$

$\mathrm{Var}[X|\Theta=2]=0.8\times(^{5}00-480)2+0.2\times(^{4}00-480)2=1\ 600$

过程方差的均值：

$v=(2/3)\times 2\ 500+(1/3)\times 1\ 600=2\ 200$

$k=v/a=2\ 200/200=11$

$$Z=\frac{n}{n+k}=\frac{1}{1+11}=\frac{1}{12}$$

信度估计值为：

$$Z_{X}+(1-Z)E(X)=\frac{1}{12}\times 400+\left(1-\frac{1}{12}\right)\times 460=455$$

5.5 $\mu=E[E(x|\Lambda)]=1, v=E[\mathrm{Var}(N|\Lambda)]=E(\Lambda)=1$

$$\bar{x}=\frac{2+4+0}{14}=\frac{6}{14}$$

$$a=\mathrm{Var}[E(X|\Lambda)]=\mathrm{Var}(\Lambda)=\frac{(2-0)^2}{12}=\frac{1}{3}$$

$$k=\frac{v}{a}=\frac{1}{1/3}=3, m=5+6+3=14, z=\frac{m}{m+k}$$

$$=\frac{14}{14+3}=0.823\ 5$$

2017 年的索赔次数估计值为：

$$3\times\left[\frac{6}{14}\times 0.823\ 5+1\times(1-0.823\ 5)\right]\approx 1.588$$

5.6 各个风险类别的损失均值和方差如下：

风险类别	概率	均值	方差
Ⅰ	1/4	2.2	0.36
Ⅱ	1/4	2.6	0.84
Ⅲ	1/4	3.0	1
Ⅳ	1/4	3.6	0.64

$\mu=2.85$

$v=0.71$

$$a=\frac{1}{4}(2.2^2+2.6^2+3^2+3.6^2)-2.85^2=0.267\ 5$$

$$z=\frac{n}{n+k}=\frac{4}{4+0.71/0.267\ 5}=0.601\ 1$$

$\bar{x}=10/4=2.5$

第五个被保险人的期望损失估计值为：

$$\hat{x}=z\cdot\bar{x}+(1-z)\cdot\mu=2.640$$

五个被保险人的总损失估计值为 12.640。

5.7 经验平均索赔频率如下：

$$\bar{x}=\frac{6+8+11}{120+180+240}=\frac{25}{540}=0.046\ 3$$

$$v=E[\mathrm{Var}(x|\lambda)=E(\lambda)=6\times0.01=0.06$$

$$a=\mathrm{Var}[E(x|\lambda)]=\mathrm{Var}(\lambda)=6\times0.01^2=0.000\ 6$$

$$z=\frac{n}{n+k}=\frac{540}{540+0.06/0.000\ 6}=0.843\ 75$$

$$\mu=E(x)=E[E(x|\lambda)]=0.06$$

保险人在第四个月的期望索赔次数为：

$$\begin{aligned}300\times[z\times\bar{x}+(1-z)\times\mu]&=300\times[0.843\ 75\times0.046\ 3+(1-0.843\ 75)\times0.06]\\&=14.53\end{aligned}$$

5.8 过程方差的均值为 0.035，假设均值的方差为 0.005 6，两份保单的信度因子分别为 0.905 7 和 0.960 0，它们的信度估计值分别为 5 和 7。

5.9 有关计算结果如下：

$$\bar{x}_{\mathrm{A}}=\frac{7+8+5+6}{12+18+9+11}=0.52$$

$$\bar{x}_{\mathrm{B}}=\frac{6+9+7}{13+16+15}=0.5$$

$$\bar{x}=\frac{26+22}{50+44}=0.51$$

$$v=\bar{x}=0.51$$

$$\begin{aligned}a&=\frac{50\times(0.52-0.51)^2+44\times(0.5-0.51)^2-(2-1)\times0.51}{94-\dfrac{1}{94}(50^2+44^2)}\\&=-0.010\ 695\end{aligned}$$

因为 $a<0$，故取 $Z=0$，A 和 B 的信度估计值都是 0.51。

5.10 （1）转移概率矩阵为：

$$\boldsymbol{M}=\begin{bmatrix} & 0\% & 20\% & 40\% & 50\% \\ 0\% & 0.1 & 0.9 & 0 & 0 \\ 20\% & 0.1 & 0 & 0.9 & 0 \\ 40\% & 0.1 & 0 & 0 & 0.9 \\ 50\% & 0.1 & 0 & 0 & 0.9 \end{bmatrix}$$

（2）初始分布＝[10 000，0，0，0]

一年以后的分布＝[10 000,0,0,0]×$\boldsymbol{M}$＝[1 000,9 000,0,0]

两年以后的分布＝[1 000,9 000,0,0]×$\boldsymbol{M}$＝[1 000,900,8 100,0]

三年以后的分布＝[1 000,900,8 100,0]×$\boldsymbol{M}$＝[1 000,900,810,7 290]

稳态分布＝[1 000,900,810,7 290]

第 6 章　免赔额和赔偿限额

6.1　由于免赔额为 500 元的数据为删失数据，因此忽略该组数据。

赔款消减额＝590 000＋2 900 000－525 000－2 600 000
＝365 000(元)

赔款消减率＝365 000 ÷(590 000＋2 900 000)
＝0.104 58

6.2　由于免赔额为 1 000 元的数据为删失数据，因此忽略该组数据。

赔款消减额＝772 000＋4 024 000＋8 244 000＋3 230 000
－605 000－3 505 000－7 345 000－2 926 000
＝1 889 000(元)

赔款消减率＝1 889 000 ÷(772 000＋4 024 000＋8 244 000＋3 230 000)
＝0.116 1

6.3　固定费用 $F=100\ 000$

可变费用率 $Q=0.12$

承保利润率 $V=0.03$

直接理赔费用 ALAE＝2 000 000×0.1＝200 000

免赔额为 250 000 时的赔款额 $L=(1-0.8)\times 2\ 000\ 000=400\ 000$

处理免赔额案件而增加的费用 Fee＝2 000 000×0.8×0.05＝80 000

无法收回的期望免赔额 $C=2\ 000\ 000\times 0.8\times 0.02=32\ 000$

应用免赔额增加的风险附加 $R=2\ 000\ 000\times(1-0.8)\times 0.08=32\ 000$

因此，免赔额保单的保费为：

$$\frac{400\ 000+200\ 000+80\ 000+32\ 000+32\ 000+100\ 000}{1-0.03-0.12}=992\ 941$$

6.4

限额为 250 000 元的期望赔付成本 $=\dfrac{500\ 000+16\ 000\ 000+(50+20)\times 250\ 000}{100+80+50+20}$
＝136 000(元)

限额为 500 000 元的期望赔付成本 $=\dfrac{500+16\ 000\ 000+17\ 500\ 000+20\times 500\ 000}{100+80+50+20}$

$=176\ 000$(元)

增限因子$=176\ 000/136\ 000=1.294$

6.5 限额为100 000元的期望赔付成本

$$=\frac{(30+25+80)\times 50\ 000+(150+60+120+35+50+30)\times 100\ 000}{180+120+280}$$

$=88\ 362.07$(元)

100 000元至300 000元范围内的期望赔付成本$=300\ 000-100\ 000=200\ 000$(元)

限额为300 000元的期望赔付成本$=88\ 362.07+200\ 000\times\dfrac{35+50+30}{120+280}=145\ 862.07$(元)

增限因子$=145\ 862.07/88\ 362.07=1.650\ 7$

6.6 限额为100 000元的期望赔付成本

$$=\frac{8\ 000\ 000+1\ 800\ 000+1\ 800\ 000+(40+25+15)\times 1\ 000\ 000}{100+35+35+40+25+15}$$

$=78\ 400$(元)

100 000元至250 000元范围内的期望赔付成本

$$=\frac{7\ 400\ 000-40\times 100\ 000+3\ 900\ 000-25\times 100\ 000+15\times(250\ 000-100\ 000)}{35+35+40+25+15}$$

$=47\ 000$(元)

限额为250 000元的期望赔付成本$=78\ 400+47\ 000=125\ 400$(元)

增限因子$=125\ 400/78\ 400=1.599\ 5$

第7章 未决赔款准备金

7.1 解法1：用加权平均法计算进展因子。

累积赔款 金额单位：千元

事故年	进展年				
	0	1	2	3	4+
2014	52	80	89	96	102
2015	62	98	109	117	
2016	72	113	126		
2017	86	128			
2018	97				
进展因子（加权平均）		1.540 4	1.113 4	1.075 8	1.062 5

累积赔款的预测值　　单位：千元

事故年	进展年				
	0	1	2	3	4+
2014	52	80	89	96	102
2015	62	98	109	117	124
2016	72	113	126	136	144
2017	86	128	143	153	163
2018	97	149	166	179	190

单位：千元

事故年	最终赔款	准备金
2014	102	0
2015	124	7
2016	144	18
2017	163	35
2018	190	93
合计		153

解法 2：用简单平均法计算进展因子。

累积赔款　　金额单位：千元

事故年	进展年				
	0	1	2	3	4+
2014	52	80	89	96	102
2015	62	98	109	117	
2016	72	113	126		
2017	86	128			
2018	97				
进展因子（算术平均）		1.544 2	1.113 3	1.076 0	1.062 5

累积赔款的预测值　　单位：千元

事故年	进展年				
	0	1	2	3	4+
2014	52	80	89	96	102
2015	62	98	109	117	124
2016	72	113	126	136	144
2017	86	128	142	153	163
2018	97	150	167	179	191

单位：千元

事故年	最终赔款	准备金
2014	102	0
2015	124	7
2016	144	18
2017	163	35
2018	191	94
合计		154

7.2 解法 1：用加权平均法计算进展因子。

累积索赔次数

事故年	进展年				
	0	1	2	3	4+
2014	101	203	301	354	386
2015	113	235	322	387	
2016	112	247	336		
2017	119	259			
2018	112				
进展因子（加权平均）		2.121 3	1.400 0	1.189 4	1.090 4

累积索赔次数的预测值

事故年	进展年				
	0	1	2	3	4+
2014	101	203	301	354	386
2015	113	235	322	387	422
2016	112	247	336	400	436
2017	119	259	363	431	470
2018	112	238	333	396	431

最终索赔次数

事故年	最终索赔次数
2014	386
2015	422
2016	436
2017	470
2018	431
合计	2 145

解法 2：用简单平均法计算进展因子。

累积索赔次数

事故年	进展年				
	0	1	2	3	4+
2014	101	203	301	354	386
2015	113	235	322	387	
2016	112	247	336		
2017	119	259			
2018	112				
进展因子（算术平均）		2.117 8	1.404 4	1.189 0	1.090 4

累积索赔次数的预测值

事故年	进展年				
	0	1	2	3	4+
2014	101	203	301	354	386
2015	113	235	322	387	422
2016	112	247	336	399	436
2017	119	259	364	432	472
2018	112	237	333	396	432

最终索赔次数

事故年	最终索赔次数
2014	386
2015	422
2016	436
2017	472
2018	432
合计	2 147

7.3 有关计算结果如下表所示。

累计已付赔款　　单位：千元

事故年	进展年				
	0	1	2	3	4+
2014	525	812	903	981	1 029
2015	622	984	1 100	1 182	
2016	721	1 132	1 242		
2017	861	1 273			
2018	970				

累计已报案索赔次数

事故年	进展年				
	0	1	2	3	4+
2014	387	468	474	477	478
2015	361	427	434	436	
2016	475	563	571		
2017	519	620			
2018	565				

已付案均赔款　　单位：千元

事故年	进展年				
	0	1	2	3	4+
2014	1.357	1.735	1.905	2.057	2.153
2015	1.723	2.304	2.535	2.711	
2016	1.518	2.011	2.175		
2017	1.659	2.053			
2018	1.717				

已付案均赔款的逐年进展因子

事故年	进展年			
	0～1	1～2	2～3	3～4+
2014	1.279 0	1.098 0	1.079 5	1.046 7
2015	1.337 5	1.099 9	1.069 6	
2016	1.324 6	1.081 8		
2017	1.237 7			
简单平均	1.294 7	1.093 2	1.074 6	1.046 7

已付案均赔款的预测值　　单位：千元

事故年	进展年				
	0	1	2	3	4+
2014	1.357	1.735	1.905	2.057	2.153
2015	1.723	2.304	2.535	2.711	2.838
2016	1.518	2.011	2.175	2.337	2.447
2017	1.659	2.053	2.245	2.412	2.525
2018	1.717	2.223	2.430	2.611	2.733

累计已报案索赔次数的逐年进展因子

事故年	进展年			
	0～1	1～2	2～3	3～4+
2014	1.209 3	1.012 8	1.006 3	1.002 1
2015	1.182 8	1.016 4	1.004 6	
2016	1.185 3	1.014 2		
2017	1.194 6			
简单平均	1.193 0	1.014 5	1.005 5	1.002 1

累计已报案索赔次数的预测值

事故年	进展年				
	0	1	2	3	4+
2014	387	468	474	477	478
2015	361	427	434	436	437
2016	475	563	571	574	575
2017	519	620	629	632	634
2018	565	674	684	688	689

未决赔款的估计值　　金额单位：千元

事故年	最终案均赔款	最终案件数	最终赔款	已付赔款	未决赔款准备金
	(1)	(2)	(3)=(1)×(2)	(4)	(5)=(3)−(4)
2014	2.153	478	1 029	1 029	0
2015	2.838	437	1 240	1 182	58
2016	2.447	575	1 408	1 242	166
2017	2.525	634	1 600	1 273	327
2018	2.733	689	1 883	970	913
合计					1 464

即该险种在 2018 年年末的未决赔款准备金为 1 464 000 元。

7.4　$1\,500\times\frac{70\%-50\%}{80\%}=375$（万元）

7.5　有关计算结果如下所示。

（1）计算各年年末已发生已报案未决赔款准备金。

准备金支付率

事故年	进展年			
	0～1	1～2	2～3	3～4+
2014	0.835 2	0.543 7	0.474 4	0.974 2
2015	0.824 8	0.790 3	0.876 1	

续前表

事故年	进展年			
	0～1	1～2	2～3	3～4＋
2016	0.871 4	0.771 7		
2017	0.762 1			
简单平均	0.823 4	0.701 9	0.675 3	0.974 2

准备金结转率

事故年	进展年		
	0～1	1～2	2～3
2014	0.763 5	0.868 2	0.882 4
2015	0.823 5	0.846 5	0.969 5
2016	0.898 7	0.722 5	
2017	0.892 9		
简单平均	0.844 7	0.812 4	0.925 9

已发生已报案未决赔款准备金的估计值 单位：千元

事故年	进展年				
	0	1	2	3	合计（斜线）
2014					
2015				540	3 054
2016			500	463	2 220
2017		1 250	1 016	940	1 185
2018	1 865	1 575	1 280	1 185	
进展因子		0.844 7	0.812 4	0.925 9	

即未来各年年末，已发生已报案未决赔款准备金分别为：2015 年 3 054 000 元，2016 年 2 220 000 元，2017 年 1 185 000 元。

（2）计算赔款支出。

已付赔款的估计值 金额单位：千元

事故年	进展年					
	0	1	2	3	4＋	合计（斜线）
2014						3 277
2015					526	2 242
2016				338	451	1 780
2017			877	686	916	1 154
2018		1 536	1 106	864	1 154	
进展因子		0.823 4	0.701 9	0.675 3	0.974 2	

即未来各年赔款支出分别为：2015 年 3 277 000 元，2016 年 2 242 000，2017 年 1 780 000 元，2018 年 1 154 000 元。

（3）计算未决赔款准备金。

未决赔款准备金的估计值 单位：千元

事故年	未决赔款准备金
2014	0
2015	526
2016	789
2017	2 479
2018	4 659
合计	8 454

即 2018 年年末的未决赔款准备金为 8 454 000 元。

7.6 链梯法估计的准备金为 14 700 元。应用 B-F 法估计准备金的过程如下。

已付赔款（重新排列） 单位：千元

事故年	已赚保费	进展年			
		0	1	2	3
2015	25 000	10 000	5 000	2 000	0
2016	30 000	12 000	6 000	2 400	
2017	33 000	14 000	7 000		
2018	38 000	17 000			

累积已付赔款 单位：千元

事故年	已赚保费	0	1	2	3
2015	25 000	10 000	15 000	17 000	17 000
2016	30 000	12 000	18 000	20 400	
2017	33 000	14 000	21 000		
2018	38 000	17 000			

累积已付赔款的预测值 单位：千元

事故年	已赚保费	0	1	2	3
2015	25 000	10 000	15 000	17 000	17 000
2016	30 000	12 000	18 000	20 400	20 400
2017	33 000	14 000	21 000	23 800	23 800
2018	38 000	17 000	25 500	28 900	28 900

最终赔款和准备金的预测值（B-F法） 金额单位：千元

事故年	已赚保费	预期赔付率	预期最终赔款	累积已付赔款	修正最终赔款	未决赔款准备金
2015	25 000					0
2016	30 000	80%	24 000	20 400	20 400	0
2017	33 000	80%	26 400	21 000	24 106	3 106
2018	38 000	80%	30 400	17 000	29 518	12 518
未决赔款准备金合计						15 624

第8章 未到期责任准备金和理赔费用准备金

8.1 两种方法评估的未到期责任准备金分别为：

(1) $500\times\frac{1}{8}+230\times\frac{3}{8}+320\times\frac{5}{8}+100\times\frac{7}{8}=436.25$(万元)

(2) $(500+230+320+100)\times\frac{1}{2}=575$(万元)

8.2 11月业务的未到期责任准备金为：

$6\,000\times(1-12/78-0.5\times11/78)=4\,653.85$(万元)

12月业务的未到期责任准备金为：

$9\,000\times(1-0.5\times12/78)=8\,307.69$(万元)

8.3 间理赔费用准备金为：

$(200\times60\%+520)\times12=7\,680$(万元)

8.4 有关计算结果如下表所示。

累积已付直接理赔费用与累积已付赔款的比率

事故年	进展年			
	0	1	2	3
2014		0.075 0	0.081 0	0.082 2
2015	0.062 5	0.085 4	0.094 2	0.095 0
2016	0.059 8	0.065 7	0.071 1	
2017	0.066 9	0.081 9		
2018	0.066 3			

累积直接理赔费用与累积已付赔款之比的进展因子

事故年	进展年		
	0~1	1~2	2~3
2014		1.079 6	1.014 6
2015	1.366 3	1.102 5	1.009 4

续前表

事故年	进展年		
	0～1	1～2	2～3
2016	1.098 3	1.083 6	
2017	1.225 0		
简单平均	1.229 9	1.088 6	1.012 0

累积已付直接理赔费用与累积已付赔款的比率的预测值

事故年	进展年			
	0	1	2	3
2014		0.075 0	0.081 0	0.082 2
2015	0.062 5	0.085 4	0.094 2	0.095 0
2016	0.059 8	0.065 7	0.071 1	0.072 0
2017	0.066 9	0.081 9	0.089 2	0.090 2
2018	0.066 3	0.081 6	0.088 8	0.089 8

直接理赔费用准备金的估计值

事故年	每100元已付赔款的最终直接理赔费用（元）	最终赔款（千元）	最终直接理赔费用（千元）	已付直接理赔费用（千元）	直接理赔费用准备金（千元）
	(1)	(2)	(3)=(1)×(2)÷100	(4)	(5)=(3)−(4)
2014	8.22	9 300	764	764	0
2015	9.50	9 060	861	861	0
2016	7.20	9 980	719	710	9
2017	9.02	9 520	859	770	89
2018	8.98	10 680	960	630	330

2018年12月31日的直接理赔费用准备金为428 000元。

第9章　再保险

9.1　假设保险公司的赔款额为 Y，则期望赔款为：

$$E(Y)=\int_{400}^{2\,000}(x-400)f(x)\mathrm{d}x+\int_{2\,000}^{6\,000}(x-1\,000)f(x)\mathrm{d}x$$

$$+\int_{6\,000}^{\infty}(x-2\,000)f(x)\mathrm{d}x$$

$$=200\mathrm{e}^{-2}-1\,800\mathrm{e}^{-10}+1\,200\mathrm{e}^{-10}-5\,200\mathrm{e}^{-30}+4\,200\mathrm{e}^{-30}$$

$$=27.04(\text{元})$$

9.2　（1）原保险人支付赔款的均值为：

$$E(X_A)=\int_0^{2\,000} xf(x)\mathrm{d}x+2\,000Pr(x>2\,000)$$

$$=\int_0^{2\,000}\frac{1}{\sqrt{2\pi}\sigma}\exp\left(-\frac{(\ln x-\mu)^2}{2\sigma^2}\right)\mathrm{d}x$$

$$+2\,000\left[1-\Phi\left(\frac{\ln 2\,000-5}{3}\right)\right]$$

$$=602(\text{元})$$

（2）再保险人支付赔款的均值为：

$$E(X_R)=E(X)-E(X_A)=\exp(\mu+0.5\sigma^2)-602$$

$$=12\,758(\text{元})$$

（3）再保险人支付的非零赔款的均值为：

$$\frac{E(X_R)}{Pr(X>2\,000)}=\frac{E(X_R)}{Pr(\ln X>7.600\,9)}$$

$$=\frac{E(X_R)}{1-\Phi(2.600\,9/3)}$$

$$=\frac{12\,758}{1-0.81}=67\,147(\text{元})$$

9.3 令再保险人的赔款随机变量为 Y，单位为千元，则期望值为：

$$E(Y)=\int_1^2(x-1)\frac{1}{3}\mathrm{d}x+\int_2^3 2\times\frac{1}{3}\mathrm{d}x$$

$$=\frac{1}{2}$$

即再保险人的平均赔款为 500 元。

9.4 （1）原保险人的赔付函数为：

$$f(x)=\begin{cases}x, & x\leqslant 5\\ 5, & 5<x\leqslant 10\\ 0.5x, & 10<x\leqslant 35\\ x-20, & x>35\end{cases}$$

（2）再保险人的赔付函数为：

$$g(x)=\begin{cases}0, & x\leqslant 5\\ x-5, & 5<x\leqslant 10\\ 0.5x, & 10<x\leqslant 35\\ 20, & x>35\end{cases}$$

（3）$Pr(X>5)=\int_5^{50}\frac{1}{50}\mathrm{d}x=\frac{45}{50}=0.9$

$$E(g(x))=\int_5^{10}(x-5)\frac{1}{50}\mathrm{d}x+\int_{10}^{35}0.5x\times\frac{1}{50}\mathrm{d}x+\int_{35}^{50}20\times\frac{1}{50}\mathrm{d}x$$

$$=11.875$$

9.5 期望赔付率$=2\,420\div 2\,780=87.1\%$

金额单位：元

事故年	已赚纯保费	经调整的已赚纯保费	累积已报案赔款	累积已报案赔款比例	已报案赔款对应的保费	期望赔付率	S-B法的IBNR	链梯法的IBNR
2013	400	500	300	100%	500		—	—
2014	500	500	320	95%	475		22	17
2015	600	500	340	85%	425		65	60
2016	700	600	400	75%	450		131	133
2017	800	800	500	60%	480		279	333
2018	900	900	560	50%	450		392	560
合计	3 900	3 800	2 420		2 780	87.1%	889	1 103

$$\text{S-B 法的 IBNR}=\begin{matrix}\text{经调整的}\\\text{已赚纯保费}\end{matrix}\times\begin{matrix}\text{期望}\\\text{赔付率}\end{matrix}\times(1-\text{累积已报案赔款比例})$$

$$\text{链梯法的 IBNR}=\frac{\text{累积已报案赔款}}{\text{累积已报案赔款比例}}-\text{累积已报案赔款}$$

9.6 再保险为：

$$\frac{500}{(1-20\%)\times(1-10\%)\times(1-25\%-5\%)}=992(\text{万元})$$

9.7 损失的期望和方差分别为：

$$E(X)=\frac{\lambda}{\alpha-1}=100$$

$$\mathrm{Var}(X)=\frac{\alpha\lambda^2}{(\alpha-1)^2(\alpha-2)}=150^2$$

由此可得：

$\alpha=3.6$

$\lambda=260$

再保险人对每次事故承担的期望赔款为：

$$E(X_R)=\int_r^{\infty}xf(x)\mathrm{d}x-r[1-F(r)]$$

$$=\int_{200}^{\infty}x\frac{3.6\times260^{3.6}}{(260+x)^{3.6+1}}\mathrm{d}x-200\left(\frac{260}{260+200}\right)^{3.6}$$

$$=22.69$$

由于索赔频率为 0.1，因此再保险公司的期望赔款为：

$22.69\times0.1=2.269$(万元)

9.8 超额赔款因子为 0.366。再保险期望损失为 100×60%×1.1=66 万元，再保险期望赔款为 66×0.366=24.156 万元，所以再保费为 24.156/[(1−30%)×(1−15%)×(1−10%)]=45.11 万元。

9.9 再保险人对三个赔案应支付的赔款分别为：

A：0。

B：90×(180－60)/180＝60 万元。

C：120×(300－60)/300＝96 万元。

9.10 再保险人应该支付的赔款分别为：

A：40×30%＝12 万元。

B：100 万元。

参考文献

[1] 孟生旺，刘乐平，肖争艳. 非寿险精算学. 3 版. 北京：中国人民大学出版社，2015.

[2] 孟生旺. 风险模型：基于 R 的保险损失预测. 北京：清华大学出版社，2017.

[3] 孟生旺. 汽车保险的精算统计模型. 北京：中国统计出版社，2014.

[4] 肖争艳，高洪忠. 非寿险精算. 北京：中国人民大学出版社，2006.

[5] 谢志刚，周晶晗. 非寿险责任准备金评估. 北京：中国财政经济出版社，2006.

[6] 中国精算师协会. 非寿险定价. 北京：中国财政经济出版社，2011.

[7] Boor J A. The complement of credibility. Proceedings of the Casualty Actuarial society，1996.

[8] Booth P，Chadburn R，Cooper D，et al Modern Actuarial Theory and Practice. CHAPMAN and HALL/CRC，1999.

[9] Casualty actuarial society. Statement of principles regarding property and casualty loss and loss adjustment expense reserves，1988.

[10] Charles M. Ratemaking. Casualty Actuarial Society，2004.

[11] Cummins J D. Statistical and financial models of insurance pricing and the insurance firm. Journal of Risk and Insurance，1992.

[12] De Jong P，Heller G. Generalized linear models for insurance data. Cambridge：Cambridge University Press，2008.

[13] Duncan A，Feldblum S，Modlin C，et al A practitioner's guide to generalized linear models. CAS Discussion Papers，2004.

[14] England P D，Verrall R J. Stochastic claims reserving in general insurance. British Actuarial Journal，2002，8：443-518.

[15] Feldblum S. Discussion of the complement of credibility. Proceedings of the Casualty Actuarial Society，1998.

[16] Finger R J. Risk classification. Casulty Actuarial Society，2004.

[17] Hart D G，Buchanan R A，Howe B A. The actuarial practice of general insurance. Sydney：The Institute of Actuaries of Australia，1996.

[18] Klugman S A, Panjer H, Willmot G E. Loss models: from data to decisions. John Willey & Sons, Inc, 2012.

[19] Mahler H C, Dean C G. Credibility. Casualty Actuarial Society, 2004.

[20] Mildenhall S. A systematic relationship between minimum bias procedure and generalized linear models. Proceedings of the casualty Actuarial Society, 1999.

[21] Sherwood M T. Individual risk rating. The Casualty Actuarial Society, 2004.

[22] Wiser R F. Loss reserving. The Casualty Actuarial Society, 2004.

图书在版编目（CIP）数据

非寿险精算学/孟生旺等编著．—4 版．—北京：中国人民大学出版社，2019.8
21 世纪保险精算系列教材
ISBN 978-7-300-27279-5

Ⅰ.①非… Ⅱ.①孟… Ⅲ.①保险-精算学-教材 Ⅳ.①F840.4

中国版本图书馆 CIP 数据核字（2019）第 175855 号

21 世纪保险精算系列教材
非寿险精算学（第 4 版）
孟生旺　刘乐平　肖争艳　高光远　编著
Feishouxian Jingsuanxue

出版发行	中国人民大学出版社		
社　　址	北京中关村大街 31 号	**邮政编码**	100080
电　　话	010－62511242（总编室）		010－62511770（质管部）
	010－82501766（邮购部）		010－62514148（门市部）
	010－62511173（发行公司）		010－62515275（盗版举报）
网　　址	http://www.crup.com.cn		
经　　销	新华书店		
印　　刷	北京七色印务有限公司	**版　　次**	2007 年 10 月第 1 版
开　　本	787 mm×1092 mm　1/16		2019 年 8 月第 4 版
印　　张	17.25 插页 1	**印　　次**	2025 年 8 月第 5 次印刷
字　　数	356 000	**定　　价**	38.00 元

中国人民大学出版社　理工出版分社

教师教学服务说明

中国人民大学出版社理工出版分社以出版经典、高品质的统计学、数学、心理学、物理学、化学、计算机、电子信息、人工智能、环境科学与工程、生物工程、智能制造等领域的各层次教材为宗旨。

为了更好地为一线教师服务，理工出版分社着力建设了一批数字化、立体化的网络教学资源。教师可以通过以下方式获得免费下载教学资源的权限：

★ 在中国人民大学出版社网站 www.crup.com.cn 进行注册，注册后进入“会员中心”，在左侧点击“我的教师认证”，填写相关信息，提交后等待审核。我们将在一个工作日内为您开通相关资源的下载权限。

★ 如您急需教学资源或需要其他帮助，请加入教师 QQ 群或在工作时间与我们联络。

中国人民大学出版社　理工出版分社

教师 QQ 群： 229223561(统计2组) 982483700(数据科学) 361267775(统计1组)
教师群仅限教师加入，入群请备注（学校+姓名）

联系电话： 010-62511967，62511076

电子邮箱： lgcbfs@crup.com.cn

通讯地址： 北京市海淀区中关村大街 31 号中国人民大学出版社 507 室（100080）